인문테크놀로지
입문

루체테
인문학사업단
인문융합
시리즈

인문테크놀로지 입문

김동성 · 신상규 · 천현득 지음

이화여자대학교출판문화원

이 저서는 교육부와 한국연구재단이 시행하는 이화여자대학교
대학인문역량강화사업(CORE)의 지원을 받아 출간되었음.

| 서문 |

인문학적 사고가 첨단 과학기술 영역으로 확장되는 '인문테크놀로지'

루체테인문학사업단은 이화여자대학교 인문과학대학이 2016년 2월 교육부와 한국연구재단이 주관하는 '대학 인문역량 강화사업CORE'에 선정되어 이를 추진하는 과정에서 설립되었다. 또한 인문기반융합전공은 루체테인문학사업단이 '세계 최고 수준의 LUCETE 인문대학'이라는 비전하에 '창의적이고 융합적인 역량을 갖춘 밝고 빛나는 인문학도의 양성'을 목표로 만들어졌다. 융합전공 중 '인문테크놀로지'는 인문학적 사고를 첨단 과학기술 영역으로 확장·적용해서 인문학과 과학기술에 대한 균형 잡힌 이해를 도모하고 창의 인재를 양성함으로써 기술 사회의 사회적 수요에 부응하고자 설립된 교과목이다. '인문테크놀로지' 전공은 인문학에 바탕을 둔 과학기술을 이해하고 정보통신 기술 능력을 배양함으로써 융합전공으로서의 교육적 효과와 실질적 취업 역량 강화에 기여하고 있다. 특히 2017년, 2018년 연속으로 한국연구재단이 주최하는 대학 인문역량 강화사업 참여 수기 공모전에서 수상자들을 배출했다. 정보통신 기술에 문외한이던 많은 인문학도들이 '인문테크놀로지' 전공의 교과과정을 통해 졸업 후 현재까지 다양한 IT 분야의 기술 개발 및 기획, 마케팅 등의 분야에서 활발히 활약하고 있다. 또한 앞으로도 이 과정을 통해서 더 많은 졸업생이 배출될 것이다.

이 책은 지난 3년여에 걸친 루체테인문학사업단의 사업을 결산하고, '인문테크놀로지' 융합전공에서 진행한 여러 수업 중 전공에 대한 이해를 심화하며, 또한 향후 개설될 미래지향적인 교과목들을 대비하기 위한 교재로 쓰였다. '인문테크놀로지' 전공 수업에서 실질적으로 활용될 이 책은 전공의 영속성과 더불어 교과목에 대한 소개·이해를 돕는 것을 목표로 한다. 책의 구성은 다음과 같다. '인문테크놀로지' 전공은 크게 인문학적 사고에 바탕을 두고 과학기술을 학습하는 STScience Technology 트랙과, 소프트웨어 기술 및 데이터 처리 능력을 갖춘 인재의 양성을 목표로 하는 ITInformation Technology 트랙으로 나뉘는데 1, 2장은 ST 트랙을, 3, 4장은 IT 트랙을 다룬다. 1장 '과학기술의 인문학적 이해'는 인문사회적 시각에서 과학기술과 역사, 철학, 사회학 등의 관계에 관한 다양한 논의를 전개함으로써 현대 사회에서 과학기술이 가지는 의미를 성찰해본다. 2장 '빅데이터 시대와 인문학'은 인간 사회 및 삶의 조건 변화와 관련하여 정보 기술이 어떠한 역할을 수행하고 있는지를 여러 관점에서 비판적으로 살펴본다. 3장 '인문학과 데이터사이언스'는 데이터사이언스의 기본 개념과 분석 방법을 학습하고, 인문학 연구에 어떻게 적용할 수 있을지를 살펴본다. 마지막으로 4장 '인공지능과 자연언어 처리'에서는 인공지능 분야의 기본 개념을 이해하고, 컴퓨터가 인간의 언어를 이해하는 첨단 지식을 습득한다. 1장은 서울대학교 철학과 천현득 교수가, 2장은 이화여자대학교 인문과학원 신상규 교수가 각각 집필했고, 3, 4장은 이화여자대학교 루체테인문학사업단의 김동성 특임교수가 집필했다.

이 책은 루체테인문학사업단의 지원을 통해 기획된 시리즈로, 기획

단계에서부터 연관된 모든 분들이 수고를 아끼지 않았다. 우선 전임 사업단 단장이신 영문과 오정화 교수님과 현재 단장이자 전임 부단장이신 사학과 함동주 교수님이 전체 시리즈를 기획했다. 그 외에도 여러 분들이 수고를 아끼시지 않으셨지만, 지면상 몇몇 분만 나열하고자 한다. 부단장이신 불어불문학과 조윤경 교수님, 인문기반융합전공의 실장이신 영어영문학과 이형숙 교수님, '인문테크놀로지' 융합전공의 주임교수이신 국어국문학과 연남경 교수님과 전공 주임교수이신 기독교학과 장윤재 교수님의 노고가 전공 개설과 책의 출판에 직접적인 도움이 되었다. 이 외에도 행정실의 여러 선생님들, 그리고 출판을 흔쾌히 허락하고 지원을 아끼지 않으신 이화여자대학교출판문화원의 여러 선생님들의 수고가 있었다.

원고 집필은 유난히도 무더웠던 2018년 여름 방학 기간에 주로 이루어졌다. 불행 중 다행인지 모르겠지만, 나는 연구실에 틀어박혀 집필에 몰두할 수밖에 없었다. 그러는 와중에 가족과 여름휴가를 함께하지 못한 아쉬움도 있었던지라, 지면을 빌려 가족에게 미안한 마음을 전한다. 이화여자대학교의 교정은 계절별로 색을 달리하는데, 1차 원고 집필을 마치고 한가롭게 교정을 거닐며 울긋불긋한 가을날을 만끽했던 시간이 유독 기억에 남는다.

2019년 2월
저자들을 대표하여
김동성

| 차례 |

제2장 빅데이터 시대와 인문학

제3장 인문학과 데이터사이언스

제4장 인공지능과 자연언어 처리

제1장

과학기술의 인문학적 이해

1. 과학기술이란 무엇인가

1) 인문학으로 과학기술 읽기

이 시대를 과학기술 시대라고 부르는 것 자체가 이제는 진부하게 되었다. 좋든 싫든 과학기술은 피할 수 없는 현대 사회의 주요한 구성 요소이다. 더 나아가, 과학과 기술은 그 자체로 현대인의 삶을 둘러싼 환경이 되었다. 그것은 저쪽 밖에서 우리 삶을 향해 침입해 들어와 우리를 교란하는 외부적인 대상이나 사건이 아니라는 뜻이다. 우리는 태어나면서부터 인생의 대부분의 순간을 과학기술과 연관을 맺으면서 살아간다. 현대인은 의료 기술로 무장된 병원에서 태어나고, 국가의 지원 아래 예방접종을 받아 면역적으로 증강된 존재가 되며, 질병에 걸리면 약을 처방받아 복용하거나 수술을 받기도 한다. 최신 공법으로 건축한

집에 살고, 가정에서는 전기나 가스 등의 에너지원을 이용해 요리하고, 실내 온도를 조절하고, 더러워진 옷을 세탁한다. 아침에 일어나서 스마트폰을 통해 날씨를 확인하고 뉴스를 보고, 자동차나 대중교통을 이용해 출근하거나 학교에 간다. 현대인은 삶의 많은 문제들을 과학기술을 통해 해결한다. 우리는 그 안에서 살아가며 그것을 통해서 자원을 공급받고 그것으로부터 구원을 얻는다.

그렇다면 우리는 과학과 기술에 관해 잘 알고 있는가? 한 가지 자연스러운 답변은 '전문가는 잘 알고 비전문가는 잘 모른다'는 것이다. 그러나 누가 과학과 기술에 관한 전문가인가? 두 가지 관점을 구별해볼 필요가 있다. 예를 들어 20세기 초 어떤 화가가 멋진 그림을 그렸다고 하자. 화가는 그 그림에 관해 잘 알고 있다. 자신이 그렸기 때문이다. 어떤 동기에서 어떤 재료로, 또 어떤 기법으로 그 그림을 그렸는지 가장 잘 아는 사람은 그 자신일 것이다. 화가는 자신의 그림에 대한 전문가이다. 이를 내부적 관점이라고 하자. 그러나 그 그림에 관해 안다고 볼 수 있는 다른 부류의 사람이 있다. 바로 예술비평가 혹은 미술사가이다. 이들은 그 그림이 예술의 역사 속에서 어떤 조류에 속하는지, 그것이 어떤 예술적 가치를 지니는지 등을 평가해줄 수 있다. 이는 외부적 관점에서의 지식이다. 이런 지식은 또 다른 관점에서의 전문성이다. 화가가 아닌 시민으로서 우리가 그 그림에 관해 알아야 할 지식 역시 내부적 관점에서의 지식이 아니라 그 그림을 감상하고 향유할 수 있을 정도의 외부적 관점에서의 지식일 것이다.

과학과 기술에 관해서도 비슷한 이야기를 할 수 있다. 과학기술을 수행하는 사람들은 과학자, 공학자, 기술자이고, 그들이 전문가들이다. 따라서 과학자는 과학이란 무엇인지에 관해, 기술자는 기술이란 무엇인지에 관해 우리에게 이야기해줄 수 있다. 물론 과학기술자가 아닌 일반인들도 과학과 기술을 교양 수준에서 학습함으로써 대략적이나마 현대의 과학기술자들이 무엇을 쟁점으로 연구하는지, 그 핵심적인 내용은 무엇인지 이해할 수 있다. 그러나 우리 시대의 '과학교양'은 전문적 과학 지식을 대중의 눈높이에 맞춰 쉽게 요리한 것 정도로만 이해하는 데 머물러서는 안 된다. 과학적 세계관이 팽배한 사회에서 살아가는 일반 시민인 우리가 우리 자신과 우리의 세계관 그리고 우리 사회를 더 잘 이해하기 위해서는, 때로는 외부인의 관점에서 혹은 외계인의 관점에서 보는 것이, 그래서 때로는 익숙한 것을 낯선 것으로 간주하는 접근 방법이 유용할 수 있다. 오늘날의 과학 교양은 과학자들이 실제로 과학을 수행하고 지식을 산출하는 방식에 대한 체계적인 이해뿐 아니라 사회에서 과학이 가지는 의미와 가치에 관한 숙고를 포함해야 한다. 한편으로는 과학의 언어, 논리, 추론, 방법, 실행에 관한 성찰이 필요하며, 다른 한편으로는 하나의 문화로서 과학이 문화의 다른 요소들과 어떻게 상호작용하는지를 살펴보아야 한다.

과학기술철학, 과학기술사, 과학기술사회학, 과학기술인류학 등은 과학기술 밖에서, 그러나 과학기술과 밀접한 연관을 맺으면서 과학기술에 관해 인문학적으로 성찰해온 분야들이다. 이를 통칭하여 과학기술학science and technology studies이라고 부를 수 있다. 우리는 그들이 축적해온 많은 연구 성과 가운데 일부를 선별하여 소개하고 비판적으로 평가함으로써 과학기술의 인문학적 독해를 시도하고자 한다. 이 책을 통해 과학기술을 전공하는 학생들은 그 자신의 전공을 성찰적으로 바라볼 수 있는 기회를 가지고, 인문학 전공자들은 과학기술 시대를 인문학적 관점에서 읽어내는 능력을 얻게 되기를 바란다.

2) 과학과 기술의 여러 얼굴

18세기까지만 해도 '과학science'이라는 말조차 없었다. 과학자scientist라는 용어는 과학자이자 신학자, 철학자였던 윌리엄 휴얼William Whewell이 1833년 처음 만들었다고 알려져 있다. '과학'의 기원은 라틴어의 스키엔티아scientia이다. scientia는 일반적이고 필연적인 진리라는 뜻을 가진 말로, 온갖 종류의 순수한 지식을 가리키던 단어이다. 즉 우리가 지금 과학이라고 부르는 몇몇 학문을 통해서만 도달할 수 있는 것이 아니라 모든 종류의 학문적 탐구를 통해서 도달할 수 있는 것이었다. 근대가 되면서 라틴어의 scientia는 영어의 science로 번역되었고, 이는 근대화된 서구 문물을 재빨리 들여오던 일본에서 다시 科學으로 번역되었다. 그리고 이를 받아들인 우리가 '과학'이라는 이름을 가지게 되었다. '과학'이라는 단어가 빈번히 사용되기 이전에는 과학이라고 부를 수 있는 활동이 없었을까? 만일 그렇다면, 우리는 18세기 전에 행해진 어떤 활동도 과학이라고 부를 수 없게 된다. 그러나 이름이 없다고 해서 그에 해당하는 활동이 없었다고 볼 수는 없을 것이다.

과학은 언제 시작되었을까? 통상적인 견해에 따르면 철학이 시작된 고대 희랍에서 과학은 출발했다. 고대 희랍에서 시작한 과학의 역사는 철학이라는 뿌리에서 각각의 과학 분야가 독립해 나간 역사이기도 하다. 즉 고대에 이미 기하학과 천문학이 성숙한 과학으로 자리 잡았다고 볼 수 있다. 지금 우리가 통상 과학이라고 부르는 활동, 즉 근대적 의미의 과학은 대체로 16·17세기 과학 혁명기를 거치면서 형성되었다. 갈릴레오, 케플러, 뉴턴 등이 활동한 근대 과학 혁명을 거치면서 물리학이 분리되었고, 생물학은 19세기에, 심리학은 20세기에 와서야 철학에서 분리되었다. 그렇다면 18세기까지 과학 활동에 종사하는 사람들은 무엇으로 불렸을까? 아이작 뉴턴Isaac Newton의 저서가 『자연철학의 수학적 원리Mathematical Principles of Natural Philosophy』(1687)라는 사실을 떠올려보자. 이 책에서 뉴턴은 자연철학natural philosophy을 수학적 원리 위에 정초하려 했다. 그는 수학자이면서 동시에 자연철학자였던 것이다. 그렇게 보면 피사대학교의 수학 교수이던 갈릴레오 갈릴레이Galileo Galilei가 메디치 궁전에 들어가면서 받게 되는 칭호도 '대공의 수학자 겸 자연철학자'였던 것은 단지 우연이 아니다. 과학 혁명기의 중요한 한 가지 사건이 바로 수학적 추론 양식과 자연철학의 결합에 있다고 볼 수 있기 때문이다. 또한 수학과 자연철학 외에 자연사natural history도 근대 과학의 일부를 형성했다고 볼 수 있다.

과학에 관해 인문학적·철학적으로 이야기하려면 우선 과학의 범위를 한정하는 편이 좋다. 예컨대 물리학은 과학이고, 화학도 과학이다. 그런데 혈액형 인류학이나 UFO 연구는 과학인가? 과학에 관해 이야기하는 메타적 담론에 참여할 때 벌어지는 난감한 상황은 우리가 과학의 범위를 먼저 한정해야 한다는 것이다. 그런데 이것이 난감한 이유는 과학과 비과학을 구분하는 일 자체가 상당한 이론적 작업의 뒷받침이 있어야 하기 때문이다. 대신 과학에 대한 대중적인 이미지를 떠올려보자. 과거 한 TV 광고에서는 가구를 홍보하면서 "침대는 가구가 아닙니다. 과학입니다."라는 문구를 사용했다. 이는 현대 사회에서의 과학의 위치를 단적으로 보여준다. 과학은 특별하고 특권적인 지위를 지니며, 특히 과학이 생산한 지식은 믿을 만한 지식의 전형이 된다. 가구 회사의 홍보 문구대로, 만일 (그 회사의) 침대가 과학이라면 그것은 상당히 믿을 만한 침대라고 사람들은 기대할 것이다.

과학의 범위를 확정하는 것 자체가 어려운 이유 가운데 하나는 과학이라는 말이 단순히 현상을 객관적으로 기술하는 데만 사용되지 않고, 수사적으로 혹은 정치적으로도 사용될 수 있기 때문이다. 한편으로 과학은 엄밀한 방법을 통해 산출된 믿을 만한 지식이라는 의미도 가지지만, 다른 한편으로 과학은 인간적·문화적·지성적인 것과 거리가 먼 것으로 비치기도 한다. 예를 들어 "우리 사회의 대표적인 문화인 혹은 지성인이 누구인가?"라고 물어보자. 과학자나 기술자보다는 문학인이나 예술가 등이 머릿속에 먼저 떠오를 가능성이 높다. 많은 경우, 문학이나 예술은 과학을 자처하지 않는다. 어딘가 모르게 과학에서는 비인간적이라는 느낌이 들곤 한다. 스탠퍼드대학교의 인류학과가 인류과학과와 문화사회인류학과로 한동안 분리되었다가 2007년에야 다시 통합된 사건이 이러한 인식과 무관하지 않을 것이다. 따라서 사람들이 어떤 분야를 과학적이라거나 그렇지 않다고 다투는 것은 별로 놀랄 만한 일이 아닐지도 모른다.

과학이라는 개념의 중의성을 언급하는 것은 우리가 과학과 사이비과학을 구분할 수 없다는 주장을 하기 위해서가 아니다. 많은 과학철학자가 과학의 독특한 방법에 의해서 과학이 다른 분야들과 구분될 수 있다고 주장했고, 이 가운데 여러 의견은 청취할 만한 가치가 있다. 사람들은 과학의 이름으로 초자연적 힘이나 원리가 아니라 자연적 원인을 탐구하며, 책상에 앉아 혼자 사변하는 대신 경험적 증거를 수집하고, 그에 근거하여 주장을 펼치고, 수학적이고 계량적인 방법을 즐겨 사용하며, 공동체를 이루어 정보를 교류하고 공동 연구를 수행하기도 하고 서로 비판적인 작업을 수행하기도 한다. 다만 지금의 맥락에서 중요한 것은 과학을 어떤 고정된 실체로 보기보다 과학이 가진 여러 얼굴을 인정할 필요가 있다는 점이다.

과학의 한 가지 얼굴은 지식으로서의 과학이다. 과학은 세심한 증거 수집과 엄밀한 추론을 통해 가설이나 법칙을 제안하고 정당화하는 인식적 활동이자 그 결과물이다. 즉 지식을 산출하는 활동이자 그 결과물인 과학 지식이 과학의 주요하고 기본적인 면모이다. 다른 얼굴은 실천으로서의 과학이다. 과학도 결국 과학자, 즉 사람이 하는 일이다. 과학은 실험실에서, 강의실에서, 학술대회장에서 일어나는 활동이며, 직업 과학자는 대학이나 연구소에 몸담고 가계를 부양하는 생활인인 동시에 연구를 위해서 국가나 기업으로부터 연구비를 지원받고자 하고, 새로운 연구 결과를 앞다투어 유수한 저널에 출판하고자 하며, 때로는 자신의 성과를 대중과 공유함으로써 더 큰 사회적 지지를 받고자 한다. 따라서 논문이나 교과서에 결과로서 나타난 과학적 내용을 이해하는 것으로는 과학적 실천의 측면을 온전히 파악할 수 없다. 셋째, 과학은 문화 혹은 세계관이기도 하다. 근대 과학은 근대를 열어젖힌 여러 역사적 계기 가운데 하나이기도 하고, 또 계몽의 상징이기도 하다. 과학의 인문학적 이해를 위해서는 과학의 이러한 여러 얼굴을 마주할 필요가 있다.

'기술'이라는 단어는 어떠한가? 한국 사회에서는 '과학기술'이라는 단어가 한 몸처럼 사용되는 것이 일반적이지만, 역사적으로 볼 때 '과학'과 '기술'은 구별되는 활동을 가리키는 말이었다. '기술'은 고대 희랍어 테크네techne에서 유래했다. 테크네는 라틴어의 아르스ars로 번역되었는데, 이는 예술art의 기원이 되는 말이다. 테크네는 기예, 솜씨, 손재주 등이 동반된 실제적인 활동이나 지식을 가리키며, 사물의 본질에 대한 높은 수준의 이론적 지식인 에피스테메episteme와 구별되었다. 어원에서 볼 수 있듯, 원래 테크네의 개념은 지금 우리가 기술이라고 부르는 것과 예술이라고 부르는 것이 결합되어 있었다. 서양에서는 19세기 말까지 순수예술fine art과 대조를 이루는 직공기술mechanic art을 기술로 간주했으며, 우리가 흔히 사용하는 '테크놀로지technology'라는 용어는 1930년대부터 본격적으로 사용된 것으로 보인다. 이후 현대에 들어와서 기술은 다소의 의미 변화를 겪게 된다. 초기에는 남성적이고 더럽고 투박한 이미지였으나, 점차 깨끗하고 지적이며 추상적인 이미지를 획득하게 된 것이다.

기술이라는 단어가 사용되는 방식을 보면 기술의 여러 의미를 알 수 있다. 첫째, 흔히 우리는 도구와 시스템을 포함하는 인공물을 기술이라고 부른다. 예컨대 휴대전화, 자동차, 컴퓨터, 인터넷 등을 우리는 기술이라고 부른다. 둘째, 지식으로서의 기술이 있다. 대학에서 교육하는 공학은 기술 지식의 근대적인 형태로, 전문가 집단이 존재하며 교재와 실습을 통해 후대로 전승된다. 셋째, 기술은 활동이기도 하다. 예컨대 우리는 초밥 장인이 밥알의 개수까지 정확히 세어 초밥을 만드는 모습을 볼 때 기술이 좋다고 평가한다. 특정한 문화 행위에 능숙한 것을 기술적이라고 평가하기도 하고, 특히 인공물을 사용할 줄 아는 솜씨와 재주는 이러한 기술적 활동의 핵심 부분이다. 넷째, 현대 기술은 기술-사회 시스템으로 진화했다. 인공물을 제작하고 사용하기 위해서는 공학적·기술적 지식과 숙련, 솜씨도 필요하지만 그것들이 사회적 체계 안으로 들어와 결합될 필요가 있다. 예컨대 자동차를 운전하기 위해서는 단지 자동차라는 인공물을 개발하는 데 그쳐서는 안 된다. 자동차가 다닐 수 있는 도로망을 만들어야 하고, 연료를 충전할 인프라도 필요하고, 사람과 자동차가 서로를 피해 다닐 수 있는 구조와 제도를 만들어야 하며, 교통법규가 필요하고, 법규를 위반했을 때 어떻게 처벌할지도 명시해야 한다. 이와 같이 하나의 기술적-사회적 시스템을 구축해야 비로소 우리가 도로 위에서 안전하게 운전할 수 있다. 현대의 많은 기술은 그렇게 거대한 시스템을 이루고 있다는 점에 주목할 필요가 있다.

2. 형식적 활동으로서의 과학

과학과 기술을 바라보는 한 가지 전통적인 입장은 과학을 형식적 활동으로 보는 것이다. 물론 이 입장은 한결같은 하나의 이론은 아니다. 그 안에는 서로 구별되는 여러 요소가 포함되고 때로 여러 세부적인 입장 차로 인한 논쟁들이 존재하지만, 그럼에도 이후의 논의를 위해서 좋은 출발점이 된다. 이 입장에서는 기술을 응용과학applied science으로서 과학의 변두리에 위치하는 것으로 간주하며, 이에 따라 주로 과학에 관해 이야기한다. 이 입장에 따르면 과학은 형식적이고 체계적인 방법을 통해 세계에 대한 지식을 축적하며 진보한다. 과학 활동이 자연에 관한 지식을 산출할 수 있는 까닭은 무엇보다 과학이 독특한 방법을 따르는 활동이기 때문이다. 과학적 방법은 이론을 제안하고 평가하는 데 있어 자연 세계가 중요한 역할을 하도록 허용한다. 따라서 과학자들이 동일한 경험적 증거를 고려하는 경우, 같은 가설에 관해서는 그것을 수용하든 기각하든 동일한 판단을 내려야 한다. 이론이나 가설을 세계로부터 얻는 경험적 증거에 기반하여 판단해야 한다는 신념은 과학자들이 자연 세계에 관한 지식에서 비교적 쉽게 합의에 도달하는 이유가 된다.

과학이 형식적 활동이라면 정확히 어떤 의미에서 형식적 활동인가? 우리는 과학 이론을 논리적으로 분석하고자 했던 철학자들의 접근과,

과학이라는 제도를 기능주의 사회학의 관점에서 분석하려 했던 사회학자들의 접근을 구분해서 볼 수 있다.

1) 과학 이론에 대한 논리적 분석

논리실증주의의 과학관

우리는 20세기 초 모험적이고 과격한 형태의 경험주의 내지 실증주의를 주창했던 일군의 철학자들에 주목할 필요가 있다. 이들은 제1차 세계대전과 제2차 세계대전 사이 빈과 베를린 등 독일어권 지역들에서 주로 활동했는데, 현상학이나 칸트학파와 같은 하나의 학파로 분류하기는 어렵고, 오히려 이질적인 구성원들의 다소 느슨한 연계로 볼 수 있다. 그렇지만 이들의 이론을 논리실증주의라는 이름으로 묶을 수 있는 것은 그들이 공통적으로 가졌던 관심 덕분이다. 논리실증주의자들은 기존의 구태의연한 형이상학을 거부하고 현대물리학과 논리학의 발전에 영향을 받아 엄밀한 논리적 분석을 추구했으며, 철학에서의 혁신을 꾀했다. 그들은 과학에 대한 철학적 이해를 통해 과학적 세계관을 확장하고자 했으며, 철학과 사회과학, 더 나아가 현실 세계의 변혁을 꿈꾸었다. 이를 논리실증주의 운동이라고 부를 수 있다. 이 운동은 매우 성공적이었고, 특히 상대성이론과 현대 논리학의 발전에 영향을 받아 엄밀한 학문 양식을 추구하는 사람들에게 폭넓게 흡수되었다. 그러나 나치의 집권 이후 활동은 크게 위축되었고, 박해를 받은 많은 구성원이 결국 영국과 미국 등 영어권 국가로 망명하게 된다. 결과적으로 이들의 이주는 영국의 경험론적 전통, 미국의 실용주의적 전통과 결합하여 현대 과학철학뿐 아니라 주류 영미철학계에 중요한 영향을 끼쳤다.

논리실증주의의 핵심 논제 가운데 하나는 의미의 검증 이론이다. 하나의 문장이나 명제가 의미를 지니는지 어떻게 판단할 수 있을까? 의미의 검증 이론에 따르면 그 문장은 참인지 거짓인지 결정할 수 있는 방법이 있는 경우에 유의미하다. 진위를 판단할 수 있는 명제들은 두 종류밖에 없다. 하나는 의미에 의해 진위를 가릴 수 있는 논리학과 수학의 명제들이고, 다른 하나는 경험에 의해 참/거짓을 확인할 수 있는 과학적 명제들이다. 그 외의 모든 명제는 사이비명제이다. 즉 내용이 없는 무의미한 기호의 나열에 불과하다. 예컨대 '역사는 절대정신이 스스로를 전개해가는 과정이다.'라거나 '작은 것이 아름답다.' 등의 명제는 진위를 가릴 수 있는 논리적이거나 경험적인 방법이 없기 때문에 무의미한 사이비명제가 된다. 논리실증주의자들에게 이러한 검증 이론이 중요한 이유는 구태의연한 형이상학을 배제할 수 있는 기준이 되기 때문이다. 논리실증주의자들은 검증 가능하고 그럼으로써 유의미한 과학적 주장들을 기존의 철학적·윤리적·신학적 주장들과 구분하여 과학적 세계관을 확장하고자 했던 것이다.

논리실증주의는 과학의 목표가 경험의 패턴을 추적해 현상을 예측하고 조직화하는 것이라고 보았다. 그들은, 검증 이론에서 드러나듯 경험을 우회해서 지식을 얻을 수 있는 방법은 없다고 보았던 것이다. 과학 이론은 결국 가능한 경험들을 응집해놓은 요약본이다. 바로 이것이 과학이 형식적 활동인 한 가지 이유이다. 과학 이론은 체계적으로 관찰하고 이를 논리적으로 조작함으로써 쌓아올린 것이며, 과학적 진보란 이 이론이 말해주는 잠재적인 관찰의 정확성, 수, 범위를 늘리는 데 있기 때문이다. 과학이 형식적 활동인 또 하나의 구체적인 이유는 과학이 귀납 논리에 의존한다는 것이다. 귀납은 얻어진 경험 자료로부터 일반적인 이론을 만들고 그러한 이론들을 다시 자료에 의해 평가하는 방법이다.

논리실증주의가 제안한 과학관에는 문제가 없지 않았다. 대표적으로 검증 원리를 다시 살펴보자. 검증 원리에 따르면 한 문장의 의미는 그 문장의 진위를 결정할 수 있는 관찰에 의해 결정된다. 그러나 의미가 관찰로 환원된다면 우리는 너무 많은 동의어를 가지게 될 것이다. 예를 들어 프톨레마이오스 천문학과 코페르니쿠스 천문학에서 지구에 관한 주장은 대부분 일치하지만, 앞의 경우에서 지구는 우주의 중심이고 뒤의 경우 지구는 태양을 도는 천체 가운데 하나이다. 둘은 의미가 다르지만 동일한 관찰 결과를 가질 수 있다. 즉 이론에 따라 상이한 의미를 가지더라도 동일한 관측 결과를 예측할 수 있다. 더 심각한 문제는 검증 이론을 통해 그들이 배제하려 했던 형이상학뿐 아니라 과학 이론까지도 배제할 수 있다는 데 있다. 많은 과학 이론은 추상적이고, 이론의 핵심 요소인 법칙은 관찰 결과와 직접 연결되어 평가될 수 없다. 법칙은 언제 어디에서나 성립해야 하지만, 그런 보편적인 주장이 참임을 입증하기는 불가능하다. 그렇다면 과학 이론과 법칙마저 무의미하다고 결론내려야 하는가? 이후의 경험주의자들은 이 문제를 피하는 대안을 고민할 수밖에 없었다.

논리실증주의가 부딪혔던 문제 가운데 하나는 귀납의 철학적 정당화 문제였다. 귀납이란 과거의 경험들로부터 미래의 사건에 관한 주장이나 일반적인 주장을 이끌어내고 뒷받침하는 추론 양식이다. 그런데 내일이 오늘과 같을 것이라고 생각할 근거는 무엇일까? 우선 귀납을 연역 논리에 의해 정당화하기는 어렵다는 것을 쉽게 알 수 있다. 타당한 연역 논리에서는 전제가 참인 경우 결론은 반드시 참이어야 한다. 그러나 귀납은 전제가 모두 참이더라도 결론이 거짓일 가능성을 배제하지 않는다. 우리는 귀납법의 사용이 성공적이었던 사례들을 열거함으로써 귀납의 정당화를 시도할 수도 있다. 과거를 돌이켜보면 그 시점에서 미래는 그전의 과거와 닮아 있었고, 그러므로 그런 유사성이 미래에서 유지될 수도 있다고 말할 수는 없을까? 불행히도 이런 설명은 귀납을 정당화해주지 못하는 것 같다. 우리는 귀납이 정당한 근거를 가지는지 묻고 있는데, 과거의 경험으로부터 미래에도 그럴 것이라고 추론하는 일은 우리가 답해야 할 문제를 미리 가정하고 있기 때문이다. 귀납의 문제는 논리실증주의에게 까다로운 과제를 남긴다.

논리실증주의는 한동안 부흥했지만 비판을 받아 점점 쇠락하여 결국 소멸한 철학 사조이다. 그래서 오늘날 논리실증주의자를 자처하는 철학자는 거의 찾아보기 어렵다. 게다가 논리실증주의는 따분하고 보수적이며 과학을 숭배하는 이념으로 치부하기 쉽다. 그러나 이는 과학적 세계관의 정립을 통해 현실 세계를 개혁하고자 했던 논리실증주의 운동의 참여자들에 관한 온당한 평가는 아니다. 우리는 이들을 과학과 철학을 넘나들며 철학에서의 혁신을 꾀했고, 현실 세계를 바꾸는 데 직접 참여하기도 했던 운동가들로서 기억할 필요가 있다.

포퍼의 반증주의 과학관

카를 포퍼Karl Popper는 많은 과학자가 선호하고 또 대중적으로 널리 알려진 과학철학자이다. 포퍼주의자를 자칭하는 과학자와 지성인들이 적지 않고, 포퍼만큼 과학자들에게 영감을 불어넣어준 철학자도 많지 않을 것이다. 포퍼는 논리실증주의가 번성하던 때 오스트리아 빈에서 지적인 경력을 쌓기 시작했고, 빈 모임의 여러 구성원과 교류했으며,

빈 모임의 좌장 가운데 하나인 오토 노이라트Otto Neurath로부터 "빈 모임의 공식적인 반대자"라는 칭호를 받기도 했다. 포퍼의 사상에는 논리실증주의와 일견 유사한 생각도 포함되어 있지만, 관심사에서 차이를 보인다.

포퍼가 보기에 가장 중요한 과학철학과 인식론의 문제는 구획 문제, 즉 과학을 과학 아닌 것과 구분하는 기준선을 제시하는 문제이다. 이는 논리실증주의자들의 기획처럼 형이상학을 무의미의 영역으로 추방하기 위해서가 아니다. 어떠한 탐구 활동이 과학적인지 그렇지 않은지 자체가 중요한 물음이기 때문이다. 구획 문제에 대한 답으로 포퍼는 반증주의를 제안한다. 진정한 과학 이론이라면 반증 가능해야 한다. 즉 과학 이론은 관찰에 의해 반박될 수 있어야 하며, 이를 위해 틀릴 수 있는 위험을 감수하는 예측을 내놓아야 한다. 이러한 태도를 포퍼는 과학적 혹은 비판적 태도라고 부르는데, 알버트 아인슈타인Albert Einstein이 자신의 일반상대성이론을 시험하기 위해 큰 중력체를 지날 때 빛의 경로가 휜다는 대담한 예측을 했던 것이 그 대표적인 사례이다. 우리는 흔히 더 많은 것을 설명하는 이론이 더 좋은 이론이라고 생각한다. 그러나 포퍼가 보기에 모든 것을 설명하는 이론은 사실상 아무것도 설명해주지 않는다. 스스로를 비판에서 면제시키면서 임의의 사실을 설명하려는 이론이 있다면, 포퍼는 주저하지 않고 사이비과학이라고 부를 것이다. 마르크스주의 역사이론, 프로이트 심리학, 점성술 등은 반증 가능성이 없기 때문에 과학이라고 볼 수 없다.

포퍼 역시 과학을 형식적 활동으로 간주했음을 우리는 알 수 있다. 그는 『과학적 발견의 논리The Logic of Scientific Discovery(원제: Logik der Forschung)』(1934)에서 "발견의 논리는 없다"고 주장한다. 과학 이론은 창조적 상상의 산물이기 때문에 이론을 생성하는 논리적인 절차나 방법은 없다는 것이다. 그렇지만 이론을 평가하고 정당화하는 데는 엄격한 방법이 존재한다. 그것이 바로 반증이다. 이때 포퍼는 입증의 신화를 폭로한다. 이론의 예측이 관찰과 일치한다고 해서 이론을 확립할 수는 없다는 것이다. 과학자들이 할 수 있는 최선은 반증 사례를 통해서 이론이 틀렸음을 보여주는 것이다. 결국 과학에서의 시험은 이론이 참이라는 것을 입증하려는 것이 아니라 이론을 반박하려는 것이다. 이 반증이야말로 과학의 방법이라는 것이 포퍼의 주장이다. 만일 이론이 잘못될 가능성이 있는 예측을 내놓지 못한다면 그것은 과학 이론으로 볼 수 없다. 그런데 이론이 내놓은 예측이 틀렸다면 그 이론은 잘못된 이론이다. 이는 순수하게 논리적인 귀결로 보인다. 만일 이론의 예측이 실제 관측 결과와 잘 들어맞는다면 이론은 잠정적으로 수용된다. 이렇게 수용된 이론이 참이라는 것을 우리는 확신할 수 없다. 다만 그것이 최선의 증거에 의해서 지지받는 이론이라는 것은 알 수 있다. 그렇다면 과학의 진보는 더 많은 자료를 성공적으로 다룰 수 있는 이론을 제안하고, 한 이론이 반박되면 문제의 자료와 더 많은 자료를 다룰 수 있도록 이론을 개선하거나 새로운 이론을 제안하는 과정이다.

포퍼의 반증주의는 여러 측면에서 비판을 받았다. 먼저, 반증주의는 이론이 틀릴 수도 있는 예측을 내놓아야 한다고 요구한다. 그렇지만 실제 과학 이론들은 상당히 추상적이기 때문에 추가적인 가정들을 도입하지 않고서 이론으로부터 단순히 예측을 이끌어낼 수는 없다. 그렇다고 추상적 이론들을 모두 비과학적이라고 볼 수도 없을 것이다. 다른 한편, 이론의 예측이 잘못되는 경우 과학자들이 전형적으로 취하는 태도에 주목해보자. 과학자들은 손쉽게 자신들의 이론을 포기하는 대신 잘못된 예측을 설명하려 시도한다. 이를 과학적 태도와 구별되는 독단적·무비판적 태도로 매도하는 것은 성급하다. 오히려 이론이 사소한 어려움에 처할 때마다 폐기한다면 이론이 가진 잠재성을 확인해보지도 못한 채 비효율적으로 과학 활동을 해야 할 수도 있기 때문이다. 또한 과학이 과연 귀납을 전혀 사용하지 않고 반증이라는 연역적 절차만으로 수행될 수 있는지에 관해서도 의문이 제기되었다. 우리가 경험으로부터 무언가를 배우고 또 미래를 합리적으로 예측하기 위해서는 귀납이 필수적으로 보이기 때문이다. 이러한 몇 가지 문제에도 불구하고, 과학자의 작업을 창조적인 상상력을 통한 가설의 제안과 이에 대한 냉철하고 논리적인 평가가 결합된 것으로 보는 포퍼의 반증주의는 많은 사람들의 호응을 얻었다.

앞서 우리는 논리실증주의와 반증주의의 과학관을 살펴보았다. 이들은 모두 과학을 형식적 활동으로 본다. 즉 과학 이론과 경험적 자료 사이에는 형식적 관계가 성립한다고 가정한다. 이런 관계를 평가하기 위해 논리실증주의자는 입증의 개념을, 포퍼는 반증의 개념을 도입한다. 이들은 과학자들이 가설을 제안하는 '발견의 맥락'에서는 자유로운 상상력과 창조성을 허용하지만, 이론을 평가하고 확고한 과학 지식으로 수용하는 과정에서는 과학을 논리적이고 수학적인 활동으로 보았다.

2) 과학 제도에 관한 기능주의적 분석

철학자들이 과학적 방법과 추론 양식에서 과학의 특별함을 찾았다면, 사회학자들은 과학자 사회scientific community의 구조에서 과학의 독특함을 찾고자 했다. 과학자 사회 혹은 과학공동체의 개념은 과학자들이 서로를 공통의 가치와 규범을 공유하는 동료로 인지한다는 사실에서 출발한다. 300년이라는 비교적 짧은 역사를 가진 과학이라는 제도가 이렇게 성공적인 이유는 무엇일까? 로버트 머튼Robert Merton은 이러한 과학자 사회의 독특한 규범 구조와 보상 체계가 그 이유였다고 말한다. 머튼의 이론은 1940~1950년대 미국 사회학의 지배적인 패러다임이었던 구조기능주의에 속하는데, 여기서는 사회가 유기적으로 연관된 사회적 제도들로 이루어진다고 가정한다. 그래서 사회 전체는 정부, 종교, 과학 등의 여러 제도에 의해 분석될 수 있고, 각 제도는 사회의 안정성과 번역에 기여하는 나름의 기능을 갖는다. 각 제도는 자신의 기능을 성공적으로 수행하기 위해 적합한 구조와 규범을 가져야 한다. 과학이 통일되고 단일한 하나의 제도라고 할 때, 과학의 제도적 목표는 공인된 지식의 확장에 있다고 머튼은 분석한다. 그렇다면 남은 과제는 과학의 사회적 구조가 어떻게 공인된 지식의 제공이라는 기능을 뒷받침하는지 탐구하는 것이다.

머튼에 따르면 과학자 사회는 두 종류의 규범을 가진다. 하나는 인지적 규범이고 다른 하나는 사회적 규범이다. 이때 인지적 규범은 과학 이론의 경험적 증거에 의해 뒷받침되어야 하며, 논리적으로 일관적이어야 하고, 체계적인 예측을 내놓아야 한다는 등의 규범인데, 이는 사회적 분석의 주된 문제는 아니다. 사회적 규범은 보편주의, 공유주의, 탈이해관계 그리고 조직적 회의주의를 포함한다. 첫째, 보편주의란 과학 연구의 평가 및 업적 인정과 관련되는데, 어떤 발견이나 이론이 가진 과학적 가치는 인종, 성, 국적, 소속 기관 등 개인의 기질이나 사회적 배경과 무관하게 평가되어야 한다는 것이다. 즉 과학 활동은 과학적 가치에 의해서만 평가되어야 하며, 그런 점에서 과학의 평가 체계는 객관적이고 공정하다. 둘째, 공유주의는 과학적 아이디어와 결과물의 소유권에 관한 주장이다. 공유주의에 따르면 과학적 발견은 집단적 노력의 산물이기 때문에 개인의 것도, 국가의 것도 아닌 과학자 사회의 공유재이다. 셋째, 탈이해관계는 과학 활동의 동기와 관련된다. 과학자들은 사리사욕을 채우기 위해 과학 활동을 하지 않는다. 과학자가 가진 유일한 동기는 새로운 지식에 이바지하려는 욕구밖에 없다. 따라서 연구 주제를 선택하고 연구를 수행하는 과정에서 외적인 이해관계의 영향을 받지 않아야 한다. 끝으로, 조직적 회의주의는 사회적 수용과 관련된다. 과학자들은 끊임없이 의문을 제기하고 비판할 수 있어야 하고 충분한 근거가 축적되기 전까지 판단을 유보하는 회의적 태도를 지녀야 한다. 과학적 판단이 다른 권위의 영향을 받아서는 안 된다.

과학이라는 제도가 사회에서 공인된 지식들을 산출할 수 있는 데는 이와 같은 규범 외에도 과학자 사회의 독특한 보상 체계 역시 일정한 역할을 수행한다. 보상 체계는 규범 구조와 과학의 발전을 연결하는 매개 고리로서 작동한다. 과학적 성취에 대한 유일한 보상은 동료 과학자들의 인정이다. 위대한 과학적 성취에 대해 과학자 사회는 법칙, 방정식, 상수에 발견자의 이름을 넣는다. 그러나 인정을 받기 위해서는 최초의 발견자가 되어야 한다. 이는 과학의 역사에서 발견의 우선권을 놓고 개인 간, 국가 간 논쟁이 종종 벌어졌던 중요한 이유이다.

머튼 식의 구조기능주의는 과학 연구에서 발생하는 부정행위를 이해하는 데 도움을 줄 수 있다. 보상 체계는 독창적인 사고를 촉진하는 순기능을 가진 반면, 보상에 집착하게 되면 역기능도 생겨나게 된다. 인정에 대한 욕구가 지나치면 기만, 표절, 중상 등의 연구 부정행위가 발생할 수 있다. 그런데 어떤 잘못된 연구가 단지 실수를 저지른 것인지 아니면 사기와 같은 부정행위인지를 어떻게 구분할 수 있을까? 오류와 사기는 모두 과학적 진보를 방해하지만, 후자는 도덕적 비난의 대상이 된다. 오류는 인지적 규범의 위반이지만 사기는 사회적 규범을 위반한 것이기 때문에 연구 윤리의 문제가 된다고 볼 수 있다.

머튼의 규범들은 실제 과학자 사회가 아니라 20세기 초반 선진국의 연구 중심 대학에서 발견되는 이상적인 과학자 사회에 적용된다는 반론도 존재한다. 실제로 한국의 과학자 사회에서는 머튼의 규범들보다 국가주의와 도구주의가 두드러진다. 우리나라에서 과학이 수용된 역사적 과정을 보면, 서구의 과학에서 보이는 문화적·세계관적 요소는 배제되고 부국강병을 위한 실용적 도구로서의 과학만이 유독 강조되어왔다. 국가 주도의 경제 개발을 추진하던 시기, 과학은 기술적 응용을 위한 것이었고, 과학기술은 경제와 산업 발전의 도구로서 인식되었으며, 과학기술자들은 국가적 차원에서 동원되었다. 그리고 그러한 영향력은 지금도 과학과 기술에 관한 사람들의 인식을 지배하고 있는 것으로 보인다.

머튼의 규범들에 관해서는 다양한 비판이 존재한다. 머튼은 과학자들을 직접 면접 조사하는 대신 과학자들의 회고록이나 자서전 등에서 규범들을 추출했는데, 회고록 등이 미화되기 쉽다는 점을 우선 지적할 수 있다. 앞서의 네 규범 자체가 과학적 실행에 적용되기에는 너무 모호하거나 유연하다는 비판도 있고, 과학자들이 내세우는 규범이란 실제로 지켜지는 규범이라기보다는 자신들의 독립성을 유지하기 위해 동원하는 전문직 이데올로기라는 주장도 제기되었다. 또한 공유주의를 제외한 규범들이 과학에만 적용되는 독특한 규범인지도 의문스럽다. 그렇더라도 과학자들이 그러한 규범들을 설정하고 이야기하는 것 자체가 과학적 실행을 어떻게 제약하는지, 만일 규범들이 수사적으로 사용된다면 실제로 그런 수사적 메커니즘이 작동하는 방식은 무엇일지 살펴볼 필요는 있겠다.

3. 과학 활동 자체로 돌아가기

1) 토머스 쿤의 과학 사상

토머스 쿤Thomas S. Kuhn은 가장 영향력 있는 과학철학자 가운데 하나이다. 그는 『과학 혁명의 구조The Structure of Scientific Revolutions』(1962)에서 과학사에 관한 대중적인 이미지와 철학자들의 입장을 비판하며, 과학의 본성을 이해하기 위한 새로운 틀을 마련했다. 이 책에서 그는 과학을 규범적 관점에서 형식적 활동으로 파악했던 기존 견해들을 비판하고 과학의 역사에서 드러나는 연구 활동 자체에 초점을 맞추고자 했다. 쿤은 과학의 진보가 누적적 형태로 이루어진다는 생각을 비판하고, 성숙한 과학은 정상과학과 과학 혁명이 순환하는 과정을 겪게 된다고 주장했다. 그는 연구 활동 자체의 역사를 상세히 살핌으로써 기존의 과학관과는 전혀 다른 새로운 과학관을 구축하고자 했던 것이다.

쿤은 스스로를 "철학을 위해 역사로 전향한 물리학자"라고 소개한다. 하버드대학교에서 물리학을 전공했지만 이후 과학사 연구를 통해 『코페르니쿠스 혁명The Copernican Revolution』(1957) 등의 책을 출판했고, 다시 철학으로 전향했다. 따라서 그의 과학 사상은 과학의 역사에 관한 그의 관점과 밀접한 연관을 갖는다. 쿤은 책의 첫 장에서 다음과 같이 썼다. "만일 역사가 일화나 연대기 이상의 것들로 채워진 보고라고 간주된다면, 역사는 우리가 지금 사로잡혀 있는 과학의 이미지에 대해 결정적인 변형을 일으킬 수 있을 것이다. …… 이 책이 겨냥하는 것은 연구 활동 자체의 역사적인 기록으로부터 드러날 수 있는 전혀 새로운 과학의 개념을 스케치하는 것이다." 이때 쿤이 경계하는 것은 '휘그적 역사Whig history' 서술 방식이다. 휘그적 역사란 우리가 현재 참이라고 믿는 바를 기준으로 역사를 판단하는 것이다. 이 관점에서 역사를 보면 과거에 일어난 사건들은 현재에 얼마만큼의 기여를 했는지에 의해 그 중요성이 평가된다. 역사를 단순한 연대기로 보게 되면 이와 같은 휘그적 역사 서술을 피하기 어렵다. 그러나 이는 지나치게 단순한 진보주의를 채택하지 않고서는 그럴듯한 역사 서술 방법이 되기 어렵다. 현재의 입장과 우리가 가진 지식은 그 자체로 참이거나 진보된 것이어서 설명할 필요가 별로 없고, 과거는 현재의 성공에 대한 기여도에 의해서만 평가되며, 실패한 사례만이 특별한 설명을 요구하게 되기 때문이다. 이에 반하여 쿤은 (50년 전의 용어로) "새로운" 역사 서술을 받아들인다. 그에 따르면 역사가는 현재의 위치에 도달하는 데 과거 이론들의 기여가 무엇인지 찾기보다, 당대의 관점에서 그 이론들의 온전한 모습을 보여주려고 시도한다.

쿤의 역사 읽기 방법은 역사학자로서 그가 경험한 한 사건을 통해 잘 이해될 수 있다. 과학사 연구를 시작하면서 그는 갈릴레오, 케플러, 아리스토텔레스 등의 과거 철학자들의 문헌을 읽게 되었다. 그런데 한 가지 의문에 부딪히게 된다. 아리스토텔레스는 고대부터 중세까지 최고의 철학자였고, 현대에도 그의 윤리학, 정치철학, 형이상학 등은 사람들의 관심을 끌고 있는데, 유독 그의 자연학 저술들은 잘못된 생각들로 가득했다. 근대 천문학 혁명에서 핵심적인 역할을 수행한 요하네스 케플러Johannes Kepler의 저작을 보아도, 지금 관점에서 옳은 부분과 잘못된 부분이 공존하고 심지어 두 부분이 매끄럽게 연결되어 있음을 쿤은 발견하게 된다. 이는 과거 사람들이 현대인보다 더 어리석었거나 지적인 능력이 부족해서 벌어진 일이 아니다. 과거 문헌을 썼던 사람들은 우리가 가지고 있는 인식론적·형이상학적 가정들과는 다른 가정에서 출발했으며, 글을 쓴 목표도 달랐을 수 있다. 따라서 우리가 현재 사용하는 것과 동일한 개념이나 용어가 과거 문헌에서 등장한다고 해서 그것이 같은 의미를 가진다고 단순히 가정할 수는 없다. 결국 텍스트는 해석을 필요로 한다. 과거 텍스트를 이해하려면 현대의 관점이 아니라 당대의 관점에서 볼 필요가 있었던 것이다. 쿤은 스스로 이해되지 않는 과거 텍스트를 어느 순간 전체적으로 이해하는 경험을 하게 되는데, 이를 "유레카 경험"이라고 불렀다. 쿤에 따르면 이렇게 새로운 역사서술론을 받아들일 경우, 과학을 형식적 활동으로 보았을 때 우리가 얻게 되는 과학에 대한 그림은 잘못된 것임을 알 수 있다.

역사적 탐구를 통해 쿤은 패러다임, 정상과학, 그리고 과학 혁명이라는 아이디어에 도달한다. 흔히 사람들은 쿤을 포퍼와 비교하곤 한다. 쿤이 『과학 혁명의 구조』를 출판했을 당시 많은 사람들이 그가 포퍼와 유사한 주장을 펼치고 있다고 독해하기도 했다. 그리고 이러한 이해에는 나름의 이유가 있었다. 첫째, 둘은 논리실증주의를 반대한다는 점에서 유사성을 가졌다. 논리실증주의가 완성된 이론의 논리적 구조를 분석하는 데 치중했던 것과 달리, 포퍼는 비판을 통한 지식의 성장을 강조했고 쿤은 역사적 과정을 분석했다. 둘째, 과학이 점진적으로 진보한다는 견해를 거부한다는 점에서 포퍼와 쿤은 공통점을 지녔다. 포퍼는

"추측과 논박"이라는 자신의 방법론이 실패로부터 배울 수 있는 방법임을 강조했고, 쿤은 과학 혁명을 통한 진보를 주장했다. 이와 관련해 논리실증주의자들이 옹호하던 귀납에 관해서도 쿤과 포퍼는 모두 회의적이었다. 그러나 포퍼가 이론을 경험적으로 시험하고 반증하려는 노력을 과학의 핵심으로 간주했던 것과 달리, 쿤은 반증이나 시험이 과학 활동의 가장 중요한 특성임을 부정했다. 그와 반대로, 쿤이 보기에 과학의 독특성은 시험의 유보에 있었다. 그것이 바로 정상과학 활동이다.

흔히 쿤의 과학관에서 과학 혁명이 가장 중요하다고 생각하기 쉽지만, 정상과학 이론은 그만큼 (어쩌면 더) 중요하다. 정상과학이란 과학자들이 통상적으로 수행하는 연구 활동을 쿤이 개념적으로 포착해낸 것인데, 이렇게 함으로써 쿤은 과학 활동의 주체가 개인 과학자가 아니라 과학자 집단임을 드러냈고, 과학자 사회의 구성원들이 공유하는 것은 이론이 아니라 패러다임임을 주장했다. 정상과학은 곧 패러다임에 기반을 둔 연구 활동이다. 쿤의 책이 출판된 이후 유행하게 된 "패러다임 paradigm"이라는 단어는 많은 학문 분야에서뿐만 아니라 일상어에서도 사용되고 있지만, 쿤에게 이 용어는 독특한 의미를 지닌다. 패러다임은 자연과학이 다른 학문과 구별되는 본질적인 특징을 포착하기 위해 도입된 것으로, 일정 기간 전문가 공동체에 모범이 되는 문제와 풀이를 제공해주는 보편적으로 인정된 과학적 성취를 가리킨다. 과학자 사회는 패러다임을 공유하기 때문에 자신의 일에 대해 정당화할 필요를 느끼지 않으며, 자신의 이론을 반증하려 하지도 않고, 근본적인 전제에 관한 광범위한 합의에 기초하여 세부적인 탐구에 전념한다. 그렇기 때문에 과학에서 벌어지는 논쟁들은 전문적인 판단에 의해서 비교적 빠른 시간 내에 의견 일치에 도달한다. 정상과학은 그러한 패러다임에 기초해 과학자들이 생애 대부분의 시간 동안 종사하는 연구의 형태를 말한다. 이렇게 볼 때, 쿤이 가장 날카롭게 포퍼와 대별되는 지점은 바로 정상과학의 아이디어이다.

정상과학 시기 과학자들은 근본 이론에 대한 검증이나 반증을 허용하지 않고, 심지어 이론에 잘 들어맞지 않는 이상 사례들이 발생하더라도 그것을 이론을 반증하는 사례로 간주하지 않는다. 과학자들은 패러다임을 고집하는 경향이 있지만, 이러한 고집에는 합리적인 이유가 있다는 것이 바로 쿤의 통찰이다. 그러나 한 패러다임 내에서 해결되지 않는 변칙 사례들의 수가 지나치게 증가하고 위기가 찾아오면 과학자들이 대안 패러다임을 모색하게 된다. 과학 혁명이란 대안 패러다임이 기존의 문제를 성공적으로 풀어내고, 학문 후속 세대를 성공적으로 끌어들여 새로운 정상과학이 탄생하게 되는 에피소드를 말한다.

정상과학과 과학 혁명의 관계는 무엇일까? 쿤에 따르면 정상과학은 근본적인 새로움을 거의 추구하지 않는 활동인데, 왜 과학자들은 생애의 대부분을 이러한 정상과학 연구에 매달리는가? 그리고 정상과학자들이 새로움을 거의 추구하지 않는다면 어떻게 혁명이 발생할 수 있을까? 쿤은 정상과학이 가진 성격을 나타내기 위해 퍼즐 풀이에 비교한다. 즉 정상과학은 일종의 퍼즐 풀이 활동이라는 것이다. 퍼즐 풀이의 한 가지 기능은 풀이자의 재능을 뽐내거나 시험하는 것이다. 이미 정답이 있다고 간주되는 퍼즐을 주어진 규칙에 따라 끝까지 풀어낼 때 풀이자는 칭찬을 받는다. 정답이 있다고 해서 그 풀이 과정이 단순하다는 말은 전혀 아니다. 이는 정상과학의 경우에도 마찬가지이다. 정상과학은 정답이 있다고 가정된 문제들을 풀기 때문에 세부적인 문제들에 대해 심오하게 연구하는 것이 가능해지고 이에 따라 급격한 지식의 축적이 일어날 수 있다. 그러나 실제로 그 문제들을 해결하기 위해 과학자들은 개념적·수학적·도구적 창의성을 발휘해야 하고, 그럼으로써 과학자로서의 자신의 실력을 드러내고 인정받고자 한다.

정상과학의 이러한 성격은 과학 혁명으로의 전이 과정을 설명하는 데도 도움이 된다. 쿤은 정상과학 활동이 역설적이게도 과학자들을 혁명으로 이끄는 데 효과적이라고 주장한다. 만일 정상과학 연구를 하지 않고 각 학파가 저마다의 가정과 방법, 이론을 가진 채 작업을 한다면 세부적이고 심오한 연구에 천착하지 못할 것이다. 과학 혁명으로 이끈 과학적 문제들은 때로 매우 작은 오차 범위에도 불구하고 심각한 문제로 간주되었다. 코페르니쿠스 혁명 당시 기존 우주관이 예측하는 것의 오차가 유별나게 큰 것도 아니었고, 상대론으로의 전환 과정에서 뉴턴 물리학의 예측이 대단히 잘못된 것도 아니었다. 그러나 정상과학에서의 퍼즐 풀이에 전념하는 과학자들에게는 그러한 미세한 오차가 심각한 문제로 제기된다. 따라서 정상과학은 어쩌면 필연적으로 과학자들을 혁명으로 안내한다.

쿤은 왜 과학에서의 이론 변화를 혁명이라고 불렀을까? 기존의 철학자들은 과학자들이 누적된 증거에 의해 논리적으로 이론을 선택한다는 입장을 견지했지만, 쿤은 패러다임의 교체를 정치혁명에 비교했다. 단적으로 말해, 패러다임 간 선택이 혁명인 까닭은 과학자들이 한 패러다임 내부의 기준으로는 선택할 수 없고 양립 불가능한 공동체적 삶의 양식 사이에서 선택을 해야 하기 때문이다. 삶의 양식 사이에서 선택을 해야 한다는 것은 논리와 경험만으로 상대를 굴복시킬 수 없다는 뜻이다. 경험적 자료들이 공유되더라도 논리적으로 상대방에게 특정한 이론을 선택하거나 거부하도록 강제할 수 없는 이유는, 경쟁자들은 공유하는 전제와 가치를 가지지 않기 때문이다. 물론 쿤은 이러한 혁명이 비합리적이라고 주장하지는 않는다. 논리적 강제가 아닌 합리적 설득 과정을 통해 공동체 수준의 이론 선택이 이루어진다는 것이 쿤의 입장이다.

패러다임 사이의 논쟁이 정상과학의 기준 혹은 논리에 의해서 해결될 수 없는 이유는 혁명 시 패러다임들 사이에서는 공약 불가능성incommensurability이 성립하기 때문이다. 공약 불가능성은 세 가지 차원을 가진다. 첫째는 방법론적 공약 불가능성인데, 혁명 시 두 패러다임은 상이한 문제 영역을 가지게 된다. 한 패러다임에서 중요한 문제가 다른 패러다임에서는 무시되거나 그 반대의 경우도 발생한다. 이는 어떤 문제가 중요한 문제이고 또 어떠한 풀이가 좋은 해결책인지를 결정해주는 것이 바로 패러다임이기 때문이다. 둘째는 의미론적·개념적 공약 불가능성으로, 패러다임이 변화할 때 이론적 용어들의 의미도 함께 변화하는 것을 말한다. 혁명을 전후로 두 이론이 동일한 단어를 사용하더라도, 그 단어는 서로 다른 이론에서 상이한 의미를 가질 수 있다. 예컨대 코페르니쿠스 천문학에서의 행성과 프톨레마이오스 천문학에서의 행성은 그 의미가 다를 뿐 아니라 지시 대상도 다르다. 셋째, 쿤은 혁명적 변화를 겪게 되면 과학자들이 연구하는 세계가 달라진다고 주장한다. 이는 패러다임 변화와 더불어 세계관이 달라진다는 느슨한 의미가 아니다. 관찰의 이론적재성을 진지하게 고려하는 경우, 이론틀이 달라지면 관측 자체가 달라질 수 있다. 패러다임이 변화하면 결국 과학자들이 세계를 지각하는 방식도 달라지고, 따라서 과학자들이 탐구하는 세계가 달라진다. 이러한 공약 불가능성의 개념은 철학자들 사이에서 많은 논란을 불러일으켰다. 상이한 패러다임들이 서로 공약불가능하다면 그것들을 서로 비교하고 합리적으로 이론을 선택하는 것도 불가능해 보이기 때문이다. 쿤이 비합리주의자요 상대주의자라는 비판을 받게 된 것도 무리는 아니다. 물론 쿤 자신은 공약 불가능성이 국소적인 성격의 것이며, 두 이론의 언어들 사이의 기계적인 번역의 불가능성을 뜻할 뿐 해석 가능성을 함축하지 않고, 더 나아가 합리적으로 두 이론을 비교할 수 있다고 자신의 입장을 해명한다. 그러나 이에 관한 논쟁을 여기서 더 다룰 수는 없다.

쿤의 주장대로 패러다임의 교체가 혁명적인 변화라고 하자. 우리는 그것이 과학의 진보인지 묻게 된다. 먼저 정상과학 시기에 진보가 일어난다는 사실에서 출발해보자. 쿤은 과학의 발전이 누적적으로 일어난다는 기존 입장을 비판하지만, 사실 발전이 축적될 수 있는 구조가 바로 정상과학이다. 정상과학 기간에는 경쟁학파가 존재하지 않고, 기본적인 원리와 방법에 합의한 채 세밀한 부분을 집중적으로 탐구하기 때문에 빠른 속도의 지식 축적이 일어난다. 즉 정상과학은 효율적인 문제 해결 장치이다. 문제는 혁명을 통해 한쪽이 승리하고 다른 쪽이 패배한 경우에 그러한 전환을 진보라고 할 수 있느냐는 것이다. 물론 승자의 관점에서는 자신의 승리가 진보일 것이지만, 과학을 정치 투쟁과 동일선상에 놓는 것을 많은 사람은 불편하게 느낄 것이다. 과학은 진리를 추구하고 진리로 가까이 다가서는 과정이라고 믿기 때문이다. 여기서도 쿤의 미묘한 입장이 드러난다. 쿤은 과학이 진보한다고 주장하지만 그것이 절대적인 진리를 향해 나아간다고 믿지는 않는다. 어떻게 그럴 수가 있을까? 쿤에게 과학은 집단적인 활동이고, 집단의 선택 이상의 최종 심급은 존재하지 않는다. 그리고 과학자 집단의 특성상 과학 혁명은 진보일 수밖에 없다. 과학자들은 자연을 이해하려고 하고, 이해의 정도를 심화하려는 관심을 가진 사람들이다. 그런 과학자들의 연구 공동체는 패러다임의 변화를 통해 해결되는 문제의 수와 정확도를 극대화하려 한다. 따라서 과학자 공동체의 집단적인 패러다임 전환은 진보이다. 다만 그러한 과학의 진보는 진리를 향하는 전통적 의미의 진보와는 전혀 다르다. 마치 생물의 진화가 정해진 목표를 향해 나아가는 목적론적 과정이 아니듯, 과학의 진보도 절대적인 진리에 점차 다가가는 과정으로 볼 수 없다.

예상하듯이 쿤의 공약 불가능성 개념과 진리의 거부는 엄청난 논쟁을 불러일으켰다. 과연 패러다임 사이에 공약 불가능성이 존재한다면 상호 간 의사소통이 가능한지, 합리적 비교는 과연 가능한지에 대한 의문이 제기되었다. 그럼에도 『과학 혁명의 구조』가 끼친 영향력은 심대했다. 과학자 공동체를 분석의 단위로 삼고, 단순한 형태의 귀납주의나 반증주의를 배격하고, 과학의 역사를 정상과학과 혁명의 순환으로 파악한 것은 커다란 기여였다. 무엇보다 과학이 실제로 수행된 역사를 검토함으로써 과학에 관한 표준적 견해를 반박했다는 것이 중요했다.

2) 과학 혁명 다시 보기: 실험 과학의 등장

16·17세기 과학 혁명The Scientific Revolution은 흔히 근대적 의미의 과학이 출현하게 된 역사적 사건으로 간주된다. 우리는 근대과학의 기본 골격을 형성한 것으로 간주되는 과학 혁명기의 몇 가지 에피소드를 살펴봄으로써 과학 활동을 통해 지식이 만들어지는 과정, 만들어진 지식이 사회에서 고유한 역할과 힘을 가지게 된 경위 등을 되짚어보고자 한다. 우선, 과학 혁명의 두 가지 의미를 구별할 필요가 있다. 토머스 쿤의 주

저인 『과학 혁명의 구조』를 통해 유명세를 타게 된 과학 혁명scientific revolutions의 개념은 한 과학 분야 내에서의 급격한 변화를 가리킨다. 예컨대 과학의 역사에는 천문학 혁명, 화학 혁명, 진화론 혁명, 상대론 혁명 등 많은 혁명이 있었고, 그런 혁명의 편재함이 쿤의 주장 중 하나였다. 반면 지금부터 우리가 다룰 과학 혁명은 종교개혁이나 산업혁명처럼 특별한 의미를 지닌 역사적 시기를 가리키며, 이 시기 동안 자연 지식은 폭발적으로 증가했고 자연과 우주를 바라보는 관점 역시 변화했다. 더 중요하게는 과학 혁명을 거치면서 지식의 양과 내용이 변화했을 뿐 아니라 자연에 대해 우리가 알게 되는 지식이란 무엇인지, 지식은 어떻게 획득될 수 있는지, 사회에서 과학의 지위와 역할은 무엇인지에 관한 과학관이 크게 변화했다.

역사가 허버트 버터필드Herbert Butterfield는 다음과 같이 말한 바 있다. "'과학 혁명'은 유럽의 역사상 기독교의 출현 이래 어떤 사건보다 훨씬 더 중대한 일이었으며, 과학 혁명에 비하면 종교개혁이나 르네상스는 중세 기독교 사회의 단순한 에피소드에 지나지 않는 작은 변화였다. …… 근대 사회와 근대 사상의 진정한 기원으로서 여태까지 통상적으로 사용된 시대 구분(종교개혁과 르네상스)은 이제 의미를 상실하고 오히려 거추장스럽게 되었다." 버터필드에 동의하든 동의하지 않든, 과학 혁명은 유럽 사회에 사상적·사회적으로 커다란 영향을 끼쳤고 근대적 형태의 지식과 근대 사회의 형성에 기여했다. 그렇다면 과학 혁명이라는 커다란 변화는 어떻게 가능했을까?

첫째, 근대 과학을 탄생시킨 배경에는 유럽의 팽창이 있다. 항해술이 발달하면서 유럽인들은 고대 문헌에서 언급되지 않은 땅, 식물, 동물, 사람을 새롭게 발견하게 되었고, 이 발견들이 기존 분류 체계에 잘 들어맞지 않는다고 느끼면서 고전에 대해 가지고 있던 경외심과 고전의 권위가 서서히 무너졌다. 그러면서 지혜의 보고로 간주된 고대인들이 모르던 지리적·자연사적 사실들을 우리는 안다는 인식, 즉 우리가 고대인들보다 더 많은 것을 알고 있다는 인식이 생겨났다. 이는 신대륙의 발견에서 정점을 이루게 되는데, 이 사건은 고대의 권위보다 직접 경험을 통한 발견이 우선권을 쥐게 되는 중요한 계기가 되었다.

둘째, 당시 유럽은 정치적·사회적으로 위기였을 뿐 아니라 지적 권위가 추락하고 회의주의가 팽배하면서 지식도 위기에 처해 있었다. 종교개혁 이후 가톨릭교회는 성서 해석을 더 이상 독점하지 못했고, 신교와 구교 사이에, 그리고 가톨릭 당국 내에서 많은 교리 논쟁이 벌어졌다. 르네상스 시기 고대 원전들이 재발굴되면서 다양한 학설이 쏟아져 나온 것도 지식의 위기를 가중시켰다. 지식의 폭발적 증가는 언뜻 황금기처럼 보였지만, 사람들은 희랍어 원전을 읽으면서 고대에 다양한 견해가 있었음을 인식하게 되었고, 상충하는 이론들 사이에서 통일성을 찾으려는 시도들이 실패로 끝나면서 믿고 따를 지적 권위를 상실하게 되었다. 무엇을 믿어야 할지 불확실한 상황에서 극단적 회의주의인 피론주의가 성행했다.

새로운 과학의 주창자들은 과감하게 전통과의 결별을 선언하며 자신의 작업이 새롭다는 것을 강조했는데, 이는 저술의 제목에서도 잘 드러난다. 갈릴레오의 『새로운 두 과학Two New Sciences(원제: Discorsi e Dimostrazioni Matematiche Intorno a Due Nuove Scienze)』(1638), 케플러의 『신천문학The New Astronomy(원제: Astronomia Nova)』(1609), 보일의 『새로운 물리-물질 실험: 공기의 탄성조작과 그 효과New Experiments Physico-Mechanicall, Touching the Spring of the Air, and Its Effects』(1660), 베이컨의 『새로운

아틀란티스The New Atlantis』(1627), 『새로운 기관Novum organum scientiarum』(1620) 등을 보라. 이들은 낡은 학문과 결별하고 새로운 학문을 수립해야 한다고 주장했지만, 전적으로 전통을 거부할 수는 없었다. 많은 이들이 고대인의 지혜와 탁월성을 인정했고, 또한 일부는 그들 자신의 작업을 고대 학문의 부활이자 계승으로 간주하기도 했다. 그럼에도 많은 이가 전통을 거부했던 이유는 전통의 권위가 자연이 아니라 텍스트에서 나왔기 때문이다. 그래서 그들은 자연에 대한 지식을 얻고자 한다면 고대의 텍스트가 아니라 직접 자연의 책을 읽어야 한다고 주장했다. 사람의 증언이 아니라 자연의 증언, 말이 아니라 사물이 지식의 원천이라는 근대 경험주의의 기본 정신이 싹튼 것이다.

새로운 철학의 옹호자들은 중세 스콜라 철학이 경험에 입각하지 않고 논리와 말장난을 일삼는 이론 체계라고 여겼다. 그러나 중세 자연관을 아리스토텔레스주의가 주도했다고 할 때 이런 평가는 부자연스럽다. 라파엘로Raffaello Sanzio da Urbino의 그림 〈아테네 학당The School of Athens(원제: Scuola di Atene)〉(1509~1511)을 보면 플라톤은 손가락으로

[그림 1-1] 라파엘로의 〈아테네 학당〉

하늘을 가리키고 있고, 아리스토텔레스는 땅을 가리키고 있다. 이 그림이 시사하듯, 감각을 불신하고 이성을 강조했던 플라톤과 달리, 아리스토텔레스는 (아마도 히포크라테스 의술의 경험적 성격에 영향을 받아) 경험의 중요성을 일찍이 강조했던 철학자였다. 그러므로 경험이 지식을 얻기 위한 중요한 원천이 된다는 생각은 전혀 새로운 것이 아니었다. 그렇다면 자연의 책을 직접 읽으라는 충고는 어떻게 이해해야 할까?

아리스토텔레스의 자연철학 체계에서 '경험'이란 우리 모두에게 이미 알려진 것들이었다. 예를 들어 '해가 동쪽에서 뜬다.' 혹은 '무거운 것은 아래로 떨어진다.' 등이다. 이것들은 누구에게도 명백해 보이는 일반적 사실에 대한 주장이었다. 그리고 그의 자연철학은 알려진 현상들에 대한 이론적 설명을 추구했다. 왜 해가 동쪽에서 뜨는지, 왜 무거운 것이 아래로 떨어지는지 설명하는 것이 철학의 역할이었던 것이다. 16세기까지 자연철학에서 경험이란 우리가 일상적으로 경험하는 보편적인 현상에 관한 것이었지, 공을 들여야만 얻을 수 있는 특정한 경험이 아니었다. 이는 17세기 과학 혁명기의 대표적인 철학자들에게도 적용된다. 파스칼, 데카르트, 홉스 등 이성의 기능을 강조했던 철학자들은 여전히 아리스토텔레스의 '경험'관을 공유하고 있었다. 따라서 그들은 인위적이고 체계적인 실험이 필요하다고 생각지 않았다. 르네 데카르트René Descartes가 당시 알려진 온갖 현상들을 기계적 원리에 의해 설명하려 했던 것은 어떤 의미에서 그가 전복하려 했던 아리스토텔레스주의 철학의 전형적인 목표였다. 이것은 한편으로 과학 혁명에 의해 아리스토텔레스주의가 전적으로 거부된 것이 아님을 보여주기도 한다. 전통적 의미의 경험은 근대적인 과학적 연구에서 여전히 중요한 역할을 하고 있기 때문이다.

그러나 '경험'에 대한 전혀 다른 접근이 17세기에 등장하게 된다. 특히 프랜시스 베이컨Francis Bacon을 필두로 영국의 자연철학자들이 이러한 흐름을 주도하게 되는데, 이들은 자연의 온갖 사실들을 체계적으로 수집하는 자연사가 자연철학이라는 집을 짓기 위한 벽돌이라고 주장했다. 베이컨이 보기에 자연철학이 잘못된 길을 간 중요한 이유는 자연에서 정보를 얻어내는 방식이 잘못되었기 때문이었다. 베이컨은 학문의 진보를 위해서는 보편적 경험이 아니라 개별적인 관찰이 중요한데, 지금까지는 수적으로, 종류에 있어서, 확실성 면에서 개별적 경험의 충분한 수집이 이루어지지 않았다고 보았다. 구체적이고 확실한 경험들을 수집하고 정리하는 것이 발전을 위한 첫걸음이었다. 그리고 이에 따라 자연사뿐 아니라 실험사를 포함하는 넓은 의미의 역사를 강조했다. 그래서 자연에서 힘들이지 않고 얻을 수 있는 흔한 경험들뿐 아니라 인위적인 실험을 통해 얻어낸 경험적 내용도 신뢰할 수 있다고 보았다.

아리스토텔레스 자연철학에서 경험이란 친숙하고 일상적이며 보편적인 것이었던 반면, 새로운 자연철학이 추구하는 경험이란 낯설고 새로운 개별적인 경험이었다. 아리스토텔레스 자연철학이 보편적 경험에 대한 이해를, 즉 왜 그러한 일이 일어났는지를 설명하고자 했다면, 새로운 자연철학에서는 새로운 경험을 하고 새로운 발견을 하는 것 자체가 중요한 성취였다. 전통적으로는 사물을 있는 그대로 두고 관찰하며, 그것을 분류하고 체계화하는 것이 경험의 방법이었지만, 새로운 방법은 조작하고 실험하여 때로는 없던 현상을 창조해내는 등 새로운 발견을 이루고자 했다. 새로운 자연철학은 흔히 베이컨적 과학으로 불리기도 하는데, 이는 항해술의 발달로 신대륙을 탐험할 수 있게 된 근대 서구인들의 모습과 유사한 측면이 많다. 서구인들은 항해술이 발달함으로 인해 앉은 자리에서 사물을 관조하는 것이 아니라 거대한 배를 타고 미지의 세계를 탐험하며 진기한 물건을 수집하고 새로운 동식물을 발견하여 본토로 가져오곤 했다. 이와 유사하게, 새로운 철학자들은 망원경과 같은 기구를 사용함으로써 아직 알려지지 않은 세계의 모습들을 발견해내고, 더 나아가 진공펌프와 같은 기구를 통해 자연적으로는 일어나는 않는 현상을 창조해내기도 했다.

관찰과 경험의 중요성이 무엇보다 강조된 것은 사실이지만, 무턱대고 경험한 것을 모아서는 진리에 도달할 수 없었다. 실제로 신대륙을 다녀온 많은 여행가가 관찰했다고 보고한 자료들은 허풍과 과장으로 가득 차 있었다. 예컨대 이탈리아의 자연학자 울리세 알드로반디Ulisse Aldrovandi는 포유류의 꼬리와 닭의 볏을 가진 괴물("freak") 수탉을 목격했다고 기술했고, 그밖에도 머리가 없는 아메리카 원주민들을 보았다는 등 허풍으로 가득한 여행기들이 많았다. 자연을 경험하는 것이 무엇보다 중요했지만, 중요한 만큼 기만당하기 쉬운 것이 바로 경험이었다. 철학자들은 신뢰할 만한 경험과 허풍을 구별할 필요가 있었다. 터무니없는 것과 믿을 만한 것을 가르는 기준으로 다양한 방법이 제시되었다.

자연철학 지식을 구축하기 위해 마음이 올바른 '방법'의 지도를 받아야 한다고 주장한 점에서 대륙과 영국은 큰 차이가 없다. 그러나 무엇이 지식으로 이끄는 올바른 방법인지에 대해서는 크게 엇갈렸다. 이성의 역할을 강조했던 대륙의 대표적 철학자 데카르트는 명석 판명한 인식을 강조하며 기만당하기 쉬운 감각의 역할을 축소했던 반면, 영국의 철학자 베이컨은 과거 자연철학이 잘못된 길을 간 것은 연역적 방법을 독점적으로 사용한 탓이라고 주장하며 경험과 귀납적 방법을 중요시했다. 양자가 강조점에서 차이는 있지만, 새로운 자연철학을 옹호했던 이들은 감각 경험의 중요성을 부각시키면서도 그와 동시에 감각이 불완전하고 속기 쉽다는 한계도 인정했으며, 그것을 극복하기 위해 감각이 훈련될 필요성이 있다는 점에서도 의견을 같이했다. 또한 이성의 중요성에 대해서는 서로 의견을 달리했지만, 이성이 일정한 역할을 수행해야 감각이 엉뚱한 길로 빠지지 않는다는 점에도 동의했다. 그러나 17세기에는 점차 인공적으로 만들어진 효과를 관측하는 '실험'의 비중이 증가했다. 로버트 보일Robert Boyle의 진공펌프 실험이나 아이작 뉴턴Isaac Newton의 프리즘 실험 등 새로운 실험철학은 자연을 조작하고 실험하여 때로는 없던 현상을 창조해내고자 했고, 베이컨주의는 실험이 자연 지식을 얻는 정당한 방법이라고 주장했다. 지금은 너무도 당연해 보이는 이러한 주장은 자연스럽게 수용되기보다는 상당한 진통을 겪으면서 과학 속으로 흡수되었다.

보일의 진공펌프 실험은 실험철학의 상징이었다. 보일은 1660~1670년대에 진공펌프를 이용해 공기를 빼내는 실험 등 다양한 실험을 상세히 기록했는데, 실험의 결과를 보고하는 것뿐 아니라 그 물리적 원인들에 대한 가설도 조심스럽게 제시했다. 그리고 그는 진공펌프에 의해 인공적으로 만들어진 효과가 '자연'의 상태를 반영한다고 믿었다. 실험은 통상적인 자연 환경에서 발생하지 않는 효과를 일어나게 하지만, 이는 자연을 비자연적으로 만드는 것이 아니라 숨겨진 자연의 속성을 드러낸 것이라고 보았던 것이다. 실험을 바탕으로 한 보일의 과학 활동과 주장들은 토머스 홉스Thomas Hobbes의 강력한 반론에 직면했다. 흔히 보일-홉스 논쟁이라고도 부르는 이와 같은 과정을 통해서 실험이 과학적 사실을 만들어낸다는 현대인의 직관이 정착되었다고 볼 수 있다 (Shapin & Schaffer, 1985).

보일은 실험철학자이고 홉스는 『리바이어던Leviathan』(1651)을 쓴 영국의 정치철학자인데 이들이 논쟁을 주고받았다는 것은 어떤 의미였을까? 영민한 독자라면 예상할 수 있듯이, 논쟁은 과학적 쟁점과 정치적 쟁점을 가로지른다. 사실 홉스 자신이 정치철학자이면서 자연철학자이기도 했다. 그는 대륙의 자연철학자들과 교류하고, 기하학적 모형을 따라 확실한 논증 체계를 구축함으로써 학문적·사회적 논쟁을 해결할 수 있다고 믿은 기계론 철학자였다. 보일은 자신이 제작한 진공펌프를 통해 진공을 창조했으며, 그 안에서 일어나는 일들의 원인은 진공이라고 주장했다. 하지만 이는 홉스가 보기에 터무니없었다. 우선, 진공펌프는 물리적 완결성이 떨어져 공기를 희박하게 만들지도 못했다. 기계 장치 자체가 완전하지 않은데 아무것도 존재하지 않는 진공을 만들었다고 주장하는 것은 지나친 비약으로 비쳤다. 게다가 홉스는 반복적이고 장황한 실험만으로 진공의 존재와 같은 형이상학적 문제에 대한 답을 제공할 수 없다고 보았다.

인위적 실험을 반대했던 자연철학자들은 한 명이 작성한 실험 보고서를 어떤 근거에서 믿을 수 있는지, 왜 번거롭게 비용도 많이 드는 실험을 여러 번에 걸쳐 반복해서 수행하고 또 보고서를 장황하게 작성하는지, 인위적으로 만든 특수한 환경에서 수행된 몇 번의 실험을 통해 현상의 원인에 관한 확실한 지식을 얻을 수 있는지 등에 관해 의문을 제기했다. 이 논쟁에서 보일과 실험주의자들이 승리한 것이 근대 실험과학의 출발점이라고 볼 수 있다. 이를 통해 통제된 실험이 자연에 관한 지식을 획득하는 합법적인 방법이며, 실험이 과학적 사실을 확립한다는 생각이 자리 잡게 되었기 때문이다.

그러나 이 논쟁에는 과학적 차원 이상이 포함되어 있음을 주목할 필요가 있다. 이 논쟁이 벌어진 시대 상황은 영국의 왕정복고기였다. 공화정에서 왕정복고로 이어진 정치적 혼란기에, 사회를 안정시키고 질서 있게 만들기 위한 실천적 물음이 과학적 쟁점들과 엮여 있었던 것이다. 사실 보일과 홉스는 유사한 목표를 공유했다. 그들은 무질서를 초래할 수 있는 극단적 개인주의에 반대하고, 정치적 당파주의나 종교적 분파주의 등이 초래하는 사회적 분열을 극복하는 데 역할을 할 수 있는 지식 프로그램을 제공하려 했다. 목표의 공유에도 불구하고, 실험주의자와 홉스는 상이한 처방을 내렸다. 보일과 실험주의자들은 사실과 사실에 대한 해석을 명확히 구분하고 논란의 여지가 없는 객관적 사실을 수집하는 데 최우선의 가치를 두었지만, 홉스는 기하학적 방식으로 물질 운동의 원인을 탐구하는 것이 철학자의 임무라는 기계론적 철학을 고수했다. 홉스는 리바이어던이라는 절대 권력을 내세우고 그에게 모두가 복종함으로써 질서를 유지하는 사회를 목표로 제시했다면, 보일과 동료들은 정해진 규칙을 준수하는 공동체 내에서 이루어지는 자유롭고 안전한 토론을 선호했다. 서로 다른 의견들이 교환되는 가운데 질서와 평화가 유지되기 위해서는 공동체 내에서 규칙이 지켜져야 했다. 첫째, 실험주의자들은 이해상충으로 객관적 사실을 확립할 수 없는 이슈에 관해서는 토론 자체를 삼갔다. 오직 자연에 관한 토론만이 이루어졌고, 신학적·도덕적·정치적 사고가 자연철학의 테두리 안으로 들어오는 것을 거부했다. 둘째, 직접 목격하거나 믿을 만한 목격자의 증언에 기초한 사실적 지식만을 받아들였다. 현상에 대한 가설을 세울 수는 있었지만, 원인을 설명한다는 이유로 지나치게 형이상학적인 논쟁을 벌이는 일은 공동체의 규범에서 벗어나는 일이었다. 그러므로 실험실이라는 공간은 다양한 기구와 신뢰할 만한 사람들을 통해 자명한 사실이 만들어지는 비정치적인 공간이 되었다.

이 논쟁에서 보일의 승리는 실험이 과학적 사실을 생산한다는 논제의 승인을 뜻한다. 보일과 동료들은 실험실에서 산출된 객관적 지식이 정치적 이해관계와 무관하고 어떤 독단이나 편견으로부터도 자유롭기 때문에 질서 있는 사회를 정초하는 중립적 토대가 될 수 있음을 주장했고, 이것이 당대인에게 수용된 것이다. 그러나 실험 과학 자체를 정당화하기 위해서는 실험적 증거보다 많은 것이 필요했다. 실험주의자들은 이 과정에서 홉스를 비롯한 반실험주의자들을 왕립학회로부터 철저히 배제했고, 이런 점에서 실험실이 열린 것처럼 보이면서도 동시에 닫힌 위계적인 공간이라는 홉스의 지적은 나름 일리가 있었다. 실험주의자들은 과학 지식이 정치와 무관한 객관적 지식임을 주장함으로써 과학을 정치로부터 분리하려 했으나, 바로 그 이유 때문에 과학 지식이 현실에서 강력한 정치적 영향력을 발휘하게 된 것이다.

4. 과학 속의 사회, 사회 속의 과학

1) 지식의 사회적 구성

20세기 중반 머튼의 제도주의 과학사회학은 과학을 하나의 사회 구성 제도로 보고, 공인된 지식의 확장이라는 과학 제도의 목표를 효과적으로 달성할 수 있는 규범들을 탐구했다. 그러나 이후의 과학사회학자들은 과학자 사회의 구조와 규범뿐 아니라 과학적 내용에도 관심을 가지게 되었다. 대표적으로 강한 프로그램The Strong Programme은 '과학은 무언가 특별하다'고 전제하고 그 특별함을 찾는 연구의 전제를 비판하며, 모든 종류의 지식을 동등하게 다루어야 한다고 보았다. 또한 그렇게 볼 때 점성술, 디자인, 예술 양식에 대한 사회학이 가능하듯 과학 지식의 사회학도 가능하다고 주장했다. 데이비드 블루어David Bloor, 배리 반스Barry Barnes 등 당시 에딘버러대학교의 학자들이 주축을 이루어 에딘버러학파라고 불리기도 했던 이들은 과학자들의 믿음과 지식, 그것의 사회적 변화를 사회학적으로 설명하고자 했으며, 과학 지식이 사회적으로 구성된다고 주장했다.

과학 지식이 사회적으로 구성된다는 것은 무엇을 뜻하는가? 과학이 혼자서 하는 활동이 아니며 과학자들의 활동이 사회적 배경 속에서 이루어진다는 것은 당연한 말처럼 들린다. 이러한 의미에서 과학의 사회적 성격은 기존의 학자들에 의해 무시되지 않았고, 이들은 과학 이론의 내적인 구조뿐 아니라 과학공동체의 협동 연구에도 관심을 기울여왔다. 강한 프로그램의 특징은 과학공동체 내부뿐 아니라 외부 사회와의 상호작용, 사회적 이해관계, 이데올로기의 역할에 있다.

강한 프로그램의 대표격인 블루어는 『지식과 사회의 상Knowledge and Social Imagery』(1976)에서 네 가지 명제를 내세운다. 첫 번째 인과성 논제에 따르면, 과학 지식의 형성과 발전 과정을 인과적으로 탐구해야 한다. 두 번째는 공평성 논제인데, 우리가 진실로 간주하는 것과 허위로 간주하는 것, 성공과 실패, 합리성과 비합리성을 공평하게 설명해야 한다고 요구한다. 세 번째 대칭성 논제는 그러한 설명이 공평하게 이루어져야 할 뿐 아니라, 동일한 사회적 원인을 통해 성공과 실패라는 대립항들을 설명해야 한다고 말한다. 끝으로, 네 번째 성찰성 논제는 이러한 사회학적 설명이 강한 프로그램 자체에도 적용되어야 한다고 요구한다. 과학지식사회학자들은 다양한 과학적 논쟁을 사례 분석의 대상으로 삼는데, 이미 지식으로 인정받게 된 과학 이론을 분석하면 참과 거짓, 성공과 실패의 비대칭성이 두드러져 보이는 반면, 아직 논쟁이 진행 중인 단계에서는 사회적 요인이 어떻게 지식 결정 과정에 개입하는지를 볼 수 있기 때문이다. 즉 논쟁은 과학이라는 블랙박스를 열어서 우리에게 만들어지고 있는 과학을 살펴볼 수 있게 해준다.

사회구성주의는 과학 활동이 인간의 다른 활동들과 근본적으로 다르지 않은 사회적 활동이며, 과학 지식 역시 사회적 타협의 산물임을 강조한다. 과학 지식이 사회적으로 구성된 것이라면, 과학은 한 공동체의 국소적인 규범 안에서만 지식으로 인정받게 될 것이다. 바로 그 공동체의 사회적 요소들에 의해서 그 공동체의 구성원들이 지식으로 인정한 것이기 때문이다. 이러한 주장들은 상당히 격한 반응을 불러일으키기도 했다. 과학 지식이 마술이나 다른 믿음들과 전혀 다르지 않고 인식적으로도 우월하지 않은 것인지, 사회 구성원들이 별다른 근거 없이 믿기로 합의한 것에 불과한 것인지, 과연 이론의 수용 및 거부를 자연 세계가 아니라 사회 세계에 의해서 모두 설명할 수 있는지 우리는 묻게 된다. 다만 사회구성주의가 인식론이나 형이상학적 입장이 아니라, 왜, 어떤 과학적 믿음이 한 사회에서 지식으로 받아들여지는지를 설명하는 이론으로 국한된다면 이 이론은 여전히 장점이 많다. 이미 쿤이 통찰력 있게 지적했듯이 논리와 합리성, 경험적 증거만으로는 어떤 과학적 주장이 사람들에게 수용되는지를 설명하기에 충분하지 않을 수 있다. 과학적 믿음을 이해하기 위해서는 사람들의 다양한 해석적 행위와 수사학을 함께 검토할 필요가 있다. 게다가 과학자들이 어떤 이론을 선택하는지에만 초점을 맞추더라도, 행위자들이 자신이 가진 목표를 효과적으로 달성하기 위해 경험적 증거뿐 아니라 다양한 사회적 요인을 고려한다는 것은 합리적 의사결정 이론과 전혀 모순되는 주장이 아니다. 사회적 요소들은 행위자의 가치 선호를 형성하는 데 영향을 끼칠 수 있고, 그것 자체가 의사결정을 비합리적으로 만드는 것은 아니기 때문이다. 그것이 불러온 여러 논쟁에도 불구하고, 사회구성주의는 역사적 사례 연구, 실험실 연구, 과학 논쟁 분석 등 다양한 경험 연구를 촉발했고, 변두리 과학부터 견고한 과학까지 풍부한 연구 성과를 산출해왔다.

2) 행위자-연결망 이론

브루노 라투르Bruno Latour와 미셸 칼롱Michel Callon, 존 로John Law의 공동연구를 통해 탄생한 행위자-연결망 이론actor-network theory(이하 ANT)은 기술과학technoscience에 기초를 둔 일반사회이론이다. 기술과학이라는 조어에는 과학과 기술이 본질적으로 다르지 않음을 강조하는 라투르 등의 생각이 담겨 있다(이는 과학과 기술을 과학기술로 통칭하는 한국의 맥락과는 같지 않다). ANT는 기술과학에 관한 통합적인 사회적 분석에서 출발하여 사회 일반에 관한 이론으로 발전한 것이다. 이 이론은 사회에서 힘을 가진 권력자와 그렇지 않은 약자의 차이는 어디에서 비롯되는지 묻고, 한편으로 과학이 우리 사회에서 커다란 힘을 갖는 이유가 무엇인지 탐구한다. ANT는 거시적인 힘이나 제도가 아니라 구체적인 행위자들이 서로 동맹을 맺고 이종적인 연결망을 구축하는 과정을 분석하는 연구방법론으로 잘 알려져 있다. 이 연구방법론에서 독특한 점은 ANT 이론가들이 추적하는 행위자가 단지 인간 행위자에 국한되지 않으며 다양한 비인간 행위자를 포함한다는 데 있다. 비인간 행위자란 인간이 아닌 다른 생명체, 실험실의 미생물과 바이러스, 실험 장치와 기록 장치, 종이 문서 등을 모두 포함한다. 각 행위자는 자신의 연결망을 구축하는 과정에서 다른 행위자들과 연합하고 연결망을 안정화시키며, 그 결과 사실이 확립되고 기계가 작동하게 된다. 다양한 행위자는 각자의 이해관계를 가지기 때문에 그들의 이해관계를 파악해 합의에 이르도록 그 이해관계들을 번역하는 과정이 기술과학의 핵심이 된다.

ANT 이론가들은 과학 지식뿐 아니라 사회제도, 조직, 기계 등이 모두 이질적 연결망에서 생성된 효과라고 간주한다. 즉 과학은 사회적인 것, 기술적인 것, 개념적인 것에서 나온 잡동사니들을 끼워 맞추는 이질적 엔지니어링의 산물이다. 사회, 혹은 사회적인 것도 이질적 요소들의 패턴화된 연결망 이상이 아니다. 따라서 어떻게 이질적 연결망이 조직, 불평등, 권력과 같은 효과를 산출하게 되는지를 탐구해야 한다. 특히 연결망을 구성하는 비인간 행위자들의 역할에 주목할 필요가 있다. 사회를 구성하는 인간 사이의 상호작용도 물건들, 혹은 물건-인간 연결망을 통해서 매개된다. 예컨대 강의실의 높은 강단과 전면에 위치한 칠판은 단지 수업에 쓰이는 기자재가 아니라, 교수자와 학생들의 관계를 규정하며 학생들의 행동 양식에 영향을 준다. 따라서 인간이 사회적 연결망을 형성하는 것은 단지 다른 인간과의 상호작용 때문이 아니라, 인간 및 여타 요소들과의 상호작용 덕택인 것이다. 사물들 없이는 사회질서도 없다. 그렇다고 해서 ANT가 기술결정론이나 인간결정론과 같은 환원주의를 받아들이는 것은 아니다. 그 둘은 인간과 기술을 분리하며, 하나가 다른 하나를 추동한다고 가정한다는 점에서 공통적인데, ANT는 이 두 가정을 수용하지 않는다.

사회가 이질적 연결망이라면 그 안에서 인간과 비인간은 어떻게 다루어지는가? 이 물음은 대칭성에 대한 사회학자들의 관심과 맞물려 있다. 블루어는 강한 프로그램의 한 명제로 대칭성을 주장했다. 그러나 사회구성주의의 작업에는 여전히 비대칭성이 존재한다. 그들은 자연에 대한 다양한 해석 가능성을 인정하지만, 이를 사회에 대해서는 적용하지 않음으로써 사실상 사회과학의 특권적 지위를 인정하는 것처럼 보인다. 과학 논쟁에 대한 사회학적 설명 자체가 설명의 대상인 과학 논쟁만큼이나 논쟁적이라는 점을 놓치고 있는 것이다. ANT 이론가들은 불가지론을 사회 영역으로 확장하고, 자연과 사회 사이의 일반화된 대칭성을 주장한다. 사회가 과학을 구성하는 데 참여하지만, 반대로 과학은 사회를 구성하는 데 연루되어 있다. 과학이 단지 사회를 반영하는 것만이 아니라, 정치적 행위자 간의 사회적 게임을 복잡하게 만들기도 하기 때문이다.

ANT가 급진적인 까닭은 인간이 특별하다는 생각을 거부하고 인간 행위자와 비인간 행위자 사이의 선험적인 종적 차이를 부정하기 때문이다. 분석적 차원에서, 우리가 사람으로 간주하는 것은 상호작용하는 이질적 요소들의 연결망이 빚어낸 효과이다. 즉 내가 나who I am인 이유는 내가 패턴화된 이질적 연결망이기 때문이다. 물건이나 기술들이 없다면 나는 다른 어떤 존재일 것이다. 그래서 하나의 행위자는 이질적 연결망이거나 그것이 빚어내는 효과라고 볼 수 있다. 이를 일반화하면, 기계도 텍스트도 이질적 연결망이라고 할 수 있다. 그런데 우리는 평소 행위자, 물건, 제도를 이루고 있는 연결망을 보지 못하고 그것을 하나의 대상으로 간주하다가, 그것이 고장 나 작동을 멈추면 다시금 연결망으로 인식하곤 한다. 사람들은 복잡한 연결망 전체와 상대할 수 없기 때문에, 어떤 연결망이 한 덩어리처럼 행동하면 그 행동 자체와 그 행동의 장본인만 남기고 연결망은 사라져버린다. 이러한 단순화 효과를 결절punctualization이라 하는데, 이는 ANT가 미시적인 것과 거시적인 것을 구별하지 않는 한 가지 이유가 된다. 주의해야 할 것은 결절은 언제나 위태롭다는 것이다.

ANT는 이제 현대 사회에서 과학기술이 힘을 발휘하는 이유를 설명할 수 있다. 단적으로 말하면, 과학자들에게는 실험실이 있기 때문이다. 라투르는 「내게 실험실을 달라, 그러면 세상을 들어올리리라Give Me a Laboratory and I Will Raise the World」(1983)라는 제목의 논문에서 아르키메데스의 유명한 문구를 패러디한다. 과학자에게는 실험실이 있다는 점은 분명하지만, 실험실은 무엇이 특별한가? 실험실에는 다양한 비인간 행위자들이 존재한다. 실험 장치, 바이러스, 시료, 그리고 물질을 문서로 변환하는 기입 장치가 존재한다. 이 실험실에서 과학자는 비인간 행위자들과 동맹을 맺고 이들을 자신의 연결망에 포섭한다. 이렇게 과학자는 인간과 비인간 행위자들을 엮어서 새로운 연결망을 만들고, 그것을 동맹군으로 활용할 수 있기 때문에 큰 힘을 갖게 된다는 것이다. 그리고 실험실에서 만든 연결망을 블랙박스로 만들어서 사회에 유포하고 사람들이 그것을 이용하도록 만들면(예컨대 실험실에서 만들어진 백신을 사람들이 접종한다고 생각해보라) 사람들이 그것을 이용할 때마다 연결망의 힘이 강화되고 과학이 영향력을 유지하게 된다.

물론 ANT에 가해진 비판들도 적지 않다. 첫째, 분석가들은 행위자들이 물질적·개념적 자원들을 동원해 그들 자신의 목표를 실현하는 과정을 추적하는데, 인간과 비인간을 대칭적으로 다루면서 문화적이거나 주관적인 요소들에는 주의를 기울이지 않는다. 국가나 지역의 독특한 전통 및 생활양식에 따라 상이한 과학적 실천이 가능해지기도 하는데,

ANT는 이러한 문화의 영향에 대해서는 잘 설명하지 못하는 것 같다. 둘째, 행위자와 행위성의 문제가 흔히 지적된다. ANT는 연결망을 구축하고 지배하는 영웅들을 추적하는 경향이 있기 때문에, 여성과 같은 주변화된 관점이 주는 새로운 통찰을 무시할 수 있다. 또한 인간과 비인간 행위자를 대칭적으로 취급하는 것에 관한 비판이 적지 않다. 한편으로는 비인간 행위자에 과도한 행위성을 부여한다는 비판이, 다른 한편으로는 실제 분석에서 비인간 행위자의 역할을 평가절하 하는 경향이 있다는 비판이 제기된다. 즉 비인간이 인간처럼 선호와 이해 관심을 가지고, 그에 따라 행위하고, 다른 행위자에 영향을 미치고 자신의 연결망에 등록하려 한다는 식의 접근은 비인간을 과도하게 부각시키는 인상을 준다. 다른 한편 실제 분석에서는 인간이 비인간보다 풍부한 전략과 이해 관심을 가지므로, 인간을 중심으로 분석이 이루어지기 때문에 일반화된 대칭성이 구호에 그치는 것이 아니냐는 의심이 제기되는 것이다. 이러한 비판에도 불구하고 ANT는 과학기술과 사회에 대한 참신한 시각과 방법론을 제공함으로써 많은 학자들의 관심을 받고 있다.

5. 기술에 관해 물음을 던지기

1) 기술이 왜 문제인가

현대 사회에서 기술은 공기와도 같다. 은나노 세탁기로 빤 옷을 몸에 걸치고, 아침 뉴스에서 날씨에 대한 정보를 얻고, 교통카드 한 장으로 버스와 지하철을 갈아타며 통학한다. 유전자 변형 식품인지 아닌지 알 수 없는 음식을 식당에서 주문해 먹고, 휴대전화로 가족 및 친구와 온종일 소통하고, TV를 통해 여가 생활을 누리며, 노트북으로 과제나 논문을 작성해 인터넷으로 제출한다. 이러다 갑자기 정전이라도 된다면 어떻게 할지, 어제도 지하철 2호선이 멈췄다던데 오늘은 괜찮을지 걱정이 된다. 물론 납치된 비행기가 원자력 발전소로 돌진하는 끔찍한 일만은 없기를 바란다. 우리는 근대적 기술의 대표격으로 간주되던 전기, 운송, 통신 기술뿐 아니라 인터넷, 유비쿼터스, 생명공학, 나노기술, 로봇기술 등 다양한 첨단 기술들에 둘러싸인 채 살아간다. 이러한 기술에 대한 철학적 반성은 시급하고도 절박한 당면 과제이다.

기술 외에도 우리가 생각해보아야 할 분야들은 많지만, 기술이 특히 문제가 되는 것은 인간의 삶, 정체성, 사회 그리고 환경에 넓고 깊은 영향력을 행사하기 때문이다. 예컨대 생명공학의 발전으로 인해 치료용 맞춤아기를 갖는 것이 가능해진다면, 이는 단지 출산의 양식이 바뀌는 것뿐 아니라 다양한 윤리적 문제들을 야기하며 가족관계를 둘러싼 사회적 삶에도 심대한 영향을 미치게 될 것이다. 정보통신 기술의 발전은 우리가 개인정보와 프라이버시를 어떻게 다루어야 하는지 재고하도록 만든다. 인터넷의 발달로 온라인에서의 활동이 활발해지면서 우리는 사이버상의 나와 현실 세계의 내가 동일한 나인지, 아니면 내가 이제는 여럿으로 존재하는 것인지 궁금해진다. 기술의 발전은 인간과 동물 그리고 기계 사이의 관계도 재정립하도록 만든다. 일부에서는 인터넷과 같은 기술의 발전이 민주주의를 촉진한다고 주장하지만, 다른 사람들은 오히려 정보격차로 인해 불평등이 심화된다고 주장한다. 기술이 환경을 파괴해온 주범이라고 많은 이들이 믿지만, 또 많은 사람들은 파괴된 환경을 되살리는 새로운 기술이 필요하다고 주장한다.

기술이 더 특별히 문제인 것은 기술이 가진 엄청난 힘에 비해 그에 관한 성찰은 매우 어렵기 때문이다. (이때 문제라는 것은 어떤 것에 심각한 오류가 있다는 뜻의 문제가 아니라 우리가 주목해 보아야 하고 또 해결해야 할 과제가 있다는 뜻이기도 하고, 또한 그것이 중요하다는 뜻이기도 하다. 영어의 'It matters'라는 표현을 생각해보라.) 많은 사람들이 기술을 단지 기술자들과 산업체의 문제로 치부하고 스스로를 기술 사용자의 입장으로 위치시킨다. 기술철학자 랭던 위너Langdon Winner는 사람들이 이러한 상황에 대한 경각심을 갖게 하기 위해 "기술적 몽유병"이라는 개념을 들고 나온다. 이와 유사하게 앨버트 보그만Albert Borgmann도 저항의 어려움과 무력감을 중요한 문제로 지적한다. 잠자면서 걷는 몽유병 환자는 무언가 자극에 반응해 행동하기는 하지만 의식적이지도 않고 스스로의 의지에 따라 움직이는 것도 아닌 상태이다. 이처럼 기술적 몽유병에 걸려 있는 현대인들은 기술이 우리 삶을 심대하게 변화시키고 있음에도 그것을 아무런 생각 없이 수용한다. 오직 기술이 편리한지, 효율적인지, 그것이 가져올 경제적 손실과 이득이 무엇인지에만 기초해서 기술을 평가하기 때문이다. 그러한 평가들은 대개 기계적이고 자동적이기 때문에 우리는 다른 가능성을 상상하기 어렵다. 이와 같이 기술을 그저 당연한 것으로, 그냥 주어진 것으로, 바꿀 수 없는 것으로, 원래 그랬던 것으로 간주하면서 무비판적으로 수용하는 상태를 위너는 기술적 몽유병에 비유한 것이다. 현대인은 기술이 가진 극적인 부작용이 드러나는 경우, 예컨대 미세먼지로 인해 많은 사람들이 마음껏 숨쉬기 어려워질 때, 후쿠시마 원전 사건으로 인해 원자력발전의 위험성을 인지했을 때 비로소 기술의 근본적 영향을 실감하게 된다. 우리는 몽유병에서 깨기 위해 과연 기술이란 무엇인지 질문을 던져야 한다.

기술이 체계적인 인문학적 성찰의 대상이 된 것은 과학에 비하여 한참 늦다. 그러나 그 전까지 사람들이 기술에 관한 관점을 가지지 않았던 것은 아니다. 서구인들은 오랫동안 기술을 인간의 목적을 위해 사용할 수 있는 중립적인 도구로 간주해왔다. 이런 관점은 동아시아에서도 예외가 아니었다. 기술을 다루는 장인 계층에 대한 사회적 대우가 아주 높지는 않았지만, 르네상스 시기에는 인간의 창조성에 높은 가치를 부여하면서 기술의 가치도 높게 평가되었고, 산업혁명을 거치면서는 기술이 사회 진보의 동력으로 간주되었다. 이러한 생각은 아직도 현대인의 기술관에 영향을 끼치고 있다. 기술에 관한 이러한 낙관적인 관점은 소위 선형적 발전 모형으로 요약해볼 수 있다. '조립라인 모형'이라고도 부르는 이 모형에서는 과학과 기술 그리고 사회가 일렬로 배치된다. 먼저, 과학은 자연 세계를 이해하려는 노력에 의해 생겨난다. 이러한 과학은 기술적으로 응용되고, 기술의 발전은 문명의 이기로 불리는 여러 인공물과 기술적 산물을 만들어낸다. 과학과 기술의 발전으로 인해 사회는 변화하고 점차 편리한 세상으로 발전하게 된다.

그러나 모든 사람이 기술에 열광한 것은 아니었다. 새뮤얼 버틀러Samuel Butler가 산업혁명과 다윈의 『종의 기원On the Origin of Species』(1859)에 영향을 받아 쓴 『에레혼Erewhon, or Over the Range』(1872)에서 기술에 대한 다른 생각을 찾아볼 수 있다. 이 책이 그리는 가상 국가에서는 지속적인 기술 발전이 만물의 영장인 인류를 대체할 새로운 기계 종족a machine race을 만들어낼 것이라는 주장에 사람들이 설득된다. 그래서 국가가 주도하여 모든 기계의 소유나 제작을 금지하고 이를 어기면 극형에 처할 정도로 기술을 엄격히 통제한다. 이런 비관적인 관점은, 첨단 기술을 동원한 제1차, 제2차 세계대전에서 참혹하고도 파괴적인 기술의 영향력을 목도하면서, 또 20세기 중반 환경 파괴에 관한 인식이 자라나면서 널리 퍼졌다.

현대인들이 기술에 대해 양가적인 감정을 느낀다는 것은 전혀 이상한 일이 아니다. 기술의 발전으로 인해 인류의 수명이 연장되고 질병이 사라지고 장거리 여행이 가능해졌지만, 다른 한편으로 인구는 기하급수적으로 증가하고 환경은 파괴되었기 때문이다. 양가적 감정으로 인해 우리는 기술에 대한 두 입장을 가지게 된 셈이다. 기술의 전능성, 환경 통제, 기술을 통한 인간 능력의 증강을 긍정하는 낙관주의가 한편에 있다면, 다른 한편으로는 기술의 무능, 기술의 제어 불가능성을 주장하는 비관주의가 존재한다. 서구에서 오랜 역사를 가진 낙관주의는 기술을 가치중립적인 것으로 본다. 반면 비관주의는 인류가 만든 기술로 인해 인간이 무력해진 상황을 주목한다. 우리가 기술을 통제할 수 있다는 생각은 허상이며 기술은 자율적인 존재처럼 보인다는 것이다. 이제 이들 각각의 주장과 그 한계를 살펴보고 두 입장이 공유하고 있는 공통의 가정을 들추어보자.

2) 낙관주의

낙관주의는, 기술과 기술적 산물을 인간이 그들 자신의 목적에 맞게 사용할 수 있는 가치중립적 도구라고 본다. 이 관점은 자본주의 문화에 깊이 뿌리내리고 있는, 우리에게 친숙하고 또 지배적인 관념이다. 이 관점에서 기술은 인간이 자신의 신체적·정신적·사회적 능력을 확장할 수 있도록 도움으로써 자연에 대한 무제한적 지배력을 획득하는 통로가 된다. 따라서 기술의 발전은 우리에게 그 많은 선택지와 기회를 부여하고, 그럼으로써 우리를 더 자유롭게 한다. 이런 이상이 실현될 수 있다면 기술은 우리를 더욱 인간적으로 만들 것이다.

이러한 낙관주의적 비전이 현대 사회에 만연한 이유는 현대인들이 기술 발전의 영향력을 경험해왔기 때문이다. 몇 가지만 열거하자면 전기, 신약, 백신, 새로운 의료 기술, 농업 생산량 증대 등을 들 수 있다. 그러나 비관주의자들은 이에 대해 당장 반론을 제기할 것이다. 기술이 가져온 부작용과 해악에는 눈을 감고 긍정적인 결과에만 집중하는 것이 아닌가 하고 말이다. 낙관주의자라고 기술의 부작용을 모르지 않는다. 그러나 그들은 기술로 인해 발생한 문제가 기술 자체의 문제가 아니라 잘못된 설계나 제어 혹은 잘못된 사용에서 생겨난 것으로 본다. 기술은 우리에게 도구를 제공해줄 뿐이며, 도구는 좋은 목적을 위해서도 나쁜 목적을 위해서도 사용될 수 있다. 잘못이 있다면 그것을 사용하는 사람과 사회에 잘못이 있는 것이다. 기술이 그 자체로 내재적인 가치나 의지, 지성을 갖는 것처럼 생각하지 말아야 하며, 수동적인 도구로서 기술은 인간의 능력을 좋은 쪽이든 나쁜 쪽이든 증대하는 역할만 수행한다. 이런 상황에서 기술의 부정적인 결과와 가능성만을 강조하는 것은 인간의 결단력이 부족함을 드러낼 뿐이다. 우리에게는 더 나은 삶을 창출해야 할 도덕적 책임이 있기 때문이다.

기술은 인간이 지닌 이성 능력의 적극적인 활용이고, 그런 점에서 인간성을 실현하는 방안이 된다. 아리스토텔레스를 비롯한 고대 그리스 철학자들에 따르면, 인간은 이성 능력을 발휘함으로써 자신의 잠재성을 실현할 수 있다. 그리고 그러한 이성 능력이야말로 인간이 다른 동물들과 구분되는 지점이다. 특히 아리스토텔레스는 이성 능력의 발휘가 인간을 가장 고귀한 존재로 만들어준다고 생각했으며, 만일 실천적인 일들로부터 해방될 수 있다면 우리는 더 인간적이고 행복한 삶을 영위할 수 있을 것이라고 주장했다. 이성의 핵심적인 기능은 어떤 목표를 추구해야 할지, 그리고 그 목표를 달성하기 위해 어떠한 수단을 사용해야 할지 아는 데 있다. 인간의 이러한 지적인 기능은 실제로 노동하고 실행하는 기능보다 위계상 위쪽에 해당한다. 그리고 이러한 위계는 역사 속에서 사회적·정치적 계급에 반영되어왔다. 이런 점에서 기술은 노예나 노동자와 비교될 수 있다. 노예는 자신의 생각이 아니라 타인의 생각을 실현하는 도구였고, 기술 역시 인간의 생각을 실현하는 도구일 따름이다.

카를 마르크스Karl H. Marx는 생산도구의 독점으로 인한 인간 소외를 날카롭게 비판했지만, 기술에 관한 낙관주의에 대해서는 작은 폭의 수정을 가하는 데 그쳤다. 여기서 마르크스의 비판은 기술 자체를 향하기보다는 기술이 소수 자본가들에 의해 독점되는 사태를 겨냥했다. 마르크스는 기술을 더욱 발전시킴으로써 소수가 아닌 공동체가 생산수단을 소유하게 되면 노예를 대체하고 인민을 해방시키는 길을 열어줄 수 있다고 보았다. 이렇게 보면 마르크스주의의 정치학과 과학에 대한 비전은 과학과 기술에 대한 도구적 관점에 토대를 두고 있다. 과학과 기술은 자연을 통제하는 합리적 수단이자, 인간을 노예 상태로부터 해방시키는 것이었다. 이러한 관측은 기술에 관한 낙관적이고 도구적인 관점이 정치적 지향과는 별개라는 점을 뒷받침한다. 냉전 시기, 민주주의 사회이든 사회주의 사회이든 똑같이 그리고 경쟁적으로 기술 개발에 매진했다는 사실은 기술의 가치중립성이 폭넓게 받아들여졌음을 보여주는 하나의 근거이다.

낙관주의에 따르면, 기술적 진보란 우리가 바라는 목적을 더 많이 성취하고, 더 효과적으로 성취할 수 있는 가능성을 늘려준다. 그러나 낙관주의가 가진 한계들은 여러 측면에서 지적될 수 있다. 국제 개발 원조의 문제를 생각해보자. 제3세계의 낙후된 지역에 기술을 이전함으로써 그 지역을 발전시킬 수 있다고 믿고 이를 실행에 옮기는 일은 도덕적으로 나무랄 일이 아닐 것이다. 그러나 선진국의 특정한 기계를 아프리카의 황무지에 가져다 놓는다고 해서 그 기계가 제대로 작동하는 것이 아니다. 그 기계를 운영할 수 있는 능력을 전수하고 그것이 가능한 자금을 지원해주어야 한다. 게다가 기계, 운용 능력, 자금이 충분한 경우에도 지역 개발이 순조롭게 진행되는 것은 아니다. 그 지역의 생활양식과 토착 문화에서 이질적이고 수용될 수 없는 기술이라면, 선진국에서 잘 작동하던 기술일지라도 바로 그 지역에서 잘 작동하리라는 보장이 없다. 사회적·문화적 맥락을 배제한 채 기술을 순수하게 물질적인 도구의 차원에서만 접근하면 기술 이전의 문제가 심각하게 제기된다.

낙관주의자들은 사회적 맥락이나 영향도 결국의 인간의 문제이지 기술 자체의 문제는 아니라고 답변할지 모른다. 하지만 기술을 통해 인류의 삶을 증진한다는 이상을 추구하더라도, 실제로는 잘못된 방향으로 발전할 가능성이 존재한다. 낙관주의자도 그러한 가능성을 모르지 않는다. 오히려 그것을 우려하고 제어하려 한다. 그 귀결은 사회적 편집증의 씨앗일지 모른다. 기술이 올바른 방향으로 발전하도록 제어하려면, 그리고 기술 자체는 가치를 내재하지 않는 도구일 뿐이라면 결국 사람들의 행동을 제어하는 수밖에 없다. 따라서 기술을 통해 자연을 지배하려는 기획은 이제 사람에 대한 지배로 귀결된다. 모든 문제를 기술적 문제로, 즉 새로운 기술의 개발을 통해 해결할 수 있는 것으로 바라보면, 기술의 발전은 전반적인 인류의 삶을 증진한다는 목표 아래 일부 사람들을 통제하고 관리하는 방향으로 발전할 수도 있다. 그것이 현실화된다면 일터에서 사람도 통제의 대상으로 전락할 수 있다. 물론 낙관주의를 채택한다고 해서 반드시 사람들에 관한 엄격한 통제 사회로 갈 수 밖에 없다고 주장하는 것은 아니다. 그럼에도 기술이 더욱 강력해질수록, 그리고 그 기술이 잘못된 방향으로 사용될 가능성이 커질수록, 기술 발전을 정당화하려는 사람들은 기술을 개발하고 사용하는 것과 관련해 사람들이 자유롭게 접근할 수 없도록 만들 개연성이 높다. 그렇게 된다면 기술을 통해 힘을 증대하려는 노력과, 자유롭고 열린 사회라는 이상은 양립될 수 없을 것이다.

3) 비관주의

비관주의자들은 기술적 인공물이 아니라 기술적 시스템과 기술적 실천에 관해 이야기하기를 좋아한다. 기술 시스템은 그 자체로 가치를 포함한다. 어떤 기술이 효과적이라거나 잘 작동한다는 사실은 가치와 무관한 것처럼 보이지만, 기술의 효과가 누구에게 편익이 되는지, 누구에게 비용이 되는지, 또한 그 편익이나 비용의 내용이 무엇인지를 다시 생각해본다면 가치의 개입은 불가피하다. 우리는 기술의 발전 과정이 덜 좋은 기술에서 더 좋은 기술로 이행하는 과정이라고 생각하기 쉽지만, 무엇이 기술적으로 더 좋은 것인지를 정의하기란 쉽지 않다. 그 기술의 어떤 측면은 누군가에게 편익이 되고 또 다른 측면은 누군가에게 불리할 수도 있다. 가치와 무관한 기술의 선택이란 불가능하다. 결국 기술은 단순한 목적 실현의 도구 이상이다.

2차 세계대전을 경험한 서구의 철학자와 사상가들은 이러한 비관주의 기술관을 심도 있게 논의했다. 그 가운데 대표적인 두 사상가, 하이데거와 엘륄의 기술관에 관해 간략히 살펴보자. 마르틴 하이데거Martin Heidegger는 존재에 대한 철학적 물음으로 유명한 독일의 철학자로 현대 유럽 철학에서 가장 영향력 있는 철학자 가운데 하나이다. 하이데거는 기술이 심오한 철학의 주제가 될 수 있음을 보임으로써 기술철학의 역사에서 중요한 한 획을 그었다. 기술에 대한 그의 철학적 입장이 기술철학의 주류를 형성했다고 보기는 어려울지라도, 이후의 논의에 지속적인 영향을 끼쳤고 특히 기술철학이 철학의 중요한 부분임을 인식시킨 계기가 되었음은 부인할 수 없다.

하이데거가 보기에 과학기술은 현대인들에게 종교와도 같다. 서구의 중세인들이 모든 문제와 고통을 신에 호소하여 해결하려 했다면, 현대인들은 과학기술에 의존하여 해결하려 한다. 현대를 살아가는 많은 종교인조차 실제로 신봉하고 있는 것은 사실상 과학기술의 힘이다. 공학 기술과 의료 기술과 정치사회 기술이 현대인의 구원이다. 왜 그렇게 되었을까? 그 이유는 과학기술이 전제하고 있는 존재에 대한 이해, 즉 '기술적 존재 이해' 때문이다. 기술적 존재 이해란, 모든 존재자는 계산 가능한 에너지로서 존재하며 따라서 기술적인 처리의 대상이 될 수 있다는 것을 의미한다. 현대 기술이 과학에 기초하고 그것을 응용할 수 있었던 것은 과학이 전제하는 존재 이해가 정확히 기술적 존재 이해와 동일하기 때문이다. 존재자가 정량화될 수 있는 에너지들의 집합에 다름 아니라면, 모든 문제는 그 에너지들의 상호 연관에서 나온 것이며, 또 그것들을 적절히 조절함으로써 문제는 해결될 것이다. 기술에 대한 믿음은 여기에서 나온다.

하이데거의 기술관이 잘 드러나는 『기술에 대한 논구The Question

Concerning Technology』(1953)에서, 그는 희랍의 테크네techne 개념을 새롭게 분석함으로써 기술의 본질이 '탈은폐'의 양식임을 논한다. 먼저, 그는 도구적 기술관을 거부한다. "기술은 그저 하나의 수단만이 아니다. 그것은 드러냄das Entbergen; revealing의 한 양식이다. …… 그것은 자신을 스스로 내놓지 못하여 아직 우리 앞에 있지 않은 것, 이렇게 보면 이렇게, 저렇게 보면 저렇게 보이는 것을 드러낸다." 우리는 기술의 본질이 인공물을 제작하는 것에 있다고 믿지만, 그는 "테크네에서 결정적인 것은 만들거나 조작하는 것, 또는 도구를 사용하는 것에 있는 것이 아니라, 드러냄에 있다."라고 강조한다. 따라서 하이데거가 기술 자체를 나쁜 것으로 보는 것은 전혀 아니다. 그러나 정밀 자연과학에 기초한 현대 기술은, 그것이 드러냄의 한 방식이기는 하지만 포이에시스poiesis라는 의미에서의 '내어놓음'이 아니다. 현대 기술이 드러내는 양식은 도발 요청Herausfordern; challenging이다. 그것은 자연에게 그 자체로 채굴되고 저장될 수 있는 에너지를 내놓으라고 무리하게 요구한다. 이는 자연을 부품standing reserve(상비물)으로 만든다. 이를 두고 하이데거는 "현대 기술의 본질은 닦달이다."라고 표현한다.

자연이 부품이 되었다는 것은 언제든지 에너지를 공급할 수 있도록 준비되어 있다는 것이다. 강 위에 수력 댐이 지어지면 강은 전기를 생산하는 원자재로 전락하고 만다. 강이 가지고 있던 다른 의미들은 모두 사라져버린다. 하이데거는 전통 기술이 존재를 드러내었던 것과 현대 기술의 닦달을 구별한다. 과거에 강은 마을과 마을의 경계가 되기도 하고, 수많은 전설과 꿈, 신비의 원천이기도 했으며, 두려움의 대상이기도 했다. 강 위에 나무다리를 놓으면 그전에 깨닫지 못했던 강의 아름다움을 드러내고, 서로 무관하던 이웃마을을 드러냈다. 반면 현대 기술은 모든 것을 부품으로 만들어버린다. 울창한 숲은 펄프 재료로, 논밭은 식량 생산 공장으로 전락한다. 인간은 세계를 자원으로 간주할 뿐 아니라, 자신들이 기술을 통해 자연을 지배한다고 생각한다. 그러나 자연만 부품으로 전락하는 것이 아니다. 인간도 닦달당하는 존재가 된다. 인간을 하나의 인적 자원으로 간주한다면, 거대한 기계의 한 부품과 다를 바 없이 되어 버린다.

또 다른 비관주의자는 프랑스의 사상가이자 교육자, 정치인이었던 자크 엘륄Jacques Ellul이다. 그는 하이데거와 같이 '기술의 본질이 무엇인가'를 단도직입적으로 묻는 대신, 사회학자로서 세심한 관찰을 통해 현대 기술의 특징을 포착해내고자 했다. 엘륄은 산업혁명 이전과 이후의 기술을 각각 근대 기술과 전통 기술로 구분하여 네 가지의 차이를 지적한다. 첫째, 전통 기술은 분명한 목적을 달성하기 위해 만들어지고 사용되는 반면, 근대 기술에서는 기술 발전 자체가 중요하다. 둘째, 전통 기술에서는 도구보다 장인이 더 중요하게 여겨지지만, 근대 기술은 좋은 도구가 좋은 결과와 직결된다. 셋째, 전통 시기에 한 사회의 기술을 다른 사회로 이전하는 데는 오랜 시간이 걸렸지만, 근대 기술은 문화와 종교적 차이를 뛰어넘어 엄청난 속도로 파급된다. 넷째, 전통 사회에서 기술의 사용은 필수적이지 않았지만, 근대 사회에서 기술은 거대한 기술 체계에 편입되지 않는 사람을 배척하려는 경향이 있다. 이러한 비교를 통해 엘륄은 현대 기술 사회에서 인간이 더 이상 자유롭지 않음을 폭로한다.

도대체 엘륄에게 기술la technique이란 무엇이길래 그는 그렇게도 대담하고도 급진적인 주장을 할 수 있었을까? 그에 따르면 "우리의 기술 사회에서 기술은 인간 활동의 전 분야에서 합리적으로 도달된, 절대적 효율성을 갖는 방법들의 총체"이다. 요컨대 효율성의 극대화가 기술의 존재 이유이다. 따라서 기술을 단순히 기계와 동일시하거나 응용된 과학으로 보는 관점은 잘못되었다. 기술에는 기계적 기술 외에도 생산력에 관계되는 경제 기술, 인간을 대상으로 하는 인간 기술 등이 포함된다. 이런 관점에서 볼 때 기술은 하나의 환경이 된다.

엘륄의 자율적 기술론에 따르면 기술은 그 자체의 논리에 따라 발전하며, 사회 전 영역을 지배한다. 기술은 이제 자연 환경과 사회 환경을 대체하는 기술 환경이 되었고 그 자체로 자율적인 것이 되었다. 인간이 기술을 통제하고, 기술이 인간의 자유를 증진한다는 생각은 환상에 불과하다. 오히려 인간은 기술 체계에 순응하도록 길들여진다. 인간은 기술을 거부할 수 있는 능력을 상실하고, 오직 기술의 '행복한 노예'로 존재할 뿐이다. 자율적인 것은 인간이 아니라 기술이다. 물론 기술이 자율적이라고 해서 기술이 인공지능과 같이 스스로 의지와 지성을 가진 존재라는 뜻은 아니다. 기술이 자율적이라는 말은, 기술의 발전 속도와 규모가 엄청나게 커서 원래 인간의 것이던 자율성이 더 이상 의미가 없어졌다는 것이다. 기술과 사회의 발전에서 이제 인간의 결정이 별다른 영향력을 갖지 않게 되고, 기술 발전은 그 자체로 선善으로 간주되는 사태를 엘륄은 자신의 방식대로 비판하고 있는 것이다.

하이데거나 엘륄과 같은 이들의 사상을 '고전적 기술철학'이라고 부른다. 이들은 기술 문명의 모순과 부작용을 통찰력 있게 비판했고, 또 그러한 비판에 많은 사람들이 호응했다. 게다가 사람들의 관심을 기술로 집중시키는 데도 중요한 역할을 했다. 그러나 뒤따르는 학자들의 관점에서 보면 고전적 이론들은 나름의 한계를 가진다. 우선, 고전적 기술철학은 개별 기술에 큰 의미를 부여하지 않고, 인간과 사회, 역사라는 큰 틀에서 고유명사로서의(대문자로 시작하는) 기술Technology을 어떻게 파악할지에 골몰했다. 따라서 복잡한 현대 기술 사회에 적용하려 할 때, 그들의 논의가 지나치게 포괄적이고 피상적이어서 막상 개별 기술이 야기하는 구체적인 문제들을 인식하고 해결하는 데 한계를 지닌다. 둘째, 기술에 관한 비관적 태도를 지니는 것 자체가 문제는 아니지만, 기술 사회의 문제를 극복할 수 있는 적극적인 대안을 제시하지 않았다. 그들은 비관적일 뿐 아니라 소극적으로 보인다. 이러한 한계를 지적하고 극복하려는 현대의 기술철학자들은 구체적인 공학적 실천과 개별 기술의 특성에 주목하기도 하고, 기술로 인해 발생하는 현실적인 문제에 관한 해결책을 제시하려는 적극적인 노력을 기울인다.

4) 낙관주의와 비관주의를 넘어

오늘날의 기술 문화 속에서 우리의 기술 경험은 양가적이다. 이로 인해 낙관주의와 비관주의 모두에 매력을 느끼며, 둘 사이를 오가기도 한다. 모든 문제가 그러하듯 두 극단 사이에는 다양한 형태의 중도적 입장이 존재하고, 이 경우에도 기술 낙관주의와 기술 비관주의 사이에 놓일 수 있는 대안들을 고민할 필요가 있다. 그러나 그러한 대안이 단순히 두 입장의 산술 평균에 머물지 않기 위해서, 우리는 두 입장이 공유하는 공통의 가정들을 들춰내 새로운 차원으로 논의를 진전시킬 필요가 있다. 낙관주의든 비관주의든 가치와 사실, 인간과 자연이라는 한 쌍의 이분법을 암묵적으로 가정하는 것으로 보인다.

낙관주의와 비관주의는 모두 기술을 사실의 영역에, 자연의 연장으로서, 그래서 인간의 반대편에 위치시킨다. 자연에 관한 지식은 합리적 방법을 통해 도달한 객관적 지식이고, 기술은 자연 지식을 합리적으로 응용한 산물로 간주한다. 즉 기술은 응용된 이성이다. 그렇다면 낙관주의와 비관주의의 차이는 어떻게 발생하는가? 낙관주의는 이성 능력을 발휘함으로써 목적을 효과적으로 달성하기 위한 기술을 발전시킬 수 있고, 그럼으로써 자연을 지배하고 더 큰 자율성을 누릴 수 있다고 믿는다. 반면에 비관주의는 도구적 합리성의 지배를 받는 과학기술이 인간의 이상적인 가치를 구현하는 것이 아니라 오히려 인간의 통제 밖에 놓인 영역을 확장함으로써 인간의 자율성을 침해한다고 생각한다.

인간과 자연의 이분법은 자유의 문제를 '모 아니면 도' 식의 문제로 만들어버린다. 이 이분법에 따르면 인간은 자연의 일부이거나 아니면 자연과 독립적인 존재여야 하고, 자연법칙의 지배를 받거나 아니면 완전히 자유로운 존재여야 한다. 기술은 인간에 의해 완전히 통제될 수 있거나 아니면 통제 불능이어야 한다. 이와 같은 한 쌍의 이분법은 낙관주의의 도구적인 관점에서 명시적으로 드러난다. 한편 비관주의에서는 기술을 비인간적인 것으로 보고, 기술의 지배를 목적에 대한 수단의 지배라고 말할 때 도구적 관점을 취하는 셈이다. 결국 두 태도의 차이는 어디에 가치를 둘 것인지, 무엇을 인간성의 실현으로 볼 것인지에 따라 갈라진다. 기술을 통한 인간의 가능성 증대가 인간성을 실현하는 데 바람직하다는 가치판단은 낙관주의로, 그렇지 않다는 판단은 우리를 비관주의로 이끈다. 비관주의 입장에서는 기술 시스템의 발전이 인간의 가치 체계를 위협하는 것으로 보기 때문이다. 따라서 우리는 낙관주의와 비관주의 사이를 오가는 현대인의 애매한 태도를 극복하기 위해 '인간/가치'와 '자연/사실'의 이분법을 어떻게 넘어설지 숙고해야 할 것이다.

제2장

빅데이터 시대와 인문학

인공지능, 사물인터넷, 빅데이터 등으로 상징되는 정보통신 기술에 기반을 둔 새로운 산업혁명의 도래를 알리는 소리가 여기저기서 들려오고 있다. 이른바 '4차 산업혁명'에 관한 이야기이다. 우리 사회에 4차 산업혁명의 도래를 알린 상징적 사건은 2016년 3월 '구글 딥마인드Google DeepMind'의 인공지능 '알파고AlphaGO'가 바둑 세계 챔피언이었던 이세돌 9단을 물리친 일이다. 이후 우리 사회에서는 '알파고 현상'이라 부를 만한 엄청난 반향이 일어났으며, 지금도 미래 사회의 모습이나 직업 구조, 산업 구조의 변화에 대한 논의가 봇물처럼 터져 나오고 있다.

4차 산업혁명을 규정하는 대표적인 기술 분야는 사물인터넷, 빅데이터, 인공지능, 로봇공학, 웨어러블 컴퓨터, 자율주행 자동차, 3D 프린터, 나노기술, 바이오기술 등이다. 이 중에서 사물인터넷이나 자율주행 자동차, 인공지능, 로봇공학 등은 인간의 직접적 개입이나 간섭 없이 스스로 작동할 수 있는 기술이라는 점에서 자율 기술이라 부를 수 있다. 그런 점에서, 3차 산업혁명의 핵심이 자동화의 문제였다면 4차 산업혁명의 주된 특징은 기술의 자율성autonomy 혹은 자율 기술의 출현으로 규정할 수 있을 것이다.

이 장의 목적은 디지털 정보 혁명에 의해 추동되는 이러한 변화의 정체가 무엇인지를 진단하면서, 그 변화를 적절히 이해하기 위해 필요한 새로운 개념 틀conceptual framework을 모색하는 것이다. 우리가 특히 관심을 가져야 할 것은 인공지능과 같은 자율 기술의 성격을 어떻게 이해할 것인가의 문제에 답하는 동시에, 그것이 제기하는 다양한 윤리적 도전에 대응하기 위한 방안을 모색하는 일이다.

1. 인공지능과 포스트휴먼 시대

1) 알파고의 등장

알파고가 4승 1패라는 압도적인 결과로 이세돌 9단을 꺾은 일은 인공지능 역사의 한 페이지를 장식하는 기념비적인 순간이었다. 이세돌 9단이 알파고에게 거둔 1승은 인간 기사가 인공지능을 상대로 거둔 마지막 1승이었다고 할 수 있으며, 인간이 (최상의) 인공지능을 상대로 바둑에서 이기는 일은 더 이상 일어나지 않을 것이다. 이전까지 인류와 인공지능의 대결을 상징했던 사건은 1996년 미국 IT 기업 'IBM'의 슈퍼컴퓨터 '딥블루Deep Blue'가 당시 체스 세계 챔피언이었던 러시아의 가리 카스파로프를 물리친 일이다. 하지만 딥블루와 비교할 때 알파고가 갖는 역사적 상징성은 훨씬 더 크다고 말할 수 있다. 이는 바둑이 체스

보다 복잡한 게임이기 때문만은 아니다.

딥블루는 소위 GOFAI라 불리는 고전적 계산주의 모형에 입각한 인공지능으로, 프로그래머가 작성한 정해진 규칙(명령문)을 따라서 기호를 조작하는 방식으로 작동한다. 때문에 사람들은 비록 딥블루가 인간 챔피언을 이겼다 하더라도 이는 체스판에서 가능한 경우의 수를 엄청난 속도로 연산해내는 컴퓨터 계산력의 승리일 뿐, 인간 지능의 모방과는 엄청난 간극이 존재한다고 생각할 수 있었다. 그런데 바둑은 고려해야 할 경우의 수가 10^{170}에 이르기 때문에 계산주의 방식의 AI로는 일종의 계산 폭발computational explosion 문제에 직면하게 된다. 이는 고전적 AI 방식으로 바둑의 인간 고수를 이긴다는 것이 사실상 거의 불가능함을 의미한다.

고전적 방식의 인공지능은 순차적으로 조작하는 수의 연산처럼 인간이 서투른 일은 매우 빠르게 처리하지만, 역으로 패턴 인식과 같이 인간이 쉽게 수행하는 일에는 매우 서투른 특징을 가지고 있다. 즉 고전적인 인공지능은 명시적 계산 규칙을 통해 부호화된 자료를 조작할 수 있는 특정한 영역을 벗어나면 대단히 제한적인 수행 능력만을 보여준다. 따라서 인간이 갖는 인지적 능력의 많은 부분이 명제적인 형태로 부호화할 수 없는 암묵지나 노하우의 영역에 속하는 것임을 감안한다면, 고전적 방식의 인공지능이 인간 지능의 유연성을 모방하는 데는 많은 한계가 있을 수밖에 없음을 짐작할 수 있다.

이세돌을 이긴 알파고는 기본적으로 고전적 계산 모형이 아니라 인간의 두뇌를 본떠 만든 신경망 구조에 입각하여 작동한다. 이러한 신경망 인공지능은 고전적 모형과는 달리 인간 프로그래머가 정해준 규칙을 따라 기호 조작을 수행하는 형태의 AI가 아니다. 알파고는 기계학습machine learning이라는 절차를 통하여 바둑을 두는 방법을 배우고, 그 과정에서 스스로가 찾아낸 규칙을 통하여 모종의 '자율적인' 선택을 수행한다. 알파고는 바둑의 행마와 관련된 모든 가능성을 계산하지 않으며, 우리 인간이 흔히 직관이라고 부르는 다양한 휴리스틱스heuristics를 활용하여 고려해야 할 경우의 수를 줄인다. 보기에 따라 알파고는 인간과 다른 방식으로 모종의 '판단'을 하고 자신이 최선의 수라고 '생각하는' 지점에 바둑알을 놓는 것이다. 물론 프로그래머가 알파고의 작동에 관여하기는 한다. 하지만 이는 기계학습의 과정에 개입하는 것이지 바둑을 두는 규칙을 명시적으로 프로그래밍하는 방식은 아니다. 심지어 프로그래머조차도 알파고가 습득한 바둑 규칙이 정확히 어떤 것인지도 모두 이해하지 못하는 불투명성이 존재한다.

알파고와 같은 새로운 종류의 인공지능을 가능하게 만든 배경으로는 크게 세 요소가 거론된다. 학습에 필요한 충분한 양의 빅데이터, 그것을 처리할 수 있는 강력한 컴퓨터 연산력, 그리고 기계로 하여금 이런 종류의 학습을 가능하게 만드는 딥러닝deep learning 같은 새로운 기계학습 알고리즘의 출현이 바로 그것이다. 따라서 알파고는 체스 챔피언을 이긴 딥블루와는 전혀 다른 종류의 인공지능이라고 말할 수 있다.

2) 생활 세계의 변화

인공지능 기술이 계속 발전함에 따라, 지금까지 우리가 알던 것과는 사뭇 다른 새로운 기술적 존재들이 우리 삶에서 중요한 상호작용의 대상으로 등장할 것임은 분명하다. 2011년 2월 〈제퍼디Jeopardy〉라는 TV 퀴즈쇼에서 인간 퀴즈 달인을 물리치고 우승했던 IBM의 '왓슨Watson'은 이제 의사와 법률가로 변신하여 병원 및 법률 사무소에서 활약하고 있다. 전통적인 자동화 기술이 기계를 통한 대량생산을 가능하게 함으로써 주로 생산 업무의 일자리를 대체했다면, 인공지능의 자율 기술은 추론이나 판단과 같은 인지적 능력을 요구하는 사무직 및 전문직 업무를 대체하게 될 것으로 예상된다. 인공지능과 관련하여 많은 사람들이 가장 우려하는 부분 중의 하나도 일자리의 소멸과 소득 불평등의 심화 문제이다. 인공지능이 반복적인 작업에 의존하는 비숙련 노동뿐 아니라 교육, 의료, 복지, 투자, 법률, 정책, 군사와 같이 고등 인지 능력을 필요로 하는 여러 영역에 확장 적용되어, 그동안 기계가 넘볼 수 없다고 여겼던 많은 '인간 고유의 일자리'를 대체하게 될 것이기 때문이다.

인공지능은 비단 일자리의 축소 문제뿐 아니라 우리 사회를 이른바 '알고리즘 보스'에 의해 지배되고 관리되는 사회로 변화시킬 가능성도 함축한다. 일상적 판단이나 의사결정의 주체는 이제 더 이상 생물학적 신체로 구획되는 유기체로서의 인간이 아닐 수 있다. 인간의 판단보다 기계의 판단을 훨씬 더 신뢰하게 되고, 경제를 비롯한 우리 사회의 전체적인 구조나 작동 방식이 알고리즘의 작동 방식에 맞추어 새롭게 재편될 수 있다. 우리 사회가 중요한 정책 판단이나 의사결정을 알고리즘의 도움에 의존하는 사회로 변화한다는 것이다. 우리의 일상이 인공지능 기술에 의존하는 정도가 커지면 커질수록 인간 선택의 자율성은 점점 더 축소될 것이며, 산업사회의 대량생산을 가능하게 했던 포디즘이나 테일러주의보다 훨씬 더 강력한 효율과 생산성 중심의 사회 구조가 출현할 가능성도 있다. 말하자면 인간의 행동 양식이 인공지능의 작동 방식에 맞추어서 프로그래밍되는 것이다.

초단타 알고리즘 매매가 이미 거래량의 대부분을 차지하고 있는 주식 시장이나, 미국의 인터넷 종합쇼핑몰 '아마존' 및 온라인 유료 동영상 스트리밍 서비스 기업 '넷플릭스'의 맞춤형 추천 서비스, 인간 의사보다 로봇 의사의 진단을 더 신뢰할 것이라는 최근의 설문 조사 결과 등이 이러한 미래 사회의 한 단면을 보여준다. 이러한 변화는 지금까지 경험하지 못했던 효율과 편리함, 그리고 사회경제적 이익의 증대를 가져다줄 수 있다. 하지만 동시에 엄청난 사회적 격차나 부의 불평등, 그리고 2010년 초단타 매매 프로그램 간 충돌로 인해 다우존스지수가 순식간에 1,000포인트가량 떨어졌던 '플래시 크래시'와 같이 누구도 예견하거나 통제할 수 없는 시스템 붕괴 등의 치명적 위험 또한 내포한다.

소프트웨어 알고리즘의 형태를 띤 AI뿐 아니라 구글의 자율주행 자동차와 같이 기계적 몸을 갖춘 체화된 인공지능도 점점 더 우리의 삶 속으로 진입할 것이다. 특히 눈여겨보아야 할 현상은 인간과 정서적 상호작용을 수행하는 사회적 로봇social robot의 출현이다. 일본의 IT 기업 '소프트뱅크'에서 출시한 로봇 '페퍼Pepper'는 최신의 음성 인식 기술을 이용하여 인간과 여러 언어를 통해 의사소통할 수 있다. 페퍼는 카메라와 마이크, 센서를 통해 인간의 표정과 음성, 제스처 정보를 취합하여 그 감정 상태를 파악하는 감정 인식 알고리즘을 갖추고 있으며, 이러한 '감정 능력'을 기반으로 사람들과 다양한 감정적 상호작용을 수행할 수 있다. 앞으로 가정뿐 아니라 병원, 양로원, 학교 등에서도 인공지능 로봇은 지금까지 경험하지 못한 정서적 상호작용의 새로운 상대역으로 등장할 것이다. 벨기에의 한 로봇 회사가 만든 휴머노이드 '조라Zora'는 노인들의 재활 치료나 자폐 어린이 치료에 활용되어 이미 상당한 성과를 거두고 있으며, 호텔이나 소매점으로 그 활동 영역을 확장하고 있다. 다양한 섹스 로봇도 개발 중인데, 『로봇과의 사랑과 섹스Love and Sex with Robots』(2009)의 저자 데이비드 레비David Levy를 포함한 많은 학자들이 이번 세기 중엽이면 섹스 로봇이 일반화될 것이라고 전망하고 있으며, 영국의 한 온라인 설문 조사에서는 응답자 중 72%가 로봇과의 섹스를 '매우 긍정적으로 생각한다'고 답한 바 있다.

정서적 상호작용이 가능한 사회적 로봇의 출현은 1차적 관계인 가족의 기능에 대한 축소를 포함하여 다양한 사회적 관계의 재편 가능성을 함축한다. 감정적·정서적 반응 능력을 가진 사회적 로봇은 모든 가정에서 자동차만큼이나 당연한 존재가 될 수 있으며, 심지어 '가족'의 중요한 구성원으로 인정될 가능성도 있다. 요즘은 SNS를 통하여 온라인에서만 활동하거나 온라인 게임에 몰입하여 사회적으로 고립되는 개인들이 늘고 있으며, 젊은 세대로 갈수록 취업의 어려움이나 양육의 부담 때문에 독신 생활을 고수하는 사람의 수가 늘어나는 추세이다. '혼밥', '혼술'이라는 표현이 일종의 문화적 트렌드가 되기까지 한 상황에서, 다양한 인간관계에서 오는 어려움이나 스트레스를 피하면서도 정서적 공허감을 채울 수 있는 길이 열린다면 많은 사람들이 그런 기회를 환영할 것이다. 이에 따라 사회적 감정 로봇들은 지금보다 훨씬 복잡한 수준의 상호작용 능력을 갖추면서 앞으로 점점 더 우리 삶의 중요한 상대역 혹은 타자로 부상할 것이다.

3) 인공지능과 기술의 자율성

인공지능 기술을 중심으로 일어날 이러한 변화의 정체를 어떻게 규정해야 하는가? AI 기술의 가장 중요한 특징은 인간의 직접적 조작이나 지속적인 개입을 필요로 하지 않으면서, 일종의 직권 위임에 의해 스스로 능동적으로 작동할 수 있는 '자율성'이다. 인공지능은 인간으로부터 독립하여 스스로 '판단'하고 '선택'하며 '행동'할 수 있다. 앞으로 우리가 마주치게 될 자율적 인공지능 기술의 범주에는 실제 물리 환경 속에서 작동하는 지능형 로봇, 컴퓨터 가상 환경 속의 '봇bot'이라 부르는 소프트웨어 행위자, 지능적인 물리 환경을 구성하는 사물인터넷의 다양한 장치가 포함된다. 수많은 기술과 프로토콜의 결합으로 이루어진 이들 인공지능은 인간의 개입으로부터 일정 부분 독립하여 작동하는 자율적인 행위자의 네트워크를 구성할 것이다.

여기서 말하는 기술의 자율성은 전통적인 의미의 자동화automation 개념과 구분할 필요가 있다. 현재 자동차 공장에서 널리 사용되는 조립로봇은 미리 고정된 프로그램(알고리즘)을 따라 주어진 작업만을 반복하며, 새로운 상황에 대해 스스로의 '판단'이나 '선택'으로 행위를 변화시킬 수 있는 능력은 거의 없다. 이에 비해 구글의 알파고는 주어진 상황을 스스로 '인지'하고 그에 따른 '판단'이나 '선택'을 통해서 다음 '행동'을 스스로 결정한다. 즉 그것의 행동은 미리 고정되어 있는 것이 아니라, 환경이나 상황과의 상호작용 속에서 스스로의 '선택'을 통해 결정된다. 물론 알파고도 알고리즘의 지배를 받는 존재이기는 하다. 그렇지만 설계자가 그것이 수행하는 모든 행위를 예측하거나 통제할 수 없다는 점에서 상당 정도의 행위 자유도 혹은 '선택 자율성'을 갖는다고 말할 수 있다.

전통적인 자동화의 차원에서도, 여러 가능한 입력에 대응하여 거기에 알맞은 (미리 준비된) 출력을 산출하도록 함으로써 일정 수준의 행위 자유도를 확보할 수는 있다. 입력이 달라짐에 따라 그에 맞추어 출력도 달라지는 정도의 자유도를 말하는 것이다. 가령 빨래의 재질이나 양을 자동으로 인식하고 그에 알맞은 세제나 세탁 코스를 스스로 선택하는 세탁기가 제한적이긴 하지만 그런 정도의 행위 자유도를 갖는다. 서로 다른 입력에 대해 달리 반응할 수 있다는 의미에서 이를 1차 수준의 자유도라고 하자. 그런데 1차 수준 자유도의 경우 가능한 입력과 출력 쌍의 집합은 유한하게 고정되어 있고, 주어진 입력에 반응하여 적절한 출력을 선택하는 기계의 내적 상태(혹은 알고리즘) 또한 고정되어 있다. 따라서 이는 새로운 종류의 입력에 대해 적절히 반응하는 능력을 갖고 있지 못하며, 그것이 수행하는 행위도 모두 사전에 예측이 가능하다. 1차 수준의 자유도만을 갖는 '인공지능' 세탁기나 청소기는 '지능'이라 부를 수 있을 정도의 반응 능력을 갖고 있지 못하며, 우리가 관심을 갖는 자율 기술의 범주에 포함되지 않는다.

우리가 관심을 갖는 자율적 AI는 2차 수준의 행위 자유도를 갖는다. 2차 수준의 자유도를 갖는다는 것은 주어진 입력에 대해 어떤 출력을 산출할 것인가를 결정하는 내적 상태, 즉 선택 알고리즘 자체를 스스로 변화시킬 수 있음을 의미한다. 가령 알파고는 프로그래머가 정해준 규칙을 따라서 바둑을 두는 것이 아니며, 과거의 기보들로 이루어진 빅데이터를 기반으로 기계학습이라는 절차를 통하여 스스로 바둑을 배웠다. 이때 주어진 입력에 대응하여 착점 위치(출력)를 결정하는 알파고의 바둑 알고리즘은 학습이나 대국 과정을 거치면서 끊임없이 조정되고 변화한다. 그 결과 알파고는 시간의 변화에 따라 동일한 입력에 대해서도 다른 출력을 산출하는 것이 가능하며, 전혀 새로운 종류의 입력에 대해서도 반응할 수 있는 능력을 갖추게 된다. 이처럼 입력과 출력을 매개하는 내적 상태가 학습의 과정을 통해 변화하기 때문에, 가능한 입력과 출력의 대응 쌍도 미리 고정되어 있지 않다.

시간이 지날수록 AI 기술이 갖는 2차 수준의 행위 자유도는 점점 증대할 것이며, 그러한 인공지능으로 이루어진 행위자 네트워크가 물리, 사회, 문화, 정서, 윤리의 차원에서 일상생활 세계의 급격한 변동을 초래할 것임은 너무나 분명하다. 이는 우리를 둘러싼 환경으로서의 물리적 세계뿐 아니라, 우리가 세계를 조각하는 방식, 우리가 갖는 자아 감각이나 스스로를 이해하는 방식, 타자와 관계 맺는 방식, 우리가 행동하는 방식 등을 급진적으로 변화시킬 것이다.

여기서 우리가 주목할 것은 인공지능이 더 이상 단순한 기술적 도구가 아니라, 우리의 삶의 양식 혹은 문법 자체를 근원적으로 재규정하는 타자로 부상하고 있다는 사실이다. 우리가 살고 있는 생태적 공간은 이제 단지 자연적 환경으로만 이루어지는 것이 아니라, 여러 기술적 존재의 네트워크와 얽혀 있는 기술적 생태 공간이다. 또한 우리가 사는 세상은 개별적인 인격체나 행위자의 조그만 행위들이 서로 결합하여 복잡한 상호작용을 거치면서 전혀 예기치 않은 결과를 야기할 수 있는 세상이다. 이러한 기술적 생태 공간 안에서 인공지능 행위자들은 우리 삶의 변수가 아니라 상수가 될 것이다.

4) 변화의 정체

인공지능을 중심으로 하는 지금의 변화를 어떻게 규정할 것인지에 대해서는 여러 견해가 있을 수 있다. 어떤 학자들은 기술과 생산 방식의 변화를 말할 때에는 그에 대응하는 사회정치적 변화가 무엇인지에 주목해야 하며, 그런 의미에서 우리는 여전히 3차 산업혁명의 과정 중에 있다고 주장한다. 1차 및 2차 산업혁명이 단순히 기술의 패러다임 변화에 그치지 않고 사회 전체의 근본적인 변화를 초래했다면, 정보 기술의 혁신이 가져온 사회 변화의 폭은 과거의 변화에 크게 못 미친다는 것이다. 그런데 3차 산업혁명이 되었건 4차 산업혁명이 되었건 간에 현재의 변화를 산업혁명의 한 과정으로 이야기하는 것은 변화를 단순히 생산양식의 변화 및 그에 뒤따르는 정치·경제 중심의 사회질서의 변화로 한정하여 이해하는 것이다. 여러 학자가 여전히 3차 산업혁명 중임을 주장하는 가장 중요한 논거도 디지털 기술의 급격한 발전에 대응하는 뚜렷한 사회정치적 변화가 아직 일어나지 않았다는 것이다.

그러나 우리는 조금 다른 관점에서 이 문제에 접근할 수 있다. 현재 일어나고 있는 변화는 단순히 산업혁명으로 규정될 수 있는 생산양식이나 산업구조의 변화보다 훨씬 더 근본적인 수준의 것으로, 인간이라는 존재의 본성 및 인간-비인간의 범주적 구분과 관련된 인간학의 패러다임 전환과 더불어, 인간 삶의 총체적인 양식 변화와 관련되어 있는 현상이라는 것이다.

오늘날의 변화가 단순히 디지털-정보 기술에 한정되어 일어나는 것이 아니라 훨씬 더 전방위적인 차원에서 일어나고 있음에 주목할 필요가 있다. 2002년 미국은 국립과학재단NSF 주도로 융합신산업 발전 정책을 수립했는데, 소위 NBICNano, Bio, Info, Cogno 기술이 그 핵심을 이루고 있다. 제임스 모어James H. Moor(2008)는 이들 기술의 공통점을 가소성 혹은 조작 가능성의 개념을 통해 설명한다.

에릭 드렉슬러Eric Drexler(2011[1986])는 자연의 법칙을 거스르지 않는 한도 내에서 우리가 나노기술을 이용하여 원자나 분자의 조작을 통해 어떤 종류의 물질적 구조든 만들어낼 수 있을 것이라 전망한다. 드렉슬러가 말하는 나노기술이 실제로 가능한지 여부는 아직 밝혀지지 않은 상태로 남아 있지만, 만일 그것이 실현된다면 이는 우리에게 엄청난 물질(재료) 가소성material malleability의 능력을 가져다줄 것이다.

유전공학에 기반을 둔 생명과학은 생명 가소성life malleability을 특징으로 한다. 유전자 조작과 같은 현재의 생명기술은 유전적 질환이나 질병의 치료뿐 아니라, 현재 존재하는 생명체의 생체 능력에 대한 전반적인 향상이나 급진적인 수명 연장을 가능하게 만들 수 있는 기술이다. 심지어 이는 멸종한 생명체나 전혀 존재하지 않았던 생명체를 창조하는 데도 사용될 수 있다.

신경과학을 중심으로 하는 인지기술은 마음 가소성mind malleability의 능력을 제공한다. 오늘날 널리 인정되고 있는 마음에 대한 이해에 따르면, 마음은 우리 두뇌나 그 작용과 독립적인 어떤 것이 아니며, 두뇌의 작용과 동일한 것이거나 그것에 수반하는 어떤 상위 속성들을 총칭하는 이름이다. 신경과학기술을 통한 두뇌의 조작은 마음에 대한 조작 가능성을 의미한다. 만약 디지털 기술과 결합한 신경 임플란트 등을 이용한다면 인간의 마음은 지금 우리가 가지고 있는 마음과는 전혀 다른 종류의 마음으로 개선 혹은 확장되거나 변경될 수 있다.

디지털의 영역인 정보 기술은 논리 가소성logic malleability의 특징을 가진다. 컴퓨터는, 우리가 설계하거나 학습시킬 수 있는 일이라면 그것이 어떤 일이든 수행하도록 만들어질 수 있다는 의미에서 논리 가소적이다. 이는 컴퓨터 개념의 기원이라고 할 수 있는 보편튜링기계[1]의 개념

---

1 '튜링기계'는 형식적 '계산' 개념을 엄격하게 정의하기 위하여 앨런 튜링(Alan Turing)이 제안한 추상적 계산 기계를 가리키는 표현이다. 튜링기계는 사각으로 나누어져 있는 테이프와, 테이프 위의 기호(symbol)을 쓰거나 읽을 수 있는 헤드, 그리고 튜링기계의 내적 상태로 구성된다. 특정의 계산을 수행하는 튜링기계의 모든 동작은 그 기계의 알고리즘에 해당하는 '기계표(machine table)'를 통하여 나타낼 수 있다. 그런데 튜링은 모든 종류의 튜링기계가 수행하는 동작을 모의

이 시사하듯이, 계산적인 방식으로 처리될 수 있는 일이라면 그것이 무엇이든 간에 컴퓨터를 통하여 처리할 수 있다는 의미이다. 논리 가소성은 컴퓨터가 가지고 있는 구문론적 가소성과 의미론적 가소성 때문에 가능해진다. 컴퓨터는 구문론의 측면에서 그것이 취할 수 있는 논리적 상태나 조작의 수 혹은 다양성의 형태가 원리상 거의 제한이 없다는 점에서 가소적이다. 또한 컴퓨터는 그것이 취하는 상태나 조작을 우리가 원하는 어떤 것이든 의미(표상)하는 것으로 해석할 수 있다는 점에서 가소적이다. 이러한 논리적 가소성은 컴퓨터를 거의 모든 업무에 적용할 수 있는 보편 도구universal tools의 성격을 갖도록 만든다. (컴퓨터가 갖는 가소성은 정보 가소성으로 이해될 수도 있다. 정보의 가소성은 어떤 정보든지 간에 그 의미의 큰 손실 없이 구문론적으로 0이나 1로 이루어진 디지털 정보로 환원될 수 있기 때문에 가능해지며, 그렇게 환원된 정보는 의미론적으로나 구문론적으로 자유롭게 조작되고 변용될 수 있다.)

NBIC 기술의 급격한 발전이 초래할 결과 중의 하나는 인간 본성의 급진적인 변화이다. 토목이나 건축, 기계와 같이 우리에게 익숙한 전통적인 기술들은 인간을 둘러싼 외부의 물질적인 조건을 개선함으로써 우리의 삶의 질을 향상시키려고 했다. 그러나 오늘날의 생명기술이나 인지기술은 인간이 어떤 존재인가를 그 본성적인 측면에서 근본적으로 재규정할 수 있는 잠재력을 가지고 있다. 말하자면 오늘날의 기술은 인간의 정신이나 신체를 그 직접적인 조작의 대상으로 삼아서 인간의 본

할 수 있는 튜링기계가 있을 수 있다고 생각했으며, 그 기계에 보편튜링기계(Universal Turing Machine)라는 이름을 붙였다. 어떤 계산이 튜링기계상에서 수행될 수 있는 계산이라면, 이러한 계산을 수행하기 위하여 우리는 서로 다른 여러 종류의 튜링기계를 필요로 하지 않는다. 보편튜링기계를 이용하여 모든 계산을 수행할 수 있기 때문이다.

성 자체를 뒤바꾸어놓을 수 있는 우리의 '내부'를 향한 기술이다.

성형수술이나 라식수술, 인공장기 등과 같이 인간의 신체에 직접 개입하는 현재의 변형 기술들은 아직 초기 단계이다. 성형수술은 겉으로 드러나는 피부 수준의 겉모습만을 바꾼다는 의미에서 그 개입의 범위가 상당히 제한적이다. 그러나 그 개입의 범위나 정도는 시간이 갈수록 넓어지고 깊어질 것이다. 만약 DNA 수준에서 유전자 조작을 통하여 인간의 신체, 지능, 감성적 능력을 바꾸거나 '향상'시키고자 한다면, 현재의 인간이 갖는 생물학적 한계를 뛰어넘는 슈퍼 인간이 탄생할지도 모른다.

프로스테시스Prosthesis 장치를 통한 인간 능력의 확장 또한 중요하게 고려해야 할 변화의 경로이다. 지금 우리는 스마트폰과 같은 장비를 신체 바깥에 지니고 다니지만, 앞으로 이러한 장비들은 두뇌-컴퓨터 인터페이스를 통하여 점점 더 우리의 신체 '내부'로 들어올 것이다. 우리는 우리의 정신/신체와 도구 사이에 인터페이스가 존재한다는 사실을 알아차리지 못할 정도로 다양한 기계적·전자적 장비와 이음매 없이 결합하게 될 것이다. 인간이 기계와 결합함으로써 일종의 사이보그로 변화해가는 것이다.

이 순간에도 끊임없이 빠르게 발전하고 있는 NBIC 기술의 공통적인 특징은 그것이 개입하는 대상 영역들에 대해서 우리가 지금까지 가졌던 기술들과는 전혀 다른 수준의 변형을 가능하게 만든다는 점이다. 이 기술들은 예전에는 상상조차 하기 힘들었던 방식으로 인간이 자연 세계에 개입할 수 있는 강력한 힘과 통제력을 가져다준다. 그 결과 인간은 물질뿐 아니라 생명이나 정신마저도 자기 마음대로 조작할 수 있는 시대로 진입하고 있다. 우리가 살고 있는 지금은 인간이 어떤 존재인가에 대한 개념적 규정의 수준을 넘어서 인간의 본성 자체를 바꿀 수 있는 시대이다. 자연 선택 과정이 수행했던 역할을 이제 인간 스스로가 넘겨받아서, 인간의 물질적 구성이나 정신의 특성을 인위적으로 선택하여 조작할 수 있는 맞춤 진화designer evolution의 단계에 도달한 것이다.

만약 우리가 인간 변형이나 '향상'의 경로를 선택한다면 인간 존재는 지금의 인간과는 매우 다른 외모나 특성 혹은 능력을 갖게 될 수도 있다. 어쩌면 우리의 후손들은 미래학자 한스 모라벡Hans Moravec이 말했듯이 지금 인간의 '마음의 아이들'이기는 하지만, 더 이상 생물학적 유기체로서의 호모사피엔스는 아닌 새로운 종류의 인간종, 즉 포스트휴먼이 될 수도 있는 것이다. 이런 점들을 고려할 때 오늘날은 인간 본성을 포함한 자연 세계에 대한 인간의 개입 능력이나 통제력의 급격한 확대와 더불어 인간이라는 존재의 정체 및 그 삶의 근본적 양식이 변화하는 시대로 규정할 수 있다. 그 변화를 상징하는 현상이 바로 인간 향상 및 인간의 사이보그화와 같은 인간의 기계화, 그리고 인간의 특성을 점점 닮아가는 기계인 인공지능의 출현이다.

5) 새로운 도전

오늘날 우리의 시급한 답변을 기다리는 질문은 다음과 같은 것이다.

- 유전적 변형이나 조작을 통하여 지능을 높이는 행위는 바람직한 일인가?
- 인공지능에게 어느 정도의 자율성과 도덕적 결정권을 부여할 것인가?

- 인공지능이 야기한 해악에 대한 책임은 누구의 몫인가?
- 군사 혹은 경찰 로봇이 무고한 시민을 사살했다면 그 책임은 누가 져야 하나?
- 섹스로봇과의 성행위는 인간의 존엄성을 위협하는가?
- 로봇과 친구나 연인, 가족이 될 수 있는가?

과학기술이 계속 발전함에 따라 변화의 폭이 커질수록 우리는 이러한 종류의 질문에 더욱 많이 부딪히게 될 것이다. 문제를 더욱 복잡하게 만드는 것은 우리가 이 질문들에 적절히 답하는 데 필요한 개념적 자원을 충분히 갖고 있지 않을 가능성이다. 우리는 '인간', '생명', '신체', '자연', '기술', '기계', '도덕', '행위자', '책임' 등과 같은 익숙한 개념들을 통하여 이 질문들을 이해하고 또 그에 답하고자 시도한다. 그런데 이 개념들과 연관해서 우리가 자연스럽게 떠올리는 의미들은 인간 중심적인 휴머니즘, 그리고 산업혁명 등에 의해 규정되는 근대라는 시대의 역사성으로부터 온전히 자유로울 수 없다. 가령 우리는 인공지능을 '인공물', '도구' 혹은 '기계'라는 개념을 통하여 이해하고, 거기에 맞추어 앞의 질문들에 답하고자 한다.

그런데 이 개념들은 근대 휴머니즘을 정초하고 있는 인간/비인간, 정신/신체, 자연/인공, 생명/기계, 원본/복제와 같은 이원적인 범주 구분에 의존하고 있으며, 이미 많은 가치 판단이 적재되어 있는 개념들이다. 이와 같은 이원적 구분은 우리가 세상을 이해하고 판단하는 인식적 의미망에서 추상성이 가장 높은 최상위 단계의 것들로서, 그 아래에 포섭되는 다양한 개념과 밀접하게 연관되어 있고, 또 그것들을 규정하고 속박한다. 우리의 일상적 직관이나 법, 윤리, 정치, 문화, 예술, 경제와 같은 다양한 실천적 관행들 또한 결코 이러한 인식적 의미망의 규정과 구속으로부터 자유로울 수 없다.

이세돌과 알파고의 경기를 보면서 '알파고는 이성은 있지만 감성이 없다. 하지만 이세돌에게는 이성뿐 아니라 감성이 있다.', '이세돌은 바둑이라는 게임을 즐길 줄 알지만, 알파고는 알고리즘을 따를 뿐 그럴 능력이 없다.', '이세돌이 전 세계 사람들의 낭만을 지켜줘서 진심으로 고맙다.'라는 등의 언명을 통해 기계에게 결여된 것처럼 보이는 인간의 특성을 언급함으로써 위안을 찾고자 하는 행위도 결국 이러한 인식적 의미망 속에서만 그 온전한 의미의 작동이 이루어진다.

하지만 지금 문제가 되는 인공지능이나 자율기계의 등장, 포스트휴먼의 출현 가능성, 인간의 사이보그화와 같은 현상들은 이미 인간/비인간, 자연/인공, 생명/기계와 같은 이원적 구분을 넘어서거나, 혹은 그 경계를 파괴하며 일어나는 현상들이다. 그 결과 이러한 현상들은 지금까지 우리가 세상을 이해하던 근대적 사고방식으로 충분하게 포섭되거나 설명되지 않으며, 그런 점에서 지금까지와는 다른 전혀 새로운 형태의 사회적·문화적·정치적·윤리적 도전을 제기하는 것처럼 보인다. 현재의 변화를 산업혁명의 한 단계인 4차 산업혁명으로 규정하려는 것도 어떤 면에서는 문제에 접근하는 관점 자체가 산업혁명 시대의 가치에 물든 근대적 인간 중심의 관점에 머물러 있기 때문일 수 있다. 그러나 지금은 더욱 근본적인 차원에서 인간-비인간의 범주적 구분과 관련된 인간학의 혁명이 진행되고 있는 시기이다.

다음의 사례를 생각해보자. 미국의 로봇 기업 '보스턴 다이내믹스Boston Dynamics'가 만든 4족 보행 로봇 '스팟Spot'의 시연 동영상이 한동안 인터넷에서 '로봇 학대'란 제목으로 화제가 된 바 있다. 동영상 속에서

한 연구원은 걷거나 서 있는 스팟을 발로 차고, 스팟은 잠시 비틀거린 다음 이내 균형을 되찾는 모습을 보인다. 스팟은 머리도 없이 몸통과 다리만으로 이루어진 로봇이지만, 빙판길에서 비틀거리며 중심을 잡으려 애쓰는 모습은 영락없이 주인에게 학대받는 애처로운 강아지의 모습을 연상시킨다. 이 회사는 이미 2008년부터 걸어가는 로봇을 발로 차는 장면을 통해서 자신들이 만든 로봇이 보여주는 안정적 보행 능력을 과시해온 바 있다. 이 동영상들이 공개되자 SNS를 중심으로 '로봇 학대'를 성토하는 수많은 댓글들이 달리기 시작했고, 급기야 '로봇 동물에 대한 잔혹행위나 학대를 멈추라'는 글귀가 삽입된 패러디 동영상까지 등장했다.

물론 이는 일부의 반응이며, 대부분의 사람들은 이 로봇들이 아무것도 느끼지 못하는 기계에 불과한데도 사람들이 인간의 감정을 로봇에게 잘못 투사하여 발생한 의인화의 해프닝일 뿐이라 치부한다. 이 사건을 다룬 대다수 언론의 보도 태도도 이러한 생각과 크게 다르지 않다. 로봇의 작동 원리와 메커니즘을 잘 아는 사람들일수록 '로봇 학대'라는 표현은 일종의 모순 어법이며, 범주 착오에 불과하다고 진단한다. 그런데 과연 정말로 '로봇 학대'는 원리상 성립할 수 없는 범주 착오적인 개념인가? 로봇과 같은 기계적인 존재에게 '학대'라는 개념을 적용할 수 없다는 확신의 밑바탕에는 인공과 자연, 생명과 기계라는 근대의 인간중심주의적 이분법이 자리 잡고 있는 것은 아닌가? 지금은 오히려 인간과 기계 사이의 근본적 구분을 의심해야 하는 시기인 것은 아닌가? 이러한 질문에 대답하는 것이 바로 오늘날 우리에게 주어진 도전이다.

AI가 제기하는 중요한 철학적 문제는 우리의 근대적 사고를 정초하고 있는 인간/비인간, 정신/신체, 자연/인공, 생명/기계, 원본/복제와 같은 다양한 이원적 구분에 도전한다는 점이다. 이는 세계에 대한 인식적 의미망의 구조 속에서 인공지능과 같은 기계의 도덕적 지위를 어떻게 위치 지울 것인가의 문제와 연관되어 있다. 인공지능의 도덕적 지위 문제는 인간과 기계, 자연적인 것과 인공적인 것 사이의 구분이 불확실해지고 있는 상황을 반영한다. 그런 점에서 지금의 변화는 생산 양식이나 정치·경제 수준의 변화보다 훨씬 더 근본적인 것으로서, 인간, 자연, 기술 사이의 관계 자체에 대한 새로운 규정을 요구한다. 이는 우리 삶의 양식 혹은 문법을 뒤바꾸는 변화이며, 우리의 세계관을 구성하는 근본 개념이나 원리, 관점 판단들의 갱신을 요구하는 변화이다.

2. 빅데이터와 하이퍼히스토리

1) 하이퍼히스토리

이탈리아 출신의 철학자 루치아노 플로리디Luciano Floridi(2014)는 정보기술의 관점에서 볼 때 디지털에 의해 추동되는 오늘날의 정보 혁명은 역사 시대의 출현에 비견되는 하이퍼히스토리hyperhistory 시대로 우리를 이끌고 있다고 주장한다. 플로리디는 인류 역사의 근본적인 분기점에는 정보통신 기술의 발명과 발전이 자리하고 있다고 생각한다. 먼저 인류는 문자 체계, 즉 쓰기나 기록의 방법을 발명함으로써 선사 시대에서 역사 시대로 이행한다. 문자는 사건을 기록하고 미래 세대를 위한 정보의 축적·전승을 가능하게 함으로써 인류 문화의 지수적 진화가 시작되도록 만들었다. 따라서 문자가 발명되기 이전의 선사 시대와 대비하여 역사 시대는 그 자체가 이미 정보 시대age of information이다. 역사 시대의 가장 핵심적인 특징은 데이터의 기록과 저장 그리고 계승이다. 인쇄술의 발명이나 대중매체의 출현은 정보의 전승이나 유통 방식을 획기적으로 바꾸어놓은 역사 시대의 중대한 분수령에 해당한다.

그런데 플로리디는 최근의 디지털 정보통신 기술ICT의 발전이 기존의 정보 기술에 정보의 가공·처리processing 능력을 더함으로써 하이퍼히스토리라는 새로운 시대를 열고 있다고 주장한다. 하이퍼히스토리 시대와 역사 시대를 구분 짓는 중요한 기준은 먼저 우리의 삶이 정보 기술에 의존하는 정도이다. 역사 시대의 정보 기술도 우리 삶의 중요한 한 요소였으며, 개인이나 사회의 안녕과 밀접한 관련이 있었다. 하지만 하이퍼히스토리 시대는 이로부터 한 단계 더 나아가서 개인이나 사회의 발전 혹은 유지가 ICT에 거의 전적으로 의존하는 단계이다.

ICT 기술의 발전에 따라 오늘날에는 하루에도 엄청난 양의 빅데이터가 생산된다. 그리고 인공지능 기술을 근간으로 하는 디지털 ICT는 그러한 정보를 상당 부분 인간의 개입 없이 자율적으로 처리한다. 지금 이 순간에도 우리의 눈에 직접적으로 드러나 있지는 않지만, 엄청난 양의 정보적 상호작용이 기계와 기계, 그리고 인간과 컴퓨터 사이에서 이루어지고 있다. 2015년 현재 전체 인터넷에 연결된 장비들의 수는 250억 대 정도이며 2020년에는 500억 대에 이를 것이라 추산된다. 1인당 연결된 장비의 수도 2003년 0.08대에 불과하던 것이 2010년에는 1.84대, 2015년에는 3.47대에 이르고 있으며 2020년에는 6.58대에 이를 것으로 예상된다. 그런데 ICT의 정보 처리 능력은 그 대부분이 이미 기계들 사이에 일어나는 협력이나 조정을 위해 사용되고 있으며, 지구에서 발생하는 통신의 대부분도 인간이 직접 개입되어 있지 않은 기계들 사이에서 일어나고 있다.

정보는 산업이나 경제를 움직이는 근원적인 자원으로 간주된다. G7 국가의 GDP 중에서 70% 이상이 유형의 상품이 아니라 정보와 관련된 통신, 금융, 보험, 엔터테인먼트, 교육, 건강관리 같은 무형의 상품에 의존한다고 한다. 소위 '지식 기반 경제'라는 표현이 이러한 현상을 나타낸다. 만약 사이버 테러로 인해 ICT 기술에 중대한 타격이 이루어진다면 거의 전쟁 상태에 준하는 사회적·정치적·경제적 혼란이 발생할 것이며, 지금 우리가 누리고 있는 일상적 삶의 기반이 순식간에 무너지게 될 것이다. 이는 정보의 생산이나 조작, 처리가 개인이나 사회, 인류의 복지·유지·발전·번영을 위한 본질적인 조건으로 작용하고 있음을 나타낸다. 이런 점들이 바로 하이퍼히스토리 시대의 기본 특징이다.

2) 빅데이터

하이퍼히스토리 시대의 또 다른 특징 중의 하나는 정보(데이터)의 양이다. 버클리대학교 연구자들의 연구에 따르면, 컴퓨터의 상용화 이전까지 인류가 전체 역사 시대 동안 축적한 데이터의 양은 약 12EB(엑사바이트)[2]로 추정된다. 그런데 그것이 2006년에 180EB를 넘어섰고, 2011년에는 1.8ZB에 이르러 제타바이트의 시대로 진입했으며, 2015년에는 8ZB에 달할 것으로 추산된다. 이러한 추세는 앞으로도 매 3년마다 4배

2 1엑사바이트 = 10^{18}bytes. 데이터의 단위는 KB(킬로바이트), MB(메가바이트), GB(기가바이트), TB(테라바이트), PB(페타바이트), EB(엑사바이트), ZB(제타바이트), YB(요타바이트), VB(브론토바이트), RB(락시아바이트), OB(에르키스틴바이트), QB(큐타바이트), XB(엑스바이트)로 표기되며, 각 단위 간의 배수는 1,000이다.

정도의 속도로 증가할 것으로 예측된다. 지금의 인류는 처음으로 제타바이트를 경험한 세대이다. 따라서 우리가 살고 있는 시대는 그야말로 빅데이터의 시대라고 할 수 있다.

빅데이터의 개념이 정확히 무엇을 의미하는가에 대해서는 다양한 이견이 있다. 미국국립과학재단NSF과 미국국립보건원NIH은 빅데이터 과학이나 공학의 발전을 위한 기술 개발의 중요성을 강조하고 있지만, 정작 빅데이터가 무엇을 의미하는지에 대해서는 현상적 수준 이상의 정의를 제시하고 있지 않다. 이들은 '빅데이터'를 단지 "도구, 센서, 인터넷 상호작용, 이메일, 비디오, 클릭 스트림, 그리고 오늘날이나 미래에 가용적인 모든 다른 디지털 자원으로부터 산출되는 크고, 다양하며, 복잡하고, 종적인longitudinal, 분산된 데이터의 집합"이라고 정의한다.

'위키피디아'는 빅데이터를 "기존의 데이터 관리 툴이나 처리 방식으로는 처리하기가 불가능한 큰 데이터"로 정의한다. 이는 결국 현재의 컴퓨팅 파워나 관리 툴을 기준으로 상대적인 의미에서 다루기 곤란한 크기의 데이터라는 말이다. 플로리디는 위키피디아의 이런 정의가 빅데이터와 관련된 두 가지 잘못된 인식론적 문제에 빠지게 만든다고 지적한다. 그 두 가지 오해는 다음과 같다.

① 빅데이터의 인식론적 문제는 데이터가 너무 크다는 것이다.
② 인식론적 문제에 대한 해결책은 기술적인 것이며, 더 나은 기술의 개발로 이 문제를 해결할 수 있다.

플로리디에 따르면, 빅데이터와 관련된 근본적인 문제는 데이터가 많다는 것이 아니다. 이는 마치 음식이 너무 많다고 불평하는 것과 비슷한 일로서, 데이터는 활용이 필요한 자원일 뿐이며 우리가 모든 데이터를 소화할 필요는 없다. 또한 데이터는 시간이 지남에 따라 계속 늘어날 것이므로, 그에 대한 해결책도 많은 양의 데이터를 어떻게 기술적으로 처리할 것인가의 문제가 될 수 없다. 더 좋은 기술이 많이 나올수록 더 많은 데이터가 산출될 것이며, 그 결과 상황은 더 나빠질 것이기 때문이다.

빅데이터의 진정한 인식론적 문제는 빅데이터에 숨어 있는 '작은 패턴small pattern'을 찾는 것이다. 플로리디는 빅데이터가 던지는 도전은 진정한 부가가치가 있는 작은 패턴을 찾아서 부를 창출하고 인간 삶의 조건을 개선하거나 지식의 증대에 활용하는 일이라고 주장한다. 그리고 이는 단순히 컴퓨터의 계산적 힘의 문제가 아니라 지능이나 지적 능력의 문제이다. 데이터의 크기는 계속 커질 것이므로 문제를 해결하는 열쇠는 결국 거기에서 우리가 무엇을 찾아야 할지를 아는 것이다. 과학에서 시작하여 비즈니스, 정부 및 사회 정책, 보안이나 안전 문제에 이르기까지 새로운 혁신의 기회는 단순한 데이터의 축적만으로는 결코 이루어지지 않는다. 우리는 분석적인 인식 기술을 통하여 스몰 패턴을 발견하고 이것들을 적절히 취합, 상관, 통합할 필요가 있다. 그리고 그 과정에서 야기될 수 있는 다양한 위험이나 윤리적 이슈에 대해서도 충분한 주의를 기울여야 함은 말할 필요도 없는 일이다.

빅데이터와 관련하여 또 한 가지 논의할 필요가 있는 사항은 디지털 기억의 신뢰성에 관한 것이다. 하이퍼히스토리 시대에 데이터가 저장되는 기본 매체는 디지털 기억 장치이다. 그런데 우리는 이러한 디지털 기억에 대해서 잘못된 신뢰를 하고 있을 가능성이 크다. 사람들의 일반적인 기대와는 다르게, 디지털 기억은 대단히 잊기 쉬운 종류의 기억이다. 기억된 내용 자체가 시간의 흐름에 따라 빠르게 쓸모없어지기도 하지만, 이는 구술과 마찬가지로 매우 휘발성이 강한 기억이다. 오래된 디지털 문서는 플로피디스크와 같은 하드웨어나 관련 소프트웨어가 구식이 되어 더 이상 사용할 수 없게 되기도 한다. 그리고 인터넷에는 더 이상 유지·관리되지 않는 링크들이 엄청나게 많이 있다. 그 결과가 온라인 리소스에 대한 링크가 더 이상 작동하지 않는 링크 쇠퇴link decay이다. 1998년 기준으로 온라인 문서의 평균 수명은 75일이었지만, 2014년에는 45일 정도라고 한다.

디지털에서 정보가 기억되는 방식은 이러한 휘발성을 더욱 악화시킨다. 디지털의 '저장' 명령은 과거를 그대로 보존하라는 것이 아니라, 구 버전을 새롭게 변화된 내용으로 대체하라는 명령이다. 무역사성을 특징으로 하면서 끊임없이 업데이트되는 웹사이트를 생각해보라. 플로리디는 이를 과거에 대한 기억은 없이 영속적인 현재에 갇힌 상황으로 비유한다. 역사적 기억은 단순히 과거를 저장하고 효율적으로 관리하는 것만의 문제가 아니라 중요한 차이들을 큐레이션curation하는 문제이기도 하다. 그런 점에서 과거를 질서 있는 연속적 변화로서 안정적으로 축적하는 것이 무엇보다도 중요한 일이다. 그런데 디지털 정보 기술의 시대에서는 바로 이러한 역사적 과정이 위험에 처해 있다는 것이다. 따라서 앞으로는 그 어느 시대보다도 정보 큐레이터의 역할이 중요할 것으로 예측된다.

하드웨어의 관점에서도 디지털 기억은 신뢰성의 문제를 갖고 있다. 디지털 기억 매체로서 우리가 주로 사용하는 광학 매체나 자기 매체는 일정한 수명을 갖기 때문에, 노후화가 진행되고 나면 그 사용 가능성을 더 이상 보장할 수 없는 문제가 발생한다. CD나 DVD와 같은 광학 매체의 경우에 알려진 수명은 10~25년이지만, 보수적인 관점에서 새 디스크의 수명을 5~10년, 기록하여 사용된 디스크의 경우는 2~5년으로 보기도 한다. 우리가 가장 많이 사용하는 표준적인 하드디스크의 MTBFmean time before failure는 5만 시간으로 대략 5.7년의 수명을 갖는다. 현재 우리가 가지고 있는 대부분의 데이터가 거의 최근 몇 년 동안에 만들어졌음을 감안한다면, 저장 매체의 노후화에 따른 갑작스러운 시스템 실패로 인해 엄청난 양의 데이터가 거의 비슷한 시기에 사용 불가능하게 되는 재앙적 상황이 초래될 가능성도 있다.

데이터 손실이나 복구와 관련하여 오늘날 가장 중요하게 사용되는 수단은 온라인 클라우드 서비스이다. 온라인 클라우드 서비스를 이용할 경우, 우리 개개인은 데이터의 보관에 대해서 그렇게 큰 신경을 쓰지 않아도 된다. 하지만 이러한 데이터의 저장을 위해서는 여전히 그 배후에서 누군가가 물리적인 인프라를 유지하고 관리해야 하는데, 이러한 클라우드 서비스가 데이터의 기록이나 보관에 대한 항구적인 대책으로 남아 있을 가능성은 크지 않다. 클라우드 컴퓨팅의 실패에 대응하는 대비책이 필요할 수도 있다.

데이터의 기억·보관과 관련하여 플로리디는 이것이 단순히 복수의 복사본을 저장하는 것으로 해결될 문제는 아니며, 지구적 수준에서는 여전히 디지털 메모리의 양이 문제가 될 것이라고 전망한다. 크라이더의 법칙Kryder's Law에 따르면, 저장용 하드디스크의 용량은 2년에 2배씩 증가한다고 한다. 그러나 2007년을 분기점으로 지구상의 가능한 저장 용량보다 더 많은 데이터가 산출되고 있으며, 하드디스크 저장 기술의 발전은 여전히 데이터의 증가 속도에 못 미치고 있다. 물리적 저장이나 소프트웨어적 압축 기술에서 중대한 변화가 있지 않는 한, 데이터의 저장 공간 문제는 더 악화될 것이다.

그런데 데이터 저장의 이러한 양적 한계는 질적인 측면에서는 긍정적으로 작용하기도 한다. 오늘날 생산되는 많은 데이터는 사실상 정크 데이터이며 원래부터 저장될 필요가 없는 데이터이다. 과거의 역사 시대에는 무엇을 저장할 것인가를 선택하는 것이 기록이나 보관과 관련된 중요한 문제였다. 하이퍼히스토리 시대에는 그 기본값이 저장이다. 하지만 저장 공간의 부족 때문에 모두를 보관할 수는 없으므로, 우리가 무엇을 남기고 무엇을 삭제할 것인가를 선택해야만 한다. 디지털 정보기술에서 저장 방식의 기본 값은 먼저 만들어진 것을 먼저 지우는 것이다. 웹페이지를 업데이트할 때에 우리는 새것을 남기고 과거의 것을 지운다. 새로운 메시지나 최신의 이메일이 쌓이는 경우에도 우리는 끊임없이 그 이전의 것들을 지운다. 그러나 항상 그 방식을 고수할 수는 없다. 결국 우리는 무엇을 보전하고 큐레이팅할 것인가에 대해 더 많은 관심과 더불어 더 나은 이해를 가져야 한다.

3) 기술의 사이성과 3차 기술

데이터의 양이 전부인 것은 아니다. 데이터의 양보다 더욱 중요한 것은 오히려 디지털 정보의 가소성에 의해 가능해진 자율적 기술 체계의 등장이다. 플로리디는 '3차 기술third-order technology'이라는 개념을 통해 이를 설명하고 있다. 기술이란 기본적으로 사용자와, 그 사용자로 하여금 기술의 사용을 유도하거나 촉발시키는 촉진자prompter, 그리고 이 둘 사이를 매개하는 사이성in-betweenness으로 구성된다([그림 2-1] 참조). 가령 우리가 선글라스를 끼고 있다면 태양 빛은 눈부심을 유발하

[그림 2-1] 기술의 사이성에 대한 도식

고, 눈부심을 회피하고자 하는 특정한 상호작용을 유인하거나 가능하게 만드는 촉진자이다. 이때 기술로서의 선글라스는 사용자인 우리 인간과 촉진자로서의 태양 및 사이에 존재하는 매개자이다.

디지털 ICT의 출현 이전에 우리에게 익숙한 대부분의 기술은 1차 기술이나 2차 기술에 해당한다. 1차 기술은 인간 사용자와 자연의 촉진자 사이를 매개하는 기술이다. 가령 우리는 도끼를 이용하여 나무를 자른다. 여기서 도끼는 사용자인 나무꾼과 자연인 나무 사이를 매개하는 기술이다. 바퀴도 인간과 흙 사이를 매개하는 1차 기술로 이해될 수 있다. 이처럼 1차 기술은 쟁기, 우산, 안장 등과 같이 주로 인간과 자연 사이를 매개하는 도구들이다. 물론 뒤에서도 보게 되겠지만 모든 도구가 1차 기술인 것은 아니며, 2차 기술에 해당하는 도구도 있다. 막대기를 이용하여 개미를 잡아먹는 침팬지처럼 일부의 비인간 동물도 1차 기술을 사용한다. 기술이라는 관점에서 인간을 비인간과 구분시켜주는 것은 단순히 기술이나 도구의 사용 여부가 아니라 인간이 2차 및 3차 기술의 발명가이자 사용자라는 점이다.

2차 기술은 기술의 사용을 유도하는 촉진자가 자연이 아니라 다른 기술로 대체된다. 즉 인간 사용자를 촉진자인 다른 기술과 연결하거나 매개하는 기술이 바로 2차 기술이다. 가령 드라이버를 생각해보자. 우리는 드라이버를 사용하여 나사못(기술)을 조인다. 그런데 드라이버의 사용을 유도하는 촉진자인 나사못은 자연이 아니라 그것 자체가 또 다른 기술이다. 여기서 드라이버는 사용자인 인간과 촉진자로서의 나사못이라는 기술 사이를 매개하는 2차 기술이다. 물론 이때 나사못의 촉진자는 이를 이용하여 결합되는 나무판자들일 것이며, 그런 의미에서 나사못은 인간과 나무판자를 매개하는 1차 기술로 간주될 수 있다. 이러한 도식 속에서 2차 기술은 다양한 1차 기술과의 상호의존성을 함축하며, 이는 일정한 정도의 전문화·조직화의 표식이다. 즉 2차 기술이 함축하는 기술들의 상호의존성은 교역과 화폐의 출현을 요구하며, 보다 복잡한 형태의 사회화와 문명의 출현, 그에 뒤따르는 자유로운 시간과 여가, 그리고 그것들에 기반한 문화의 출현과 연관되어 있다.

플로리디에 따르면, 2차 기술의 핵심적인 사례는 다른 기술에 에너지를 제공하는 엔진이다. 수천 년 동안 풍차나 물레방아가 에너지를 동력으로 바꾸어왔지만 내연기관과 전기모터의 출현이 산업혁명을 초래했으며, 그것들은 사용자와 다른 기술 사이에서 필요할 때마다 사용 가능한 '포터블portable' 에너지 공급기의 역할을 수행했다. 과학 지식의 증가와 물질 및 에너지에 대한 통제의 증가에 의해 촉발(고무)된 근대 후기의 과학기술 대부분은 2차 기술의 융성과 더불어 그 기계적인 면모를 갖게 되었다. 근대 후기는 인간-기술-자연이 아니라 인간-기계-기계의 관계에 의해 더 특징화되는 장치, 시계, 축, 바퀴, 동력 메커니즘의 소란스러운 세상이었으며, 엔진은 근대를 상징하는 대표 기술로서 산업혁명과 그 뒤를 잇는 기계 문명의 동력으로 작용했다.

그런데 지금 우리는 근대적인 기계 문명에서 하이퍼히스토리의 정보 문명이라는 새로운 시대로 넘어가는 과도기를 살고 있다. 하이퍼히스토리 시대, 혹은 4차 산업혁명 시대의 중심 기술은 정보엔진으로서의 컴퓨터가 그 한가운데 자리하고 있는 3차 기술이다.

3차 기술은 사용자와 촉진자 모두가 기술로 이루어지며, 그 사이 기

[그림 2-2] 3차 기술의 사이성에 대한 도식

술인 3차 기술의 역할은 기술들 사이를 매개하는 것이다([그림 2-2] 참조). 여기서 인간은 더 이상 기술의 사이성 고리 안에 존재하지 않거나 그 고리의 바깥 경계에 걸쳐진 상태로 존재하면서 기술의 수혜자 혹은 소비자로 남게 된다. 자율적인 컴퓨터 시스템에 의하여 작동하는 사물 인터넷이나 자율주행 자동차, 스마트 홈, 스마트 가전이 바로 3차 기술의 대표적인 사례이다. 근대적인 기계들은 그 작동을 위해 여전히 인간의 개입을 필요로 했다. 하지만 3차 기술에 의존하는 하이퍼히스토리 시대의 기계들은 원리적으로 그것들만의 네트워크를 통해 인간과 독립적으로 작동할 수 있다. 인간의 직접적인 개입이나 간섭이 필요 없는 이른바 '자율 기술' 체계인 것이다.

그런데 기술들은 각기 따로 분리되어 존재하는 것이 아니라 협력적이거나 의존적인 연쇄 관계를 통해서 밀접하게 연관된 상태로 존재한다. 따라서 많은 경우에 특정 기술이 1차나 2차 혹은 3차 기술인지의 여부는 다분히 맥락 의존적이며, 사용자와 촉진자를 무엇으로 볼 것인가에 따라 달라질 수 있음에 유의할 필요가 있다. 가령 가위의 경우를 생각해보자. 인간 사용자가 장미의 가지를 자르기 위해 가위를 사용하고 있다면 가위는 1차 기술에 해당한다. 그런데 우리가 종이나 다른 공산품을 자르기 위해서 가위를 사용한다면 이때의 가위는 2차 기술에 해당할 것이다. 인간의 노동이 로봇에 의해 완전히 대체된 자동화 공장에서 로봇이 옷감을 재단하는 용도로 가위를 사용하고 있다면 이때 가위는 3차 기술에 해당한다.

3) 인터페이스와 프로토콜

3차 기술이 갖는 자율성의 의미를 인터페이스 개념을 통하여 조금 더 살펴보자. 기술의 사이성에 관한 도식에서, 사용자와 사이 기술이 접하는 지점, 그리고 사이 기술과 촉진자가 접하는 지점은 모두 넓은 의미의 인터페이스이다.

이는 다시 사용자와 기술이 대면하는 지점인 좁은 의미의 인터페이스와, 기술과 촉진자가 만나는 지점인 프로토콜로 구분할 수 있다. 일반적으로 프로토콜은 데이터 전송과 관련된 규약을 가리키는 표현이다. 그런데 [그림 2-3]의 도식에서 프로토콜은 그보다 넓은 의미를 지니며 기술과 촉진자 사이의 상호작용을 규제하는 법칙 혹은 규칙을 의미하는 표현으로 사용된다. 단순한 형태의 1차 혹은 2차 기술의 경우에 인터페이스나 프로토콜은 모두 사용자에게 노출되어 있다. 도끼를 예로 들면, 사용자가 도끼에 접근하는 인터페이스는 도끼의 손잡이이며, 도끼가 나무를 자르는 작동 방식에 해당하는 도끼날의 날카로움이 프로토콜이다. 나사못을 조이는 드라이버의 경우, 드라이버 손잡이가 인터페이스라면 나사 머리의 모양에 맞는 드라이버 날의 형태가 프로토콜이다.

그런데 오늘날 우리가 가정에서 사용하는 각종 가전제품이나 자동

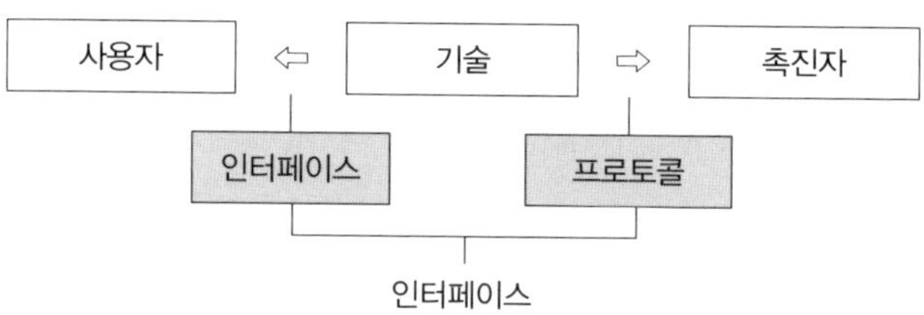

[그림 2-3] 기술의 인터페이스

차와 같은 복잡한 종류의 2차 기술은 프로토콜이 사용자에게 은폐되어 있다. 사용자는 바깥으로 노출된 핸들이나 기어 스틱, 스위치를 통하여 기기를 조작하고, 이후의 과정은 그 사이에 위치한 기술들이 각각의 작동을 제어하는 프로토콜에 따라서 '스스로' 처리한다. 즉 이 경우에 사용자에게 노출된 것은 오직 좁은 의미의 인터페이스뿐이다. 사용자는 기술이 작동하는 구체적인 메커니즘이나 방식에 해당하는 프로토콜에 대해서는 아무런 지식을 갖고 있지 않으며 또 그럴 필요도 없다. 사이에 존재하는 기술은 프로토콜을 통하여 촉진자인 기술과 상호작용한다. 프로토콜에 접근해야 하는 경우는 기계가 오작동을 일으키거나 고장이 났을 때이며, 그 경우 우리는 프로토콜에 대한 전문 지식을 갖고 있는 전문가의 도움을 필요로 한다.

3차 기술에서 인간은 기술의 사이성 고리 바깥에 존재한다. 그 결과, 인간 사용자와 기술이 대면하는 지점이었던 인터페이스는 이제 사용자인 기술과 중간의 사이 기술이 만나는 지점으로 그 성격이 바뀌고, 그 성격 또한 프로토콜로 대체된다. 3차 기술로서의 사이 기술은 사용자로서의 기술 및 촉진자로서의 기술과 모두 프로토콜을 통하여 상호작용한다. 프로토콜이 전 과정을 관장하게 되는 것이다. 이처럼 프로토콜을 통하여 각각의 기술이 서로 자동적으로 교섭하고 결합되는 과정을 핸드셰이킹handshaking이라 부른다. 우리가 USB 드라이브를 컴퓨터에 삽입하면 플러그 앤 플레이라는 핸드셰이킹을 통해 자동으로 인식된다. 인간 사용자는 이러한 핸드셰이킹 과정에 전혀 관여하지 않는다. 우리가 사용하는 컴퓨터나 스마트폰이 위치의 이동에 따라 인터넷 망이나 블루투스 기기에 자동으로 접속하여 연결하는 과정도 바로 이 핸드셰이킹이다. 여기서도 관찰할 수 있는 것처럼, 3차 기술의 출현이 의미하는 바는 인간 사용자가 기술과 만나는 지점인 인터페이스가 인간 사용자의 시야에서 사라진다는 것이다. 니컬러스 네그로폰테Nicholas Negroponte(1999[1995])의 지적처럼, 궁극적인 인터페이스는 인터페이스 자체를 사라지게 만드는 것이다. 자율 기술의 자율성 정도가 점점 더 증가할수록 인간과 기술이 직접 만나는 좁은 의미의 인터페이스 또한 점점 사라질 것이다.

3차 기술 시스템이 갖는 자율성을 위해서 반드시 인간에 버금가는 인공지능의 출현이 필요한 것은 아니라는 점에 유의할 필요가 있다. 우리는 지금도 어떤 일을 수행함에 있어서 스마트폰이나 인터넷 검색 엔진과 같은 도구에 의존한다. 문제는 아직 이것들이 충분히 지능적이지 않다는 것이다. 가령 검색 엔진에서 몇 가지 키워드를 이용하여 어떤 정보를 얻으려 한다고 해보자. 검색 엔진의 알고리즘이 나의 질문에 답하는 방식은 키워드의 구문적 형태에 반응하는 것이다. 즉 이 알고리즘은 저장된 데이터베이스에서 내가 입력한 키워드를 포함하거나, 혹은 그 키워드와 연관이 있다고 지정된 검색어를 포함하는 문서들을 모두 찾아서 보여준다. 위치 정보의 확인과 같이 간단한 생활 정보의 경우라면 이는 큰 문제없이 작동한다. 하지만 상당 수준의 심층적 지식을 얻고자 하는 경우라면 상황이 조금 달라진다. 검색 결과는 우리가 알고자 하는 것과 관련 없는 내용들을 많이 포함하고 있으며, 적절한 답변을 찾기 위해서는 여러 번의 시행착오와 인간이 개입하는 선별의 과정을 거쳐야만 한다. 이를 인간 전문가에게 질문하는 경우와 비교해보자. 인간 전문가는 단순히 내가 던진 질문의 구문적 특징에 반응하는 것이 아니라, 질문의 '의미를 이해'하고 그것과의 적절한 관련성을 고려하여 내 질문에 답한다. 즉 질문자와 인간 전문가 사이에는 '언어'라는 기술 외에 또 다른 기술적 인터페이스가 존재하지 않는다. 하지만 이와 달리 사용자와 검색 엔진 사이에는 키보드나 스크린의 하드웨어적 인터페이스뿐 아니라 모종의 '구문 → 의미' 전환의 기술적 인터페이스(프로토콜)가 여전히 상호작용의 장애물로 작용한다.

하지만 알파고의 사례를 통해서도 알 수 있듯이, 앞으로 우리가 사용하게 될 장치들은 특정의 제한된 영역에서나마 상당한 정도의 '지능'을 획득하게 될 것이다. 그러한 자율시스템은 인간이 묻는 질문의 내용이 무엇인지를 잘 '이해'하고 있을 것이며, 그러한 이해를 바탕으로 문제 해결에 필요한 적절한 대답을 하거나 행동을 취할 것이다. 이 경우 우리는 '구문 → 의미' 전환이라는 기술적 인터페이스의 개입 없이, 마치 다른 사람과 대화를 하듯이 '의미론'적인 방식으로 장치들과 상호작용하게 된다. 이와 관련하여 최근 딥러닝에 기반한 자연언어 처리나 음성 인식 분야의 기술이 눈부시게 발전하고 있음에 주목할 필요가 있다.

한 걸음 더 나아가 사물인터넷을 구성하는 다양한 유비쿼터스 장치나 웨어러블 컴퓨터에 이러한 지능적 소프트웨어가 탑재되고, 우리의 두뇌에 이식된 실리콘 칩을 통하여 이것들과 상호작용한다고 상상해보자. 우리는 더 이상 마우스나 키보드, 터치스크린을 조작할 필요가 없다. 이때 우리는 마치 자기 자신의 생각이나 신체를 통제하듯이 일종의 사고 통제를 통하여 기기들과 상호작용하게 될 것이다. 지능적 인공 행위자들은 실시간으로 나의 두뇌나 신체 상태를 모니터링하면서 나의 기분이나 성향, 목표에 맞는 필요한 정보를 수집하고, 그 우선순위를 정하여 내가 처리해야 할 일들을 제시하는 동시에, 나를 대신하여 스스로 알아서 수많은 일들을 처리한다. 아마도 이런 경우가 궁극적인 인터페이스의 사라짐에 해당할 것이다.

3. 인간학의 4차 혁명과 인간중심주의의 극복

1) 기계의 도덕적 지위 물음

우리가 지금 살고 있는 시대는 인공지능을 비롯한 자율적 기계가 등장하고, 인간과 기계가 결합하는 사이보그화가 진행되며, 지금의 인간 종과는 근본적으로 구분되는 새로운 종으로서의 포스트휴먼의 출현 가능성이 논의되는 시기이다. 이는 삶의 양식 자체를 근원적으로 뒤바꾸어놓는 심층적인 변화가 진행되고 있음을 의미하며, 그만큼 현재의 생활 세계에 적용되는 많은 범주나 그것과 연관된 판단들의 갱신이 요구된다는 뜻이다. 지금은 그 어느 때보다 기술을 통해 확장된 인간의 힘과 능력 및 그에 따른 책임에 대한 근본적 인식이 필요하며, 근대·휴머니즘·산업 사회와 맞물려 있는 이원적 개념이나 범주, 원리, 관점에 대한 근본적인 패러다임의 전환이 요청된다. 자율적인 인공 기계들의 도덕적 지위를 중심으로 이 문제를 살펴보도록 하자.

인공지능과 같은 기술이나 기계에 대해 도덕적 개념을 적용하거나 도덕적인 지위를 부여하는 일은 기존의 사고 습관에서는 매우 어색한 일이다. 기술이나 기술적 존재의 도덕적 지위를 이해하는 표준적인 방식인 도구주의에 따르면 기술은 인간의 목적을 위해 인간 행위자가 고안하고 사용하는 도구에 불과하며, 그것들 자체는 어떠한 도덕적 지위도 갖지 않는다. 그런데 이러한 생각의 배후에는 도덕적 지위라는 특권을 인간에게 국한시키고자 하는 다분히 근대적인 성격의 인간중심주의가 자리 잡고 있다.

근대적 인간 이해의 출발점을 제공한 데카르트는 인간을 제외한 모든 동물은 인과적 법칙의 지배를 받는 일종의 기계라고 간주했다. 데카르트는 당시의 해부학이나 신경학에 상당히 정통한 인물이었다. 그에 따르면 동물의 행동은 외부의 물리적 자극과 그에 기계적으로 반응하는 신경계의 움직임을 통해서, 달리 말하면 무생물인 기계의 작동을 설명하는 것과 동일한 방식으로 완전하게 설명될 수 있었다. 그런 의미에서 동물은 전적으로 물질로만 이루어진 물질적 대상이었다. 하지만 인간은 동물과 달리 물질적 신체와 비물질적 정신(영혼)의 결합으로 이루어진 복합적인 존재이다. 데카르트는 정신과 육체가 근본적으로 그 범주를 달리하는 서로 전혀 다른 특성을 지닌 별개의 실체이며, 이것들이 두뇌 깊숙이 자리 잡은 솔방울샘을 통해 상호작용한다고 생각했다. 그런데 인간에게 있어서 정신과 물질이 결코 대등한 지위를 차지하고 있었던 것은 아니다. 정신은 물질에 비해 단연코 우월한 위치를 차지할 뿐 아니라, 인간의 고유성을 규정하면서 인간을 다른 동물이나 사물들과 전혀 다른 성격의 존재로 구분시켜주는 기준으로 작용했다.

이러한 이원적 사고는 존재의 본성이나 위계에 관한 주장에 그치는 것이 아니라 윤리나 도덕과 관련해서도 중요한 결과를 함축하고 있다. 데카르트의 관점에서 볼 때 동물은 기계적 세계의 법칙에 전적으로 종속되어 있는 본능적인 존재이다. 동물은 단지 외부 자극에 기계적으로 반응함으로써 생존이라는 본능적 욕구를 충족시키려는 존재일 뿐이다. 하지만 인간은 정신을 가진 존재이므로 기계적 법칙의 지배를 벗어나서 자유의지를 행사하는 도덕적 행위자가 될 수 있다. 말하자면 인간은 생각하는 능력을 가진 지성적인 존재인 동시에, 또한 지성을 바탕으로 자유의지를 행사하는 도덕적인 존재인 것이다.

여기서 한 가지 흥미로운 점은 데카르트에게 있어서 기계 혹은 기계적 메커니즘 자체가 영혼 혹은 정신의 대립항으로서 동물에게 도덕적 지위를 배제하는 핵심적인 규준으로 작용하고 있다는 것이다. 기계는 원인과 결과의 연쇄를 통하여 결정론적 자연법칙에 종속되어 있기에 그 정의상 행위의 책임 주체인 도덕 행위자의 지위를 가질 수 없다. 또한 기계는 감수 능력이 없으므로 도덕적 배려의 대상도 될 수 없는 것처럼 보인다. 오늘날에도 기계적 존재인 AI가 도덕적 지위를 갖는다는 주장이 일종의 모순어법처럼 들리는 것은 바로 이런 이유들 때문이다. 그런데 데카르트의 경우, 동물은 자동으로 움직이는 기계와 같으므로 둘 모두 도덕적 고려의 대상에서 제외된다는 점에서 동물과 기계의 도덕적 지위를 동일하게 보았다.

데카르트의 이러한 사고방식은 도덕적 지위라는 특권을 인간에게 국한시키고자 하는 다분히 근대적인 성격의 인간중심주의적 편견으로부터 자유롭지 않아 보인다. 정신과 신체, 인공과 자연, 인간과 동물, 생명과 기계의 구분과 같이 우리가 오늘날에도 당연하게 받아들이는 이원적 범주들은 많은 부분 휴머니즘이라 부르는 근대적 세계관에 그 뿌리를 두고 있다. 근대라는 시대의 중심 특징은 신에서 인간 중심 세계관으로의 이행이다. 여기서 인간 중심성은 비단 신과의 관계 속에서뿐 아니라, 동물이나 자연 세계와의 관계 속에서도 인간이 중심적인 위치를 차지하면서 모든 가치 판단의 준거로 작용함을 뜻한다.

2) 인간중심주의

우리 인간은 자신의 인간적 관점에서 세상을 바라볼 수밖에 없으며, 그러한 관점을 벗어나는 것은 불가능한 일이다. 우리는 인간의 언어를 사용하여 세상과 그 속에 있는 존재자들에 대해서 말할 수밖에 없고, 우리가 사용하는 언어와 그 의미는 이미 인간의 생물학적 신체성 및 인간적 관점에 내포되어 있는 다양한 인식적 조건과 한계를 반영하고 있다. 세계에 대한 이해에서 전제되는 선험적 조건으로서의 이러한 인간 중심성은 인식의 주체가 누구인가와 관련된 인식적 차원의 자기지시적 인간중심주의로 거의 동어 반복에 가까운 말이다.

그러나 이와 구분하여 실천적·윤리적 관점에서 인간중심주의를 말할 수 있다. 실천적 의미의 인간중심주의는 윤리와 가치 판단의 준거 및 기준을 인간이나 인간의 특성에 두면서, 인간의 행복과 번영을 최우선순위로 삼고 행위의 목표나 가치를 평가하며, 또 그것이 당연하다고 여긴다. 실천적 차원의 인간중심주의는 인식적 차원의 그것과는 다르게 결코 당연한 주장이 아니며, 때로는 정당화하기 힘든 인간 종족 이기주의의 가능성마저 내포한다. 물론 실제 현실에서 실천적 인간중심주의와 인식적 인간중심주의를 엄격히 구분하기는 매우 어렵다. 구체적인 상황에서 만나게 되는 비인간 존재자를 어떻게 파악하고 그것과 어떻게 관계를 맺을지에 관한 우리의 판단이나 해석 자체가 많은 부분 인간의 인식적 자기중심성으로부터 자유로울 수 없기 때문이다. 그럼에도 불구하고 비록 인간의 인식적인 한계 내에서 이루어지는 일이라 하더라도, 우리는 비단 인간만의 이익이 아니라 다양한 비인간 존재들의 권리나 이익을 고려하는 행동을 실천적으로 지향할 수 있다.

실천적 인간중심주의가 드러나는 한 가지 양상은, 도덕적 이해관계를 고려해야 하는 도덕 공동체 구성원의 범위를 인간으로 국한하는 것이다. 도덕적 지위를 갖는 존재는 행위·책임의 주체인 행위자agent와 그 행위의 대상이 되는 피동자patient로 구분된다. 피동자는 도덕 행위자의 행동으로부터 영향을 받는 도덕적 이해관계를 가진 존재이다. 우리에게 익숙한 근대의 윤리적 사고는 대개 권리와 책임을 동시에 갖는 합법적 도덕 주체에 그 초점을 맞춘 행위자 중심의 윤리학에 기반을 둔 것이라고 할 수 있다. 그런데 도덕 공동체의 구성원에는 비록 스스로 행위의 주체가 될 수는 없지만 다른 행위자의 행동에 의해 권리의 침해를 입을 수 있는 존재가 포함될 수 있다. 동물이 그런 존재에 해당한다.

전통적인 의미의 도덕적 행위자는 자신의 행위에 책임responsibility을 질 수 있는 존재로서 그 외연은 인격적인 존재로 한정된다. 인격체로서의 행위자가 되기 위해서는 이성, 의식, 자유의지와 같이 책임의 귀속에 필요해 보이는 특징들을 갖추고 있어야만 한다. 전통적으로 도덕적 행위자의 범위를 결정하는 문제는 도덕적 고려의 대상이 되는 도덕 주체의 공동체에 누구를 포함시킬 것인지를 결정하는 배제적 결정의 문제와 연관되어 있었으며, 오랜 기간 도덕 주체는 '인간man'이라 불리는 존재로 국한되었다. 어떤 의미에서 인류 역사는 도덕적 행위자의 외연 확장에 대한 도전과 승리의 역사였다고 말할 수 있다.

데카르트의 경우 도덕 공동체의 정당한 구성원으로 인정되는 것은 오직 인간뿐이며, 도덕 행위자와 피동자의 외연이 사실상 일치한다고 보았다. 칸트를 비롯한 대부분의 근대인들은 동물이 아무런 도덕적 권리나 지위도 갖지 않으므로, 동물을 학대하는 행위 그 자체에 내재적인 어떤 도덕 문제가 있는 것은 아니라고 보았다. 만약 그것이 문제가 된다면, 이는 그러한 행위가 행위의 주체인 인간의 도덕 품성에 나쁜 영향을 끼치기 때문이다. 이는 오늘날 우리가 기계를 대하는 태도와 비슷하다. 만일 내가 내 소유의 컴퓨터를 화풀이 목적으로 마구 부쉈다고 하자. 이때 나의 행위가 타인에게 아무런 피해를 끼치지 않았다면 이로 인해 도덕적으로 비난받을 이유는 없어 보인다.

칸트주의나 공리주의와 같은 전통 윤리학은 어떤 행동이 올바른 행위로 간주될 수 있는 기준이 무엇인지의 문제에 초점을 맞추고 있다는 점에서 행위자 중심의 윤리학이다. 덕윤리학 또한 행위보다 행위자의 본성에 초점을 맞추기는 하지만 여전히 행위자 중심의 윤리학으로 평가될 수 있다. 이것들은 모두 행위에 따르는 마땅한 책임을 져야 할 행위자의 관점에서, 도덕적으로 행동하기 위해 고려해야 할 필수 사항이 무엇인가에 대한 나름의 기준을 제시하고 있다. 가령 칸트는 어떤 행동을 도덕적으로 만드는 것은 정언명령categorical imperative으로 불리는 도덕법칙을 준수하고자 하는 선의지라고 보았으며, 제러미 벤담Jeremy Bentham이나 존 스튜어트 밀John Stuart Mill과 같은 공리주의자들은 '최대다수의 최대행복'이라는 원칙에서 짐작할 수 있듯이 한 행위의 결과가 최대 행복의 달성이라는 목적에 얼마나 기여했는가의 정도에 따라 그 도덕성이 결정된다고 보았다. 그런데 이들이 말하는 도덕 주체로서의 행위자나 그 행위의 영향을 받게 될 피동자는 사실상 인간으로 한정되어 있다. 책임의 능력을 갖춘 존재가 인간밖에 없기 때문이다. 따라서 그런 의미에서 이들 윤리학은 인간중심주의(혹은 인간예외주의)라는 근대적 이념을 그 바탕에 깔고 있다고 말할 수 있다.

3) 피동자 윤리학의 출현

다윈의 진화론이 출현한 이후 인간과 동물 사이에 과연 근본적인 범주의 차이가 존재하는지에 관해서 많은 의문이 제기되었으며, 동물의 도덕적 지위에 대해서 상당한 정도의 인식 변화가 진행되었다. 오늘날에는 동물에게도 도덕적 피동자의 지위를 부여하는 것이 자연스러운 일이 되었다. 20세기 윤리학에서 일어난 중요한 변화 중의 하나는 피동자 중심의 윤리가 윤리학의 중요한 관점으로 부상하게 된 일이다. 이를 통해 도덕적 행위자와 피동자의 범위가 서로 달라진다. 행위자의 외연은 여전히 인간이라 하더라도, 피동자의 집합에는 인간뿐 아니라 동물과 같은 다른 존재들이 포함되게 된 것이다. 피동자 중심의 윤리학은 윤리를 행위 주체의 관점이 아니라, 행위로 인하여 영향을 받게 되는 도덕적 이해관계를 가진 피동자의 관점에서 접근한다.

이러한 변화의 물꼬를 튼 이는 18·19세기에 활동했던 영국의 공리주의자 벤담이다. 그는 동물과 관련한 가장 핵심적인 윤리적 질문은 "그들이 고통을 겪을 수 있는가?"라고 주장했다. 데이비드 군켈David Gunkel(2012)은 이러한 물음을 '동물 문제animal question'로 명명하면서, 이것이 행위자의 능력이나 힘이 아니라 피동자의 피동성에 초점을 맞춘 도덕철학의 코페르니쿠스적 전환에 해당한다고 진단한다. 이 질문이 인간의 검증되지 않은 특권적 위치를 문제 삼고, 윤리학의 인간중심주의적 전통에 도전함으로써 도덕적 사유의 기본 구조에 중요한 변화를 가져왔다는 것이다.

'동물 문제'를 누구보다 깊이 있게 밀고 나간 이는 피터 싱어Peter Singer나 톰 리건Tom Regan 같은 철학자이다. 싱어는 다음과 같이 말했다.

> 어떤 존재가 고통을 겪는다면, 그러한 고통에 대한 고려를 거부하는 것은 도덕적으로 정당화될 수 없다. 그 존재의 본성이 무엇이든 간에 평등의 원칙은 그것의 고통이 다른 모든 존재의 고통과 동등하게 고려될 것을 요구한다(Singer, 1975).

싱어는 종의 경계와 관련된 생물학적 사실은 도덕적인 의미나 중요성이 없으며, 이에 근거하여 도덕적 지위 여부를 결정하는 것은 특정 인종을 우대하는 인종주의자와 다를 바가 없다고 주장한다. 이러한 주장을 따르면 고통을 느낄 수 있는 모든 동물은 최소한 도덕적 피동자의 지위를 부여받아야 한다. 물론 도덕적 피동자가 된다고 해서 그것들이 곧 도덕적 행위 능력을 갖는 행위자인 것은 아니다. 이들이 피동자로 인정되는 (표면적인) 근거는 고통을 경험할 수 있는 감수적 존재이기 때문이다. 리건에 따르면 우리 인간이 도덕적으로 중요한 것은 우리가 이성적이기 때문이 아니라, 스스로 생명의 주체subject-of-a-life임을 경험하는 존재이기 때문이다(Regan, 1983). 리건은 만약 이것이 인간에게 내재적 가치를 부여하고 존중받을 도덕적 권리를 부여하는 근거라면, 우리는 그와 일관되게 생명-주체로서의 지위를 갖는 비인간 동물들에 대해서도 내재적 가치와 함께 단지 수단으로서가 아니라 목적으로 대우받을 도덕적 권리를 부여해야만 한다고 주장한다.

이러한 동물권리철학이 피동자 중심 윤리학이 취할 수 있는 유일한 방식은 아니다. 도덕적 피동자의 범위를 모든 동식물뿐 아니라 산과 바다 같은 자연 세계까지 포함하도록 확장하려는 생태적 환경윤리 또한 피동자 중심 윤리학이다. 그 대표적인 것이 『모래 군의 열두 달A Sand County Almanac』(1949)을 쓴 알도 레오폴드Aldo Leopold 같은 이의 '대지윤리Land Ethics'이다.

플로리디는 정보윤리Information Ethics라는 이름으로 훨씬 더 근본적인 수준의 피동자 중심 윤리학을 제안한다(Floridi, 2008). 플로리디는 자신의 입장을 존재중심주의ontocentrism로 규정하고 있다. 존재 중심 윤리가 어떤 입장인가를 이해하기 위하여 생명 중심 윤리와 비교해보자. 생명

중심 윤리는 인간 중심 윤리와 달리 인간이 아닌 다른 생명체나 생태체계에도 도덕적 지위를 부여하는데, 이는 생명이 그 자체로서 갖는 내재적 가치나 고통suffering의 부정적 가치에 근거한다. 생명 중심 윤리에 따르면 모든 형태의 생명은 상황에 따라 기각 가능overridable하지만 최소한의 존중을 받을 자격을 가지고 있다. 이러한 사실은 행위자가 특정한 윤리적 판단이나 결정을 하면서 반드시 고려해야 하는 중요한 제약조건으로 작용한다.

생명 중심의 윤리에서 '생명'의 개념을 정보로서의 '존재'로 대치하면 존재 중심의 윤리인 정보윤리로 나아가게 된다. 존재 중심 윤리에 따르면 생명보다 더 기본적인 것은 존재being이고, 고통보다 더 근본적인 것이 엔트로피이다. 플로리디에 따르면 정보적 구조로 분석될 수 있는 모든 존재는 그 자체로 내재적인 가치를 가지며, 그 결과 존재할 권리뿐 아니라 그것의 실존 및 본질을 향상시키고 풍부하게 할 번성의 권리를 갖는다. 이에 반하는 것이 존재의 궁핍화를 의미하는 엔트로피의 증가이다. 이는 정보 질서나 구조의 붕괴를 통한 정보적 대상의 파괴 혹은 타락을 의미한다.

플로리디는 또한 생물권biosphere에 대응하는 정보권infosphere이라는 개념을 제안한다. 생물권은 생물이 살 수 있는 지구의 공간을 가리키는 개념이다. 이에 대응하여 정보권은 정보적 존재자들이 거주하는 정보적 공간이나 환경을 일컫는다. 말하자면 정보권은 모든 정보 시스템이 그 안에서 상호작용하며 존재하게 되는 일종의 생태 환경이다. 정보윤리는 대상을 서로 분리된 독립적인 어떤 것이 아니라 정보권이라 불리는 생태적 환경에 속하는 한 구성원으로 다루며, 정보권의 일원으로서 정보 시스템들이 만들어내는 변화, 행동, 상호작용을 정보적으로 분석한다. 도덕적 행위자의 행동은 이러한 정보권의 성장에 대한 기여, 즉 엔트로피 수준의 증가 여부나 그 정도에 따라서 평가될 수 있다.

플로리디의 주장에서 특히 흥미로운 점은 기술이나 인공물, 추상적인 지적 대상들도 도덕적 피동자로 간주되어야 한다는 부분이다. 그에 따르면 우리 인간도 정보적 구조로 분석될 수 있는 정보적 존재자이며, 다른 정보적 존재들과 마찬가지로 정보권 내에 거주하는 다양한 존재자 중의 하나일 뿐이다. 정보윤리는 가능한 한 비인간중심적이고 중립적인 대상적 관점을 취함으로써 도덕적 고려의 대상이 충족해야 할 최소 자격 요건을 최대로 낮춘 윤리적 관점이라고 말할 수 있다. 이는 도덕적 고려의 대상이 되어야 할 도덕적 존재의 범위를 정보 체계로 이해 가능한 모든 존재를 포함하도록 확장한다. 정보윤리의 관점에서 보면 생명윤리는 생명이나 살아 있는 것에 경도되어 있으며, 생태근본주의는 자연과 구분되는 기술이나 인공물에 대해 편향된 태도를 가지고 있다. 플로리디는 도덕적 피동자의 범위를 살아 있는 것이나 자연적인 것에 국한시키는 것은 우리 인간의 관심이나 윤리적 감수성을 반영하는 임의적인 선택에 불과하다고 비판한다.

4) 기계질문

피동자 중심 윤리의 중요한 의의는 윤리의 실천적 영역에서 인간이 갖는 특권적 위치에 의문을 제기하며, 실천적 인간중심주의의 오랜 전통에 도전한다는 점이다. 이제 도덕적으로 유의미하고 중요한 존재의 범위는 단지 나와 다른 인간들로만 국한되지 않는다. 피동자 윤리학은 지금까지 배제되었던 다른 종류의 모든 존재에게로 도덕 공동체의 범위를 확장할 가능성을 열어놓는다. 그래서 어떤 기준을 채택하느냐에 따라 동물들 또한 그 도덕적 이해관계를 고려해야만 하는 도덕 공동체의 정당한 일원으로 인정될 수 있다. 더 나아가, 우리는 자연의 다른 존재자들에 대해서도 그 구성원으로서의 자격 여부를 고민할 수 있다.

인공지능이나 AI 로봇의 등장은 행위자/피동자의 도덕적 지위 문제에 대한 더욱 근본적인 인식 전환의 계기를 제공한다. 군켈은 '지능적 기계의 도덕적 지위는 무엇인가?', '지능적 기계는 도덕적 행위자나 피동자로서의 지위를 가지는가?', '우리는 지능적 기계를 도덕 공동체의 한 일원으로 인정할 수 있는가?'라고 질문을 제기하면서, 이 질문들을 '동물 문제'에 빗대어 '기계 문제machine question'라고 부른다.

전통적 사고방식에 따르면 AI를 포함한 기계는 단지 인간이 자신의 목적 달성을 위해 고안한 도구에 불과하다. 따라서 그것의 도덕적 지위를 고민한다는 것 자체가 사실 대단히 이상한 일이다. 하지만 데카르트가 동물과 기계에게 동등한 도덕적 지위를 부여했음을 상기해보자. 오늘날 우리는 반려동물이나 고등의 포유류에게 도덕적 지위를 부여하는 일에 큰 거부감을 느끼지 않는다. 데카르트식의 사고방식을 따르자면 이는 매우 터무니없는 일이다. 하지만 진화론의 등장과 함께 인간과 동물 사이의 근본적인 경계가 불확실해지고, 동물의 고통 감수 능력에 주목하면서 우리는 동물의 권리를 당연한 것으로 수용하기 시작했다. 그 결과, 동물과 기계 사이에도 도덕적 지위의 차이가 생겨났다. 기계(기술)는 여전히 도덕적 고려의 대상에서 제외되어 있기 때문이다.

'기계 문제'는 이제 유사한 변화가 AI를 중심으로 기계에 대해서도 일어나고 있음을 나타낸다. 미국의 역사학자 브루스 매즐리시Bruce Mazlish는 인간이 세계의 다른 존재들에 비해 특권적 지위를 갖는다는 생각의 배후에는 인간과 다른 존재 사이에 모종의 근본적 불연속이 존재한다는 가정이 있다고 진단한다. 코페르니쿠스나 다윈, 프로이트의 역사적 기여는 인간과 다른 존재를 차별 짓는 여러 범주적 구분의 타당성에 의문을 제기하고 그러한 불연속을 해체한 것이다. 매즐리시(2001[1993])는 이들이 해체한 불연속을 각각 첫 번째, 두 번째, 세 번째 불연속이라 칭한다. AI의 도덕적 지위 문제는 인간과 기계, 자연적인 것과 인공적인 것 사이의 구분이 불확실해지고 있는 상황과 밀접하게 관련되어 있다. 매즐리시는 우리가 지금 인간-기계 사이의 네 번째 불연속을 깨는 문턱에 와 있으며, "우리의 자존심에 금이 가기는 하지만, 이제 더 이상 인간과 기계가 완전히 다르다는 생각을 유지하기 어렵다."라고 주장한다. 이른바 '기계 문제'는 우리 직관의 배후에서 작동하고 있는 근대적 사고방식에 입각하여 AI의 도덕적 지위 문제에 접근하는 것 자체가 여전히 유효한가를 문제 삼고 있다. 질문을 하는 방식 자체가 잘못되었다면 적절한 답변도 기대할 수 없기 때문에, 섣부른 답변에 앞서 질문과 답변을 속박하고 있는 개념적 틀을 먼저 비판적으로 점검할 필요가 있다.

쿤의 패러다임과 정상과학의 개념에 기대어 설명해보자면 세계에 대한 우리의 일상적 개념틀은 일종의 정상과학을 형성하는 다양한 개념과 원리의 집합이다. 그런데 우리가 지금 맞닥뜨리고 있는 새로운 현상들은 그런 정상과학의 틀 내에서 잘 설명되거나 해명되지 않는 변칙적인 것들로서 정상과학에 균열을 야기한다. 그런 관점에서 본다면 지금은 우리의 일상을 지배하는 근본 개념과 관점들을 갱신하고 새로운 패러다임을 통해 세계를 이해해야만 하는 문명의 대전환기이다.

프랑스의 포스트모더니스트들이 근대 휴머니즘에 은폐되어 있는 정치성을 폭로함으로써 근대의 종언을 주장했다면, 과학기술의 발전이 야기하고 있는 지금의 변화는 근대적 삶의 양식 자체를 뒤바꿈으로써 훨씬 더 근본적인 수준에서 근대의 종말을 알리고 있다. 근대의 시작을 알린 16·17세기의 과학 혁명을 1차 과학기술 혁명이라고 한다면, 지금 일어나고 있는 변화는 2차 과학기술 혁명에 해당한다. 플로리디는 인간과 기계의 범주적 구분의 해체와 관련된 이러한 인식의 변화를 코페르니쿠스, 다윈, 프로이트의 혁명을 잇는 인간학의 4차 혁명으로 간주한다.

4. 인공지능의 윤리학

1) 전자인격

유럽연합EU 의회는 2017년 1월 AI 로봇에게 '전자인격electronic personhood'의 지위를 부여하는 결의안을 통과시켰다. EU 회원국들은 향후 이 결의안을 토대로 다양한 논의와 수정을 거쳐 공식적인 '로봇시민법'을 제정할 계획이라고 한다. 오늘날 기업체나 조직에 법적 인격을 부여하는 것처럼 AI 로봇에게도 전자인격이라는 법적 지위를 부여함으로써 향후 AI 로봇의 확산에 대비한 법적 제도의 기틀을 마련하겠다는 의도이다. '전자인격'이라는 표현의 사용에는 인간으로서의 인격성보다는 법적 주체로서의 권리나 책임을 부여한다는 의도가 반영되어 있다. 이는 AI 로봇을 인간으로부터 독립적으로 책임의 귀속이 가능한 모종의 자율적 주체로 볼 수 있음을 암시한다.

앞서도 언급한 것처럼, AI 기술의 특징은 인간의 직접적 조작이나 지속적인 개입을 필요로 하지 않으면서 일종의 직권 위임을 통하여 스스로 작동하는 '자율성'이다. 문제는 그것들이 스스로의 자율적인 '선택'을 통해 엄청난 도덕적 귀결을 갖는 행위를 수행하게 될 수도 있다는 것이다. AI 기술은 설계자나 제작자가 그 행동을 전적으로 통제할 수 있는 전통적인 기술과 달리, 그것의 행동을 완전히 예측하거나 통제할 수 없다는 특징을 갖는다. 그 결과 AI와 인간 사이에 일어나는 상호작용은 이전의 기술-인간 상호작용과는 다른 양상을 띠게 될 것이다. 이는 AI 기술의 안정성이나 신뢰성을 확보하기 위한 방안도 전통적인 기술의 그것과는 달라야 함을 시사한다.

우리는 다양한 언론 보도를 통하여 인공지능이 인류에게 재앙적 영향을 끼칠 수 있다는 우려를 접하고 있다. 미국의 전기자동차 제조 기업 '테슬라'의 창업자인 엘론 머스크Elon R. Musk는 "인공지능에 대한 연구는 악마를 소환하는 것"이라고 말했으며, 영국의 물리학자 스티븐 호킹Stephen W. Hawking은 "인공지능 개발은 인류 전체의 멸망을 가져올 수 있다."고 경고한 바 있다. 인공지능 기술에 대해 여러 부정적 전망이 나오는 이유는 예측이나 통제가 어려운 기술의 잠재력과 가능성에 비해, 이를 제어할 수 있는 정책적 방안이나 윤리적 규범에 대한 충분한 모색이 이루어지지 않고 있기 때문이다. 자율적 인공지능이 야기할 수 있는 다양한 위험을 장단기에 걸쳐 체계적으로 관리하고 통제할 수 있는 대책을 모색할 필요가 있다. '전자인격'이라는 지위의 부여도 바로 이러한 고민의 일환이다.

EU 결의안의 주요 내용은 '전자인격'으로서 AI 로봇이 누려야 할 권리보다는 AI 자체나 혹은 그것의 생산자에게 귀속될 수 있는 모종의 책임 및 의무의 귀속을 위한 법적 토대의 마련에 초점을 맞추고 있다(European Parliament Committee on Legal Affairs, 2016. 5. 31). 이 결의안에서 특히 관리·감독이 필요하다고 특정한 항목은 다음과 같은 것이다.

- '스마트 자율 로봇smart autonomous robots'에 대한 법적 정의의 제공 및 등록 관리를 위한 체계
- AI 로봇의 윤리적 설계·생산·사용을 위하여 로봇 설계자들이 따라야 할 행동 지침
- 세금 부과나 사회적 안전을 목적으로, 기업체가 로봇이나 AI가 끼치는 경제적 영향을 의무적으로 보고하도록 하는 보고 체계
- 기업체가 로봇에 의해 야기된 손실을 보상하도록 하기 위한 강제적인 보험 제도

EU 결의안에서 가장 주목을 끄는 것은 아무래도 '전자인격'이라는 표현이다. '전자인격'은 자율성에 입각한 모종의 행위자성agenthood을 전제하는 표현처럼 들린다. 지금까지 '자율성'이나 '행위자'의 개념은 인간에게 국한하여 적용되어왔다. 그런 점에서 이 개념들을 AI나 AI 기반의 로봇에 적용하는 것은 매우 낯선 시도이며, 흔쾌히 받아들이기에 쉽지 않은 일이다. 여기서 사람들이 느끼는 불편함의 상당 부분은 '자율성', '행위자'의 개념이 '인격', '책임', '기계' 등의 개념들과 맞물려 우리의 일상 속에서 작동하는 방식으로부터 기인한다. 이 개념들은 이미 많은 가치 판단이 적재되어 있는 개념들이며, 우리의 근대적 삶의 양식 혹은 세계관을 반영하는 다양한 내포적 의미로 '오염'되어 있다.

AI가 야기할 것으로 예상되는 사회, 문화 혹은 윤리적 문제에 효과

적으로 대처하기 위해서는 '행위자'나 '책임' 같은 개념에 녹아 있는 여러 습관적 의미를 해체하고, 새로운 삶의 양식에 맞추어 그 의미를 재구성해야 한다. 이를 위해 인격성을 전제하지 않는 모종의 제한적인 (도덕) 행위자 자격을 인공지능에 부여할 가능성을 검토할 필요가 있다.

2) 인공적 도덕 행위자와 종류

웬들 왈락Wendell Wallach과 콜린 알렌Colin Allen은 지금까지 AI의 발전이 주로 자율성의 증대에 초점을 맞추는 과정이었다면, 앞으로는 이에 비례하여 안전성이나 신뢰도의 확보와 결부된 도덕적 감수성을 갖추도록 만드는 것이 AI 연구의 중심 과제로 부상할 것이라 진단한다. 자율성이 증대되면 될수록 기술 자체의 안전성이나 신뢰도뿐 아니라, 그것의 판단이나 선택으로부터 파생되는 다양한 귀결들이 문제가 될 것이다. 이는 인공지능과 같은 기술적 존재가 모종의 가치 지향이나 윤리적 기준에 비추어 자신의 행동이 야기할 수도 있는 결과(혹은 해악)를 평가하면서 스스로의 행동을 감시하고 규제하는 존재가 되어야 함을 의미한다. 왈락과 알렌은 이러한 존재를 인공 도덕 행위자artificial moral agent: AMA로 명명한다(Wallach & Allen, 2009).

인공 도덕 행위자라는 개념이 하나의 단일한 의미를 지닐 필요는 없다. 기계 혹은 기술적 존재는 그것들이 보이는 자율성의 정도 및 도덕 행위 능력에 따라서 몇 가지 종류로 구분될 수 있다. 제임스 무어는 컴퓨터 기술과 관련하여 기계에게 귀속될 수 있는 행위자성을 네 가지 위계적 범주로 구분하고 있다(Moor, 2011).

먼저 가장 낮은 수준으로 윤리적 영향 행위자ethical impact agents가 있다. 이는 AI를 비롯한 컴퓨터 기술이 그 도입으로 인해 중요한 윤리적 영향을 끼치게 되는 현상을 지시하는 것으로, 무어는 카타르의 낙타 경주에 사용되는 로봇 기수를 그 사례로 들고 있다. 카타르에서는 귀족이나 부자들의 여가활동으로 낙타 경주가 벌어지는데, 이전에는 이웃의 가난한 나라에서 인신매매로 팔려온 어린 소년들을 기수로 사용했다. 하지만 국제사회의 비난에 직면했고, 이때 제시된 해결책이 로봇 기수의 개발이었다. 리눅스 기반으로 작동되는 로봇 기수가 도입되자 어린 노예 소년들을 더 이상 낙타 기수로 사용할 필요가 없어졌다. 이 사례에서 로봇 기수를 인신매매와 어린 노예의 필요성을 제거하는 중요한 윤리적 영향을 끼친 행위자로 볼 수 있다는 것이다.

그다음으로 암묵적 윤리 행위자implicit ethical agents가 있다. 이는 비윤리적인 결과를 방지하도록 그 행동을 제약하는 방식으로 설계된 기계를 가리킨다. 이 기계는 윤리적 규범을 명시적인 방식으로 포함하도록 프로그램된 것은 아니지만, 그 내적인 기능 자체가 암묵적으로 윤리적인 행동을 촉진하게끔 작동하도록 되어 있다. 무어는 신원 확인 절차를 거쳐서 정확한 금액을 지급하도록 설계된 현금 자동 지급기나 뱅킹 소프트웨어, 승객이 안전하게 목적지에 도착하도록 기능하는 비행기의 자동 조종 장치 등을 예로 들고 있다. 어떤 점에서 보자면 '윤리적' 행동은 이러한 기계의 내적 본성이며, 그 기계는 다른 행동의 가능성을 갖지 않는다.

무어가 말하는 이상의 두 가지 행위자는 '자율성'의 특성을 갖추고 있지 않아서, 우리가 생각하는 자율적 도덕 행위자의 요건 역시 갖추고 있지 않다. 가령 암묵적 윤리 행위자의 행동이나 작동은 철저히 그 설계자나 사용자의 통제 안에 있으며, 시간의 경과에 따라 변화될 가능성도 없다. 그것이 보여주는 도덕성은 부정적인 결과를 방지하려는 설계자의 의도를 반영하는 조작적 차원의 본성일 뿐이다. 왈락과 알렌은 이를 조작적 도덕성operational morality이라는 이름으로 부르고 있다(Wallach & Allen, 2009).

무어의 구분에서 다음 단계에 해당하는 것은 명시적 윤리 행위자explicit ethical agents이다. 이 단계의 기계는 윤리적 개념이나 규칙을 명시적으로 표상하고, 그에 대한 지식을 토대로 스스로 윤리적 선택을 하는 방식으로 작동한다. 이는 내부 프로그래밍의 일부분으로 다양한 형태의 규범 논리학deontic logic을 포함하며, 윤리적 범주를 이용하여 윤리적 추론을 하는 기계이다. 무어는 이러한 기계에 해당하는 사례로 마이클 앤더슨Michael Anderson 등이 쾌락주의적 행위 공리주의를 컴퓨터 프로그램으로 구현한 '제러미Jeremy'(제러미 벤담Jeremy Bentham의 이름을 땀)나 윌리엄 로스William D. Ross의 직견적 의무prima facie duty 이론을 구현한 'W. D.'를 들고 있다. 하지만 이런 능력을 갖춘 AI에 대한 연구 성과는 아직 미미한 편이다. 왈락과 알렌이 말하는 인공 도덕 행위자가 갖추어야 할 도덕 감수성은 기계 스스로가 도덕적 평가를 수행하고 그에 따라 행위할 수 있는 능력이다. 이들은 이러한 수준의 도덕성을 기능적 도덕성functional morality이라는 이름으로 부르는데, 무어의 명시적 윤리 행위자가 그 사례에 해당한다(Anderson, Anderson & Armen, 2005).

무어의 구분에서 마지막 4단계에 해당하는 것은 온전한 윤리 행위자full ethical agents이다. 이는 명시적인 도덕적 판단을 내릴 수 있을 뿐만 아니라 그러한 결정을 정당화하는 데 능숙함을 갖춘 AI로서, 평균적인 성인 인간과 동등한 수준의 (윤리적) 판단 능력을 갖춘 AI라고 말할 수 있다. 무어는 온전한 윤리 행위자와 관련된 쟁점을 두 가지로 정리하고 있다. 첫 번째 쟁점은 진정한 윤리 행위자로 인정받기 위해서 온전한 윤리 행위자여야만 하는지의 여부이다. 두 번째 쟁점은 과연 AI와 같은 기계가 온전한 윤리 행위자가 될 수 있는지의 여부이다. 현재 온전한 윤리 행위자로 인정되는 유일한 사례는 인간 행위자뿐이며, 도덕적 존재로서의 인간은 전형적으로 의식, 지향성, 자유의지와 같은 능력을 갖는 것으로 간주된다. 결국 두 번째 질문에서 묻고 있는 것은 사실상 기계가 의식이나 지향성, 자유의지의 능력을 가질 수 있는지의 여부이다.

무어의 첫 번째 질문은 AI가 인간과 동등한 수준에 도달하지는 못한다 하더라도, 진정한 윤리적 행위자로 인정될 수 있는지를 묻고 있다. 첫 번째 질문에 대한 대답은 '진정한'이라는 표현이 가리키는 조건이 무엇이냐에 달려 있다. 무어가 첫 번째 질문과 두 번째 질문을 굳이 구분하고 있다는 점을 염두에 둔다면, AI가 '온전한' 도덕적 규범성을 갖추어야만 함을 '진정한' 윤리 행위자가 되기 위한 조건으로 요구할 수는 없어 보인다. 만약 조건으로 요구할 수 있다면, 첫 번째 질문은 'AI가 인간과 동등한 수준의 윤리 행위자가 될 수 있는가?'의 질문이 되어버려서 결국에는 두 번째 질문과 동일한 내용을 묻는 셈이기 때문이다.

그렇다면 첫 번째 질문은 비록 인간과 동등한 의미의 온전한 도덕성은 아닐지라도, AI를 윤리적 행위자로 간주할 수 있는 모종의 의미 층위가 존재하느냐를 묻는 것으로 이해되어야 한다. 이 질문에 답하는 한 가지 방식의 단서를 왈락과 알렌이 언급한 '기능적 도덕성'이라는 표현에서 찾을 수 있다. 이는 첫 번째 질문의 의도를 '인간의 도덕적 행위를 기능적으로 서술·분석·평가하는 것과 동일한 방식으로 AI의 행위를 서술·분석·평가할 수 있는가'로 이해하는 것이다. 달리 말해서, 첫 번째 질문에서 묻고 있는 내용을 AI가 '기능적인' 수준에서 윤리적 행위를 자율적으로 수행하는 것으로 간주할 수 있느냐의 문제로 접근하자는 것이다. 이러한 경우 인공지능은 '일정한 조건'을 만족시켰을 때 기능적인 차원에서 인격성을 전제하지 않는 '진정한' 도덕적 행위자 자격을 부여받을 수 있는 가능성을 지닌다.[3]

무어의 두 번째 질문은 AI가 인간과 동등한 수준의 윤리 행위자가 될 수 있는지 여부를 묻고 있다. 그런데 이 질문은 형이상학적 문제인 동시에 다분히 개념적인 문제로서, '의식'이나 '지향성', '자유의지'와 같은 개념이 지시하는 현상의 본성이 무엇이냐에 대한 입장에 따라 그 답변이 달라질 수 있다. 필자의 개인적인 입장을 말한다면, 그것이 원리적으로 불가능하다고 생각하지는 않는다. 하지만 그 실현 여부는 아직 먼 미래의 일이며, 현재 논의의 맥락에서 그 가능성 여부가 그렇게 핵심적인 문제는 아니다.

---

3 도덕 행위자의 개념을 인간이 갖는 특성과 분리하여 (기능적인 수준에서) 새롭게 정의하고자 하는 시도의 선구적인 사례로는 플로리디와 샌더스(Floridi & Sanders, 2004)의 시도가 있다. 이들은 행위자의 개념으로부터 의도나 의식과 같은 심성 상태를 요구하는 강한 의미의 도덕적 책임(responsibility) 개념을 분리시키면서, 도덕 행위자에 대한 다음과 같은 대안적 정의를 제안한다. "도덕적 행위자는 도덕적이라고 평가될 수 있는 행동을 수행하는 상호작용적이며 자율적이고 적응성을 갖춘 시스템이다(A moral agent is an interactive, autonomous, and adaptable transition system that can perform morally qualifiable actions)." 이들의 제안은 어떤 시스템이 '상호작용성', '자율성', '적응성'의 세 가지 (기능적) 특성을 갖추고 있다면 도덕 행위자로 간주해야 한다는 것이다. 각각의 특성이 의미하는 바는 다음과 같다.

- 상호작용성(interactivity): 시스템이 환경과 상호작용할 수 있는 능력으로서, 상호작용성을 갖춘 시스템은 외부의 자극에 반응하여 스스로의 상태를 변화시킬 수 있다.
- 자율성(autonomy): 외부의 자극 없이도 시스템 스스로가 자신의 내부 상태를 자발적으로 변화시킬 수 있는 능력을 말한다. 이는 시스템이 일정 수준 이상의 복잡성을 갖추고 있어야 하며, 환경으로부터 분리될 수 있어야만 가능한 능력이다.
- 적응성(adaptability): 이는 새로운 동작 방식을 경험에 의존하여 학습하는 능력으로, 적응성을 갖춘 시스템은 동작 방식을 통제하는 '이행규칙(transition rule)'을 경험에 입각하여 스스로 변경시킬 수 있다.

3) AI의 자율성과 행위자성

AI를 (기능적으로) 진정한 윤리 행위자 혹은 도덕 행위자로 간주할 수 있는가의 질문에 답함에 있어서, 우리가 주목해야 할 가장 중요한 특징은 '자율성'이다. 그런데 AI가 '자율적'이라고 말할 때 그 핵심적인 내용은 철학자들이 전통적으로 이 개념을 사용하던 방식과는 약간의 차이가 있다. 여기서 말하는 자율성은 칸트적인 의미로, 스스로 도덕 규칙을 입법한다거나 형이상학적 차원의 자유의지를 행사하고 있음을 의미하지는 않는다. 가령 자율주행 자동차에 대해서 '자율적'이라는 말을 붙이는 것은, 그것이 인간의 개입이나 판단과 독립적으로 스스로의 행동을 '선택'하고 '결정'하기 때문이다. 여기서 AI가 자율적이라고 말할 때 1차적으로 포착하고자 하는 특징도 바로 그런 정도의 자율성이다.

우리는 앞서 자동화와 구분하여 기계가 갖는 자율성에 대해 논의한 바 있다. 여기서 핵심이 되는 것은 1차 수준의 자유도와 2차 수준의 자유도를 구분하는 일이다. 인공지능이 2차 수준의 자유도를 갖는다는 말은 그것이 인간이나 환경과의 상호작용 속에서 우리가 통제하거나 예측할 수 없는 방식으로 선택하고 행동할 수 있는 모종의 '선택 자율성'을 갖는 존재임을 뜻한다.

하지만 AI 관련 문헌이나 미디어에서 논의되는 모든 AI 기술이 2차 수준의 자유도를 갖는 것은 아니다. 무어가 말하는 명시적 윤리 행위자의 경우에도, 그에 해당하는 모든 AI가 2차 수준의 자유도를 갖는지는 분명하지 않다. 따라서 명시적 윤리 행위자라고 해서 모두 자율적 행위자가 되는 것은 아니다. 무어가 예로 들고 있는 제러미는 특정한 행동에 의해 사람들이 받을 즐거움과 불쾌함의 정도를 계산하는 윤리적 전문가 시스템으로 알려져 있다. 만약 이것이 단지 체스판의 다음 수를 계산하듯 주어진 지식 데이터를 기반으로 어떤 행동의 쾌락 유발 정도를 단순 계산하는 프로그램이라면, 자율적 행위자에게 요구되는 충분한 자유도를 갖추었다고 말하기 힘들다. 그런데 이것이 과거 사례와의 유사성 등을 토대로 모종의 학습 알고리즘을 통해 새로운 사례에 대한 판단을 조정해나가는 방식으로 작동한다면, 자율 행위자로 인정될 수 있는 가능성은 커질 것이다. 현재 의료 현장에 도입되기 시작한 IBM의 왓슨이 바로 그런 과도기에 있는 AI로 판단된다.

2차 수준의 자유도를 갖춘 AI라고 해서 그것이 모두 윤리 행위자인 것은 아니다. 2차 수준의 자유도는 자율적 윤리 행위자가 갖추어야 할 필요조건 중의 하나에 불과하다. 그것이 윤리 행위자이기 위해서는 윤리적 범주에 입각하여 윤리적 추론을 수행할 수 있는 능력을 갖추어야만 한다. 즉 명시적 윤리 행위자로 분류될 수 있어야 한다. 명시적 윤리 행위자의 요건을 만족시킨 AI가 온전한 2차 수준의 자유도를 갖추었다면, 비로소 우리는 AI가 기능적인 자율적 도덕 행위자로서의 행위 주체성을 갖는 단계에 도달했다고 말할 수 있다. 지금 여기서 우리가 관심을 갖는 AI도 2차 수준의 자유도를 갖는 AI이며, '자율적 행위자'의 개념 또한 그에 국한하여 적용한다.

AI를 도덕적 차원의 자율 행위자로 규정하는 것에 다양한 반론이 있을 수 있다. 우선 예상되는 전형적인 반론은 다음과 같은 것이다. 도덕 주체로서의 자율 행위자란 개념은 자유의지를 전제하는 것이며, 특히 '자율성'은 이성적 숙고를 토대로 자신의 행위 규칙을 스스로 입법하는 존재에게만 적용될 수 있는 표현이다. 뿐만 아니라 '행위자'는 자신의 행위의 결과에 대하여 책임을 질 수 있는 존재를 의미하는 개념이다.

이때 책임을 묻기 위해서는 행위의 '의도'와 자유로운 '선택'을 말할 수 있어야 하는데, 과연 AI가 그런 '의도'를 갖거나 자유로운 '선택'을 한다고 말할 수 있는가? 알고리즘의 철저한 지배를 받는 AI는 자유로운 선택의 능력을 결여하고 있으며, 표면적으로 관찰되는 그것의 선택은 궁극적으로 그것을 설계하거나 사용하는 인간으로부터 기원하는 것이기에, AI는 결코 행위 주체로서의 도덕 행위자가 될 수 없어 보인다.

이러한 반론의 상당 부분은 AI가 갖는 자율성이나 행위자성이 인간이 갖는 그것과 동일하다고 간주할 때에 가능한 비판들이다. 그런데 지금 우리가 하고자 하는 논의는 도덕 행위자의 범주를 확장적인 방식으로 수정함으로써 AI를 자율 행위자의 외연에 포함시킬 수 있는지 그 가능성을 검토하는 것이다. 이는 AI가 갖는 행위자성이 인간이 갖는 행위자성과 동일하다고 주장하는 것이 결코 아니다. 우리의 제안은 일정한 조건을 만족시키는 AI의 경우에, 비록 인간과 동등한 수준은 아니지만 기능적인 차원에서 제한적인 의미의 자율적 행위자성을 부여할 수 있다는 것이다.

이러한 제안의 밑바탕에 깔려 있는 직관은, AI가 개입된 도덕적 상황에서 만약 AI의 행동이 자율적인 인간 행위자가 수행하는 것과 상당히 유사한 방식으로 이루어진다면 이 AI를 자율적인 도덕 행위자로 인정해야 하지 않는가 하는 것이다. 다시 말해 AI가 수행하는 행위의 내용뿐 아니라 그것이 선택되어 수행으로 이어지는 과정이 인간 행위자의 행동 방식과 비교하여 일정 수준 이상의 기능적 동등성을 가지고 있다면, 그에 비례하는 수준에서 제한적으로 AI를 자율적 행위자로 인정할 수 있다는 것이다.

4) 전통적인 책임 개념과 그 한계

이 절에서는 책임 귀속의 어려움을 들어서 AI를 자율적 행위자로 인정할 수 없다는 반론에 대해서만 검토하고자 한다. 우리는 이에 대해 오늘날 법적·사회적 제도에서 보편적으로 통용되는 엄격한 의미의 책임을 묻기보다, 인공지능의 제한적인 행위자성에 알맞은 또 다른 종류의 책임 귀속 방식을 모색하는 것으로 대응하고자 한다. 먼저 책임과 관련된 반론의 요지는 다음과 같다. 전통적인 의미의 도덕 행위자는 자신의 행위에 책임을 질 수 있는 존재이다. 그런데 AI에게 책임을 묻는다는 말은 매우 반직관적으로 들린다. 만약 AI에게 도덕적 책임을 물을 수 없다면, 당연히 자율적 행위자로도 인정될 수 없는 것이 아닐까?

오늘날 사회적·법적 수준에서 통용되는 표준적인 책임 개념은 기본적으로 어떤 권리를 갖는 주체에게 가해진 침해 행위에 대응해서 이루어지는 처벌이나 보상의 문제로 이해된다. 이는 행위와 결과 사이의 의도적이고 직접적인 인과관계를 전제로 하는 매우 엄격한 개념이다. 이러한 책임 개념의 특징은 다음과 같이 정리될 수 있다. 책임은 ① 적극적인 행위의 수행에 따른 사후적인 인과적 결과에 대해서, ② 그 행위를 의도하고 수행한 주체인 자율적인 인간 행위자에게 귀속되며, ③ 소극적인 부작위에 대해서는 책임의 양이 감소할 뿐만 아니라, ④ 악의 개선에 대한 부작위는 거의 책임을 묻지 않고, ⑤ 책임의 양은 발생한 결과에 인과적으로 기여한 정도에 비례한다.

이러한 책임 개념에 따르면 우리는 어떤 행위의 결과에 대해 명백한 인과적 관계를 입증할 수 있을 때에만 그 행위의 주체에게 책임을 물을 수 있다. 뿐만 아니라 단독의 행위로만 보아서는 그 해악이 크지 않거나, 해악의 방지를 위해 적극적인 노력을 기울이지 않은 부작위에 대해서는 거의 책임을 묻지 않는 것이 보편적으로 통용되는 사회적인 관행이다. 즉 우리는 비록 결과적인 해악의 정도는 동일하다 하더라도, 제공하는 데 실패한 혜택보다 인과적으로 야기한 해악에 대해서 더 큰 책임을 묻는 것이다.

그런데 이러한 책임 개념은 오늘날 벌어지고 있는 다양한 도덕 현상을 온전히 분석하고 설명하는 데 결코 충분해 보이지 않는다. 지금 우리는 개인의 작은 행위들이 시스템적으로 상호작용하며 거시적 수준에서는 엄청난 해악으로 귀결되는 세상에 살고 있다. 가령 금융자본주의로 상징되는 신자유주의 체제에서, 우리는 지구촌 곳곳에서 벌어지는 빈곤이나 착취에 대해 비록 적극적인 의도나 개입은 없었다 하더라도 아무 상관이 없다고 할 수는 없다. 그럼에도 불구하고 개인 차원에서 우리가 져야 할 책임은 거의 없거나 크지 않다. 그 인과의 기여 정도가 미미하기 때문이다. 일종의 '공유지의 비극tragedy of the commons'에 해당하는 상황이다. 때문에 오늘날 발생하는 악과 부정의의 상당 부분은 전통적인 의미에서 책임을 동반하지 않는 행위자들의 선택이나 행동의 상호작용으로부터 기인하며, 그 결과 책임이나 개선의 의무를 특정한 개인이나 집단에게 귀속시키는 일이 매우 어렵다. 플로리디는 이러한 상황을 "분산된 도덕distributed morality"이라는 이름으로 명명하고 있다.

미래에는 직권 위임을 통하여 인공지능과 같은 인공 행위자들의 선택과 행동의 폭이 더욱 확대될 것이다. 이는 인공적인 자율 기술이 인간의 간섭에서 벗어나서 엄청난 도덕적 함축을 갖는 결과를 산출하는 행위를 점점 더 자율적으로 수행하게 될 것임을 의미한다. 그 결과 분산된 도덕의 경향성은 더욱 강화될 것이며, 도덕적 해악의 원천으로서의 책임의 주체를 개인이나 집단으로서의 인간 주체에게서 찾는 일은 더욱 어려워질 것이다. 말하자면 자율적 인공지능의 행동 영역이 확대됨에 따라 전통적인 의미에서 책임을 동반하지 않는 AI 행위자들의 선택과 행동에 의해 더욱 많은 일들이 결정될 것이며, 인간의 책임 영역과 AI의 책임 영역 사이의 경계가 불분명하므로 누구에게도 분명한 책임을 묻기 힘든 경향성은 더욱 강화될 것이다.

그런 상황에서 AI의 도덕적 행위자성을 인정하지 않고 그것을 단순한 도구로만 간주하는 태도는, 마치 AI가 가치 중립적이라거나 우리 인간이 AI와 같은 자율적 존재들을 완전히 통제할 수 있다는 잘못된 인식을 심어줄 위험이 있다. 이는 전통적인 기술과 구분되는 자율적 AI 기술의 본성을 전적으로 오해하는 일이며, 사회적으로 중요한 도덕적 현상을 분석하고 평가함에 있어서 거기에 능동적인 영향을 끼치는 중요한 당사자를 누락시키는 결과로 이어진다. AI에게 행위자성을 부여하는 일은 오늘날의 복잡한 도덕 현상 속에서 AI가 수행하는 역할이 무엇인지에 대해 정당한 관심을 유도할 뿐 아니라, 그 행위자성에 걸맞은 책임(책무성)의 귀속을 가능하게 만드는 효과를 갖는다.

5) 확장된 행위자 책임 모형

AI에 대해 책임의 귀속이 어렵다고 생각하는 것은 책임의 귀속이나 추궁과 관련된 사회적·문화적·법적 차원의 실천적 관행이나 제도와 결코 무관하지 않다. 책임이라는 말은 일상에서 매우 다의적인 의미로 사용된다. 그런데 AI에게 책임을 묻는다고 말할 때 우리가 자연스럽게 떠올리는 맥락은, AI가 수행한 어떤 행위의 결과로 누군가의 권리나

이익에 대한 침해가 이루어졌을 때에 이를 사후적으로 어떻게 보상하거나 누구를 처벌할 것인가와 같은 징벌적인 상황이다. 이 상황에서 AI에게 책임을 묻는 방식으로 쉽게 상상해볼 수 있는 것은 AI의 작동을 중지시키거나 해체시키는 것이다. 그런데 이 경우 불이익을 당하는 것은 AI의 제작자나 소유자이지, 결코 AI가 처벌의 당사자로 보이지는 않는다.

하지만 우리는 이러한 상황을 달리 해석할 수도 있다. AI가 활용되는 경우는 대개 인간이 AI의 도움을 빌어서 어떤 일을 협력적으로 수행하는 상황이다. 실질적인 모든 일을 AI가 수행하는 경우라 하더라도, 인간은 AI의 배치나 활용을 결정하는 최종적인 의사결정의 주체로서 여전히 협력 당사자의 하나로 간주될 수 있다. 이때 우리는 해당 행위를 수행한 주체가 단지 인간만이 아니라 AI를 협력 파트너로 포함하는 일종의 확장된 시스템이라고 간주할 수 있다. 이를 확장된 행위자extended agent라고 하자. 확장된 행위자는 인간이나 AI 행위자를 포함하는 다양한 행위자의 결합으로 이루어진다. 말하자면 책임 귀속의 대상이 되는 행위자의 구획 조건을 인간을 기준으로 하지 않고, 실제로 어떤 일을 수행하는데 동원되는 비인간 AI를 포함한 리소스의 총합으로 하자는 것이다.

그렇다면 여기서 일차적으로 책임을 묻게 되는 대상은 확장된 행위자로서의 그 시스템이 된다. 이 시스템에는 인간뿐 아니라 AI도 포함되어 있다. 이렇게 일차적인 책임의 주체를 정했다면, 그다음 단계로서 확장된 행위자의 책임이 다시 그 시스템을 구성하는 개별 행위자들의 역할이나 기여 정도에 따라 분산되는 상황을 그려볼 수 있다. 이른바 분산된 책임distributed responsibility 혹은 책임의 분산으로 부를 수 있는 상황이다. 기업과 같은 법인의 경우에 우리는 이런 방식으로 책임을 묻고 있다. 어떤 기업이 잘못된 일을 저질렀을 때, 일차적으로 그 책임의 추궁은 법인을 대상으로 이루어진다. 하지만 대외적인 책임의 주체가 법인이라고 하더라도, 그 이후에 내부적으로 법인에 소속된 각각의 구성원은 그 역할이나 기여의 정도에 따라 응분의 책임을 분산하여 지게 된다.

AI의 경우도 비슷하게 생각해볼 수 있다. 인간과 AI가 결합한 확장된 행위자의 경우, 겉으로는 인간만이 유일한 책임의 주체처럼 보이지만, 실제적으로는 그 역할이나 기여의 정도에 따라 상벌을 분산하여 내릴 수 있다는 것이다. 만약 어떤 일을 수행함에 있어서 인간에게 최종적인 결정권이 있다면 인간이 훨씬 더 많은 책임을 져야 할 것이다. AI의 역할이 단지 인간이 내린 명령을 단순 수행하는 것에 그친다면 그 책임의 양은 상대적으로 적을 것이다. 자율적 AI에게 아무런 책임을 묻지 않는 상황의 경우, 이는 AI가 행위자가 아니어서가 아니라 책임의 정도가 미미하기 때문에 처벌이 면제되는 상황으로 해석될 수 있다. 반대로 AI의 무능력 때문에 일이 잘못된 경우를 생각해보자. 기업체의 경우에 하위 직원이 무능력하여 일을 크게 그르쳤다면, 기업체가 져야 할 책임과 별개로 그 직원은 해고와 같은 처벌을 받게 된다. 확장된 행위자로서의 시스템이 일차적으로 그 결과에 대한 책임을 지고, 이차적으로 해당 AI의 작동을 중지하거나 해체, 혹은 다른 AI로 대체하는 상황이 바로 그런 상황에 해당할 것이다. 이와는 별도로, AI-인간의 확장된 행위자가 야기할 수 있는 손실을 배상하기 위하여 AI의 운영과 연계하여 배상 책임을 위한 일정한 기금이나 보험을 들도록 강제하는 방안 등을 병행할 수 있을 것이다.

책임은 단지 응징으로서의 처벌과 연계된 개념만은 아니며, 잘한 일에 대해서 주어지는 포상이나 칭송을 포함하는 상벌 및 응보의 개념이기도 하다. 처벌과 달리 칭송의 경우에는 훨씬 더 자연스럽게 AI를 행위자로 인정할 수 있을 것처럼 보인다. 가령 AI의 도움을 빌어서, 그러지 않았더라면 성공할 수 없었을 어떤 일을 성공적으로 수행했다고 가정해보자. 이때 우리는 "이번 일이 이렇게 쉽고 빠르게 성공할 수 있었던 것은 많은 부분 AI의 도움이 있었기 때문이다."라고 말하는 것이 전혀 어색하게 들리지 않는다. 상과 벌, 칭찬과 처벌은 서로 대칭적인 개념이다. 그중 하나를 적용할 수 있다면 다른 나머지도 적용할 수 있어야 한다.

6) 예방적 의무로서의 책무성

다른 한편으로 책임이라는 말은 응보의 의미로만 사용되는 것이 아니라 마땅히 수행해야 할 의무로서의 책무성accountability을 뜻하기도 한다. 내가 어떤 일에 책임이 있다는 말은, 그 일과 관련하여 내가 마땅히 수행해야 할 어떤 역할이나 의무가 있다는 말이기도 하다. AI에게 귀속될 수 있는 가장 중요한 의미의 책임 개념이 바로 이러한 책무성이다. 인공지능이 갖는 잠재적 행위 능력의 수준이나 그것이 끼칠 영향의 불확실성 혹은 예측 불가능성을 감안할 때, 그것이 야기할 수도 있는 해악에 대비하는 것이 필요하다. 이를 위해서는 이미 야기된 인과적 결과에 입각하여 사후적으로 적용되는 응보적 책임 개념이 아니라, 예상되는 행위의 결과를 고려하여 예방적 차원에서 선제적으로 부과되는 보다 느슨한 의미의 도덕적 책무성 개념을 진지하게 고려할 필요가 있다.

자율적인 AI에게 그것의 행위자성에 걸맞은 책무성으로서의 책임을 귀속시키는 일은, 오늘날 법적·사회적 제도 속에서 통용되는 응보로서의 책임을 묻는 일보다 훨씬 더 자연스럽게 받아들여질 수 있다. AI에게 부여될 수 있는 책무성에는 그것에 맡겨진 일을 효과적으로 잘 수행해야 한다는 기능상의 책무성뿐 아니라, 그것의 행동이나 행위 자체가 우리 사회에서 요구하는 윤리적 규범의 제약을 벗어나지 않아야 한다는 윤리적 책무성 또한 포함된다.

모든 것이 연결되어 복잡한 상호작용의 네트워크를 형성하고 있는 오늘날의 초연결 사회에서 자율적 AI는 전혀 예상치 않은 재앙적인 결과를 산출할 수도 있다. (가령 앞에서도 소개했듯이, 2010년 다우존스지수가 순식간에 1,000포인트가량 떨어졌던 '플래시 크래시'와 같은 시스템의 붕괴를 생각해볼 수 있다.) 응보의 관점에서 책임을 묻기 위해서는 그 직접적인 인과관계가 매우 명백해야 한다. 따라서 까다로운 책임 귀속의 구성 요건 때문에 그 적용 범위는 대단히 제한적일 것이며, 책임의 추궁 또한 사후적으로 이루어질 수밖에 없다. 그와 같은 책임 귀속만으로는 인공지능이 야기할 수 있는 잠재적 위협에 적절하게 대응할 수 없다.

인격성이나 명백한 인과관계의 요구와 결부되어 있지 않으면서, AI가 갖는 행위 능력에 비례하여 폭넓게 부과되는 윤리적 성격의 책무성을 요구하는 것이 그와 같은 대응의 기초가 될 수 있다. 책무성은 행위의 직접적 결과에 대해 사후적으로 묻는 책임이라기보다, 자신의 행위가 가져올 도덕적 파장이나 결과에 대한 최선의 정보에 입각하여 가능한 한 최선의 규범적 행동을 해야 할 예방적 의무를 의미한다. 책무성에 대한 의무 수행의 주체는 비단 인간으로 한정되지 않으며, AI를 포함할 수 있다. 책무성은 행위자가 가진 행위 능력의 크기에 비례한다. 자율적 AI의 행위 능력이 커지면 커질수록 그에 비례하여 AI가 스스로의 행동을 윤리적 기준에 비추어 조절하고 통제해야 하는 윤리적 책무성도 커진다.

AI에게 윤리적 책무성을 부여한다는 말은 인공지능의 설계자나 제작자에게 그러한 책무성에 해당하는 도덕적 감수성을 어떤 방식으로건 AI에게 구현시켜야 한다고 요구해야 한다는 것이다. 다시 말해서 인공지능의 설계자나 제작자는 AI를 설계하고 제작할 때에 AI가 어떤 방식으로든 이러한 책무성에 해당하는 의무를 충족하는 방식으로 행동하도록 만들어야 하는 의무가 있다는 것이다. 이는 인공지능의 설계자나 제작자에게 일반적인 경우에서 요구되는 것보다 훨씬 더 엄격한 수준의 사전 예방 원칙precautionary principle의 준수를 요구하는 일이다. 이러한 책무성의 부과는 새로운 AI 기술이나 제품의 도입에 앞서, 철학자나 윤리학자를 포함하여 다양한 분야의 전문가들이 참여하는 공적 위원회를 통해 매우 엄격한 수준의 기술 영향 평가를 받도록 의무화하는 방식으로 제도화될 수 있다.

책무성에 대한 강조는 우리가 윤리나 도덕을 바라보는 관점의 전환을 요구하는 일이다. 윤리를 생각하는 기존의 지배적인 관점은, 행위자의 비윤리적 행위에 따른 결과에 대해서 어떻게 책임을 물을 것인지 고민하는 사후적인 처벌과 보상의 윤리학이다. 하지만 지금 우리에게 필요한 것은 그보다도 행위자의 보편적 책무성과 그에 입각한 예방적 점검의 윤리학이다. 첨단 기술의 급속한 발전 덕분에 자연 세계에 대한 인간의 개입 능력이 그 어느 때보다도 강력해졌기 때문이다. 지금은 인간이 지구의 생태 환경을 급격하게 뒤바꾸어놓고 있다는 의미에서 새로운 지질 시대로서의 인류세anthropocene가 논의되는 시기이다. 과학기술이 현재와 같은 발전 추세를 지속할수록 인간의 힘과 능력은 더욱더 커질 것이고, 그 결과에 대해서는 인류 자신의 절멸 가능성을 포함하여 그 누구도 자신 있게 예측할 수 없다. 이러한 현실은 우리에게 도덕과 윤리를 새롭게 상상할 것을 요구한다.

앞서 플로리디의 정보윤리를 간단히 소개했다. 여기서 어떤 행동에 대한 도덕적 평가는 정보적 존재자들의 생태 환경인 정보권에 끼치는 영향에 입각해서 이루어진다는 주장에 주목할 필요가 있다. 이때의 생태권은 이제 더 이상 자연적인 것에 국한되지 않으며, 기술적이거나 인공적인 존재를 포함하도록 확장된 생태계이다. 플로리디는 인간의 역할을 전체 정보권에 대해 에코포이에틱ecopoietic한 책임을 지고 있는 호모포이에티쿠스homo poieticus로 규정한다. 에코포이에시스ecopoiesis는 생태지향적인 관점에 입각하여 도덕적인 방식으로 환경을 구성하는 과정이다. 호모포이에티쿠스인 인간은 정보권에 속하는 실재를 보호하고 번성하도록 관리하는 데미우르고스[4]의 역할을 떠맡게 되며, 자연 자원의 사용자나 착취자로서의 호모파베르homo faber, 부의 생산자·유통자·소비자로서의 호모이코노미쿠스homo oeconomicus, 놀이에 집중하는 호모루덴스home ludens와 구분된다.

오늘날 우리에게 필요한 책무성의 내용이 바로 이 에코포이에시스와 같은 것이다. 즉 책무성은 행위자의 능력에 비례하여 주어지는 의무이므로, 능력이 커질수록 책무성도 커진다는 말이다. 과학기술이 발전할수록 그것에 비례하여 실재에 개입하고 그것을 변형시킬 수 있는 인

---

4 데미우르고스는 그리스어로 '제작자'라는 의미이며, 플라톤이 자신의 대화편 『티마이오스(Τίμαιος)』에서 세계를 만드는 거인에게 이 이름을 부여했다. 세계를 무(無)로부터 창조했다는 기독교의 전능한 신과 달리, 데미우르고스는 전능하지 않으며 이미 존재하는 영원불변의 이데아를 모범적 형태로 삼아서 무질서·부조화의 상태에 있는 질료에 질서를 부여하여 세계를 만드는 존재이다.

간의 힘도 증가한다. 이는 우리에게 더 많은 책무성이 부과된다는 의미이다. 오늘날은 전통적인 의미의 책임을 질 필요가 없다 하더라도 자신의 도덕적 행위 능력과 그것에 따르는 책무성에 입각하여 규범적인 행동을 하고자 하는 덕성 혹은 품성이 지배하는 삶의 양식이 요청되는 시대이다.

플로리디는 자신의 입장을 '정보생태주의'라고 부르고 있는데, 일반적으로 생태라는 말은 개체 수준의 생물과 생물이 이루고 있는 군집, 무생물의 작용을 포함하는 복합적인 환경이 서로 역동적으로 상호작용하는 시스템을 일컫는다. 생태적 입장이 우리에게 주는 통찰은 생태계를 이루고 있는 구성 요소들 사이에서 일어나는 복잡한 상호작용의 중요성이다. 이는 윤리를 분리된 개체의 단위로서가 아니라, 개체들 및 환경 사이의 상호작용이라는 관계성 속에서 접근해야 함을 뜻한다. 이제 우리가 살고 있는 환경은 더 이상 자연적인 세계가 아니라 자율적인 인공 행위자의 네트워크를 포함하는 기술적 공간이다. 그렇다면 인공지능을 제작하려는 사람이나 제작물로서의 인공지능이 져야 할 책무성도 바로 이 전체 시스템으로서의 정보 생태 공간을 중심으로 숙고되어야 한다. 그런 점에서 이제 우리는 개별 인격체가 개인 수준에서 지켜야 할 의무나 덕을 넘어서서, 지구적인 생태적 가치에 입각한 삶의 양식으로의 이행을 고민해야 할 것이다.

제3장

인문학과 데이터사이언스

1. 수학과 인문학

세상의 모든 데이터는 수와 연관성이 있으며, 경험적으로 입증되어야 한다. 인문학적 데이터도 데이터의 일종이며, 경험적으로 입증될 필요가 있다. 따라서 통계적 원리들로 설명될 수 있다. 다음을 고려해보자.

(1) a. 남성인지 여성인지에 따라 언어의 유창한 정도에 차이가 있다.
    b. 문법이 어려우면 우리의 뇌에서 언어를 처리하는 것도 어려워진다.

(1)의 문제는 경험적 입증이 필요하며, 개별 사례에 따라 다르게 나타난다. (1a)와 같은 문제에서 남성인지 여성인지에 따른 언어의 유창성 정도의 차이를 구하는 것은 특정 집단의 개체에 대한 실험으로 나타

난다. 즉 1학년 1반 1번 학생이 남성일 경우 유창성 정도와 2학년 2반 2번 학생이 여성일 경우 유창성 정도 같은 사례들을 모아서 처리한다. (1b)도 문법성의 난이도에 따라 구분되며, 이를 입증하기 위한 방법론이 설정된다. 즉 특정 사례별로 구성된 집단의 측정을 통한 경험의 입증인 통계를 활용해 개념적인 것과 연관된 문제들을 입증한다. (1)의 문제는 다시 통계적 입증으로 변경된다면 (2)와 같이 변경될 것이다.

(2) a. 약 30명의 남성 집단과 여성 집단은 언어 유창성 실험에서 다른 결과를 보일 것이다.
b. 5단계로 문법의 어려움의 정도를 나타내고 이를 통해 30명의 실험자가 언어를 이해하는 정도를 측정하는 실험에서, 문법적 어려움의 정도에 따라 다른 결과가 나타날 것이다.

(2)의 실험 절차는 어떤 실험을 어떻게 진행하고 결과를 어떻게 분석해서, 결론적으로 무엇을 입증하는지로 귀결된다. 데이터사이언스를 통한 인문학에 대한 이해는 이처럼 인문학과 연관된 문제나 데이터를 데이터사이언스 방법론으로 다루는 것이다. 즉 가설과 입증, 현상에 대한 분석을 데이터 기반으로 다루게 되며, 이때 통계적 절차는 필수적이다.

데이터를 이해하는 것은 수를 이해하는 것이고, 인문학 데이터를 이해하는 것도 결국 수리적 원리를 이해하는 것이다. 문제는 수리적 원리는 무엇인가를 논의하기 전에 그것을 어떻게 표기하고, 표기된 방식은 어떻게 연산하고, 값은 어떻게 산출하는지를 이해하는 것이다. 이러한 측면에서 인문학 데이터를 데이터사이언스를 통해 이해하기 위해서는 수학에 대한 이해가 필요하다.

인터넷상의 모든 데이터는 하이퍼텍스트 형태로, 신문 기사, 블로그

데이터, 해시태그 데이터, 채팅 데이터, 소셜 네트워크 데이터 등 모든 것이 인문학 데이터이다. 바로 이 데이터가 바로 인공지능 기술의 밑거름이 되고 있다. 이를 적극적으로 활용해서 인터넷 정보 검색 서비스, 지능적 대화 서비스, 지식 기반 시스템과 같은 지능화된 서비스 및 시스템 등이 만들어진다. 이러한 움직임을 기반으로 기계학습, 딥러닝 등이 새로운 화두로 떠오르고 있으며, 데이터를 수학적 처리 알고리즘으로 활용하는 방식들이 이용되고 있다. 따라서 인문학을 데이터사이언스적인 측면에서 활용하기 위해서는 수학에 대한 이해가 필요하다.

수학에서 쓰이는 약어와 기호를 파악하는 것은 수학을 이해하는 지름길이다. 기호가 많이 쓰이기 때문에 그 의미를 알지 못하면 수학을 이해하기 어렵다. 또한 기호를 잘 모르면 쓸데없는 내용을 추가해서 연산이 길어지게 되고, 역시 수학을 이해하기 어렵게 된다. 어떤 수학 분야인지에 따라서 기호가 달라질 수도 있어서 기호의 의미를 정확히 이해하는 것이 중요하다.

이 장에서는 인문학과 데이터사이언스를 이해하기 위한 내용을 다룬다. 시그마와 파이 기호, 미분, 지수함수, 행렬과 벡터 등이다. 이것은 통계, 인공지능, 자연언어 처리 등을 이해하는 데 기초가 된다.[1]

가장 먼저 수학 기호는 대부분이 그리스 알파벳으로 되어 있다. 그리스 알파벳을 어떻게 읽는지도 중요한데, 〈표 3-1〉은 기호로 사용되는 그리스 알파벳을 정리한 것이다.

---

1 통계학이 데이터사이언스의 기초 분야이지만 적은 지면에서 다루기에 적합하지 않고, 기초적 분야는 다른 많은 서적들을 활용하는 편이 적합할 것이다. 또한 이 책은 미래지향적인 교재로서 활용되기에, 과거 이공계의 전유물이던 이과 수학 부분을 다루어서 이 분야가 인문학을 활용한 데이터사이언스 연구를 이해하는 데 활용 가치가 높다고 판단되어 이 부분에 대한 집필을 선택했다.

〈표 3-1〉 그리스 알파벳과 발음

기호	발음	기호	발음
A, α	알파	N, ν	뉴
B, β	베타	Ξ, ξ	크시
Γ, γ	감마	O, o	오미크론
Δ, δ	델타	Π, π	파이
∇	델(나블라)[2]	P, ρ	로
E, ε	엡실론	$\Sigma, \sigma/\varsigma$	시그마
Z, ζ	제타	T, τ	타우
H, η	에타	Y, υ	입실론
Θ, θ	세타	Φ, θ	피
I, ι	이오타	X, χ	키
K, κ	카파	Ψ, ψ	프시
Λ, λ	람다	Ω, ω	오메가
M, μ	뮤		

2. 수학의 기초

1) 시그마와 파이

1에서 100까지 더하는 식은 (3)과 같이 표기할 수 있다.

(3) $1 + 2 + 3 + \cdots + 99 + 100$

(3)을 좀 더 빠르고 이해하기 쉽게 표기하는 방식은 수학 표기식을

2 델(나블라)은 수학 연산을 위해 고안된 것으로, 델타에서 유추되었다. 순수 그리스 알파벳은 아니나 헬라어에서 유래했으므로 그리스 알파벳으로 소개한다.

사용하는 것으로, (4)와 같이 표기할 수 있다.

(4) $\sum_{i=1}^{100} i$

만약 여기서 시작 값은 아는데 마지막 값을 모른다면 (5)와 같이 표기할 수 있다.

(5) $\sum_{i=1}^{n} i$

수열 a_n에서 1항부터 n항까지의 합은 (6a)와 같이 표기한다. 그리고 시그마 기호의 용례는 (6b)와 같다.

(6) a. $\sum_{i=1}^{n} a_n = a_1 + a_2 + a_3 + \ldots + a_{n-1} + a_n$

b. $\sum_{i=1}^{m} 2^i = 2^1 + 2^2 + 2^3 + \ldots + 2^m$

시그마 기호는 (7)과 같은 선형적인 특성을 갖는다.

(7) a. $\sum_{i=1}^{n} (a_i + b_i) = \sum_{i=1}^{n} a_i + \sum_{i=1}^{n} b_i$

b. $\sum_{i=1}^{n} ca_i = c\sum_{i=1}^{n} a_i$ (c는 상수)

k가 1부터 n까지일 때 수식 $k^2 + 2k + 5$의 합은 (8)과 같이 표기한다.

(8) $\sum_{k=1}^{n} (k^2 + 2k + 5) = \sum_{i=1}^{n} k^2 + 2\sum_{i=1}^{n} k + \sum_{i=1}^{n} 5 (\rightarrow 5 \times n)$

이와 유사하게 1부터 100까지 모두 곱하는 식은 (9)와 같이 표기할 수 있다.

(9) $$\prod_{i=1}^{100} i = 1 \times 2 \times 3 \times \ldots \times 99 \times 100$$

이와 같은 공식들은 수학적 표기의 엄밀성과 더불어 간결성도 갖는다.

2) 지수함수

지수함수는 거듭제곱의 지수를 변수로 하고, 정의역을 실수 전체로 정의하는 함수로 $y = a^x$와 같이 표현된다. 여기서 a는 밑, x는 지수라고 한다. 이와 같은 함수는 거듭제곱근도 포함하는데, $\sqrt[m]{a}$와 $\sqrt[m]{a^n}$는 각각 $a^{\frac{1}{m}}$와 $a^{\frac{n}{m}}$으로 치환된다. 지수의 특성은 a가 정수일 때 a^0는 1로, a^{-n}는 $\frac{1}{a^n}$으로 전환된다. 지수법칙은 (10)과 같다.

(10) a. $a^r \times a^s = a^{(r+s)}$

b. $\frac{a^r}{a^s} = a^{(r-s)}$

c. $(a^r)^s = a^{(r \times s)}$

d. $(ab)^r = a^r b^r$

지수함수와 로그함수는 수학에서 역함수의 관계에 있으며, 즉 $a^x = b$는 $x = \log_a b$와 같다. 따라서 지수함수의 그래프와 로그함수의 그래프는 $y = x$ 기준으로 대칭관계에 있다([그림 3-1] 참조).

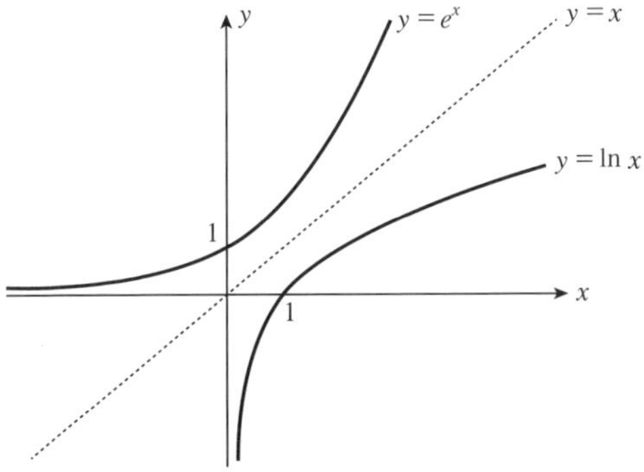

[그림 3-1] 지수함수와 역함수인 로그함수의 대칭관계

지수함수와 비슷하게 로그함수는 (11)과 같은 성질을 갖는다.

(11) a. $\log_a 1 = 0, \log_a a = 1$

b. $\log_a MN = \log_a M + \log_a N$

c. $\log_a \frac{M}{N} = \log_a M - \log_a N$

d. $\log_a M^k = k \log_a M$

로그함수에서 밑이 10인 경우를 상용로그라고 한다. $\log_{10} N$의 경우에 밑인 10을 생략하고 $\log N$으로 표현할 수도 있다. 이 상용로그는 양의 정수로 표현되는 숫자, 즉 자연수를 정규화하는 기능이 있다. 예를 들어서 10.34는 1.304×10로 표현할 수도 있고, 0.1034×10^2으로도 표현 가능하지만 1.304×10으로 표기를 정규화한다. 따라서 이처럼 10의 배수와 그 나머지로 구분하면 표기 방식을 통일할 수 있다는 장점이 생긴다. $a \times 10^n$을 $\log(a \times 10^n)$으로 전환하면 $\log a + \log 10^n = \log a + n$으로 변환된다.

밑이 자연상수 e로 표현되는 로그는 자연로그라고 하고 $\ln N$으로 표현된다. 여기서 e는 $1+\frac{1}{1!}+\frac{1}{2!}+\frac{1}{3!}+\cdots\cdots$으로 계산되는 수로 2.7182818284……의 근삿값을 갖는다. 이 값은 상수로, 탄젠트 곡선의 기울기에서 유도되는 특정한 실수 값이며 무리수이자 초월수이다. 오일러 상수Euler's constant라고도 하며, 이것을 로그 계산법에 도입한 수학자 존 네이피어John Napier의 이름을 따서 네이피어 상수Napier's constant 라고도 한다. 이 수는 미분을 하면 자기 자신이 되기 때문에 무한 미분도 가능하다. 따라서 박테리아 증식, 방사능 붕괴, 세포분열, 복리를 통한 재산 증식까지 자연계에서 발생하는 여러 증감 과정을 예측하는 데 활용된다.

3) 미분

자동차는 달리다가 길이 막히면 정지하고, 차가 없는 곳에서는 속도가 더 빨라지며, 고속도로에 들어서면 매우 빨라진다. 그렇다면 변화무쌍한 자동차의 속도를 어떻게 측정할 수 있는가? 만약 자동차가 50초에 1,200m를 달려왔을 경우, $\frac{1200\,\mathrm{m}}{50\,\mathrm{s}}=24\,\mathrm{m/s}$로 속도를 측정하는 것은 올바른 측정법이 아니다. 차의 이동 속도는 구간마다 다르기 때문에 실제 속도는 구간별로 측정되는 순간적 변화량을 통해 측정해야 한다.

[그림 3-2]에서 x가 시간이고 $y=f(x)$는 경주용 자동차의 속도라고 하면 자동차의 평균 속도는 $\frac{f(x+\Delta x)-f(x)}{\Delta x}$으로 측정되어야 한다. 즉 이와 같은 측정은 구간 사이 변화에 따른 순간 변화율이며, 이 변화율이 일정하게 0으로 수렴하면 방정식은 $f'(x)=\lim_{\Delta x\to 0}\frac{f(x+\Delta x)-f(x)}{\Delta x}$으로 측정된다.

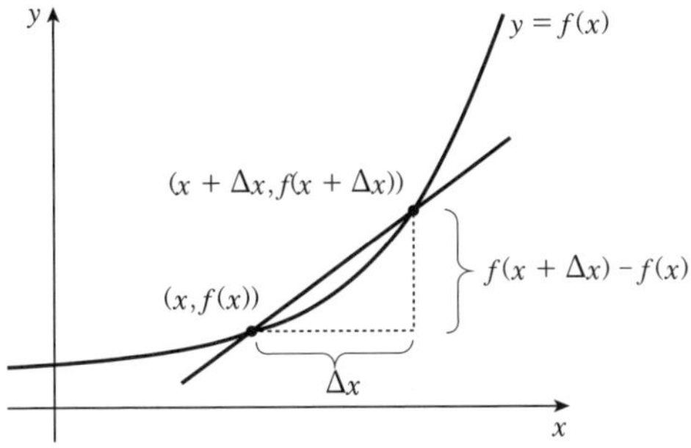

[그림 3-2] 평균 변화율

미분연산자 $\frac{d}{dx}$는 $f(x)$를 $\frac{df(x)}{dx}$나 $\frac{d}{dx}f(x)$로 미분한 것으로 표기한다. 또는 $f(x)$를 $f'(x)$한 것으로 미분을 표시한다.

앞서 설명한 순간변화율(미분 계수, differential coefficient)을 일반화한 개념을 도함수라고 하며, 이것의 기본 성질은 (12)와 같다. 두 함수 $f(x)$, $g(x)$가 어떤 구간에서 미분 가능하고 c가 상수이면 다음이 성립한다.

(12) a. $\{f(x)+g(x)\}' = f'(x)+g'(x)$

b. $\{f(x)-g(x)\}' = f'(x)-g'(x)$

c. $\{cf(x)\}' = cf'(x)$

d. $\{f(x)g(x)\}' = f'(x)g(x)+f(x)g'(x)$

e. $\left\{\frac{f(x)}{g(x)}\right\}' = \frac{f'(x)g(x)-f(x)g'(x)}{\{g(x)\}^2}$

(12e)의 특징적인 성격은 기계학습이나 딥러닝 수학에서 시그모이드Sigmoid 함수를 미분할 경우에 활용된다. 시그모이드 함수는 $s(x) = \frac{1}{1+e^{-x}}$로 로지스틱Logistic 회귀함수나 신경망 이분법 분류에 사용되는 함수이다. 시그모이드 함수를 미분하는 이유는 신경망이나 기타 필요한

부분에서 최적화된 출력에 활용될 수 있기 때문이다. 시그모이드 함수는 (13a)의 방식으로 미분되기 때문에 이것을 분해하면 (13b)와 같다.

(13) a. $$\left\{\frac{1}{f(x)}\right\}' = \frac{f'(x)}{\{f(x)\}^2}$$

b. $$s'(x) = -\frac{(1+e^{-x})'}{(1+e^{-x})^2} = \frac{e^{-x}}{(1+e^{-x})^2} = \frac{1}{1+e^{x}} - \frac{1}{(1+e^{-x})^2}$$
$$= s(x) - s(x)^2$$

수학에서 미분은 함수의 활용과 연관성이 있으므로 함수에 대한 이해가 필요하다. 일반적으로는 다변수 함수를 미분하는 편미분을 살펴보아야 한다. 또한 신경망이 여러 뉴런을 연결한 것을 형상화한 것이기 때문에 합성함수를 미분하는 방식도 이해할 필요가 있다. 다변수 함수는 여러 변수가 포함된 함수이다. 예를 들어서 $z = w^2 + x^3 + y^2$와 같은 함수에서 w, x, y는 각각 독립변수이고 z는 종속변수이면 이 함수는 다변수 함수가 된다. 변수기 여러 개인 다변수 함수에서 원하는 독립변수 이외의 변수는 상수로 생각하고 미분하는 것을 편미분이라고 한다. 가령 함수 $z = f(x, y)$의 경우에, x를 미분하고 y를 상수로 취급한다면 이때는 'x에 관한 편미분'이라고 한다. 이를 $\frac{\partial z}{\partial x} = \frac{\partial f(x, y)}{\partial x}$으로 표기한다.

(14)는 일반적 방정식으로 표현되는 편미분 방식이다.

(14) $$\lim_{\Delta x \to 0}\left(\frac{f(x+\Delta x, y) - f(x, y)}{\Delta x}\right)$$

$z = x^2 + y^2 + xy$를 x 대해서 미분하면 (15)와 같이 계산되는데, 이때 고려되지 않는 변수는 상수로 취급한다.

(15) $\frac{\partial z}{\partial x} = 2x + y$

편미분 방식을 적용해서 다변수 함수의 최적화된 값을 찾는 효과적인 방법이 라그랑주 승수법Lagrange multiplier method이다. 이 방식은 제약조건이 있는 최적화 문제를 해결하는 데 활용된다. 최적화의 문제가 특히 중요한 분야가 딥러닝과 같은 신경망 적용 분야이다. 예를 들어서 볼펜과 공책이 각각 30원, 50원인데, 총 900원이 있을 때 볼펜과 공책을 각각 몇 개 사야 효용성이 높아지는지 계산한다고 가정해보자. 여기서 $30x + 50y = 900$과 같은 함수가 만들어지고, 이 함수를 $g(x, y)$라고 하면 $g(x, y) = 900 - 30x - 50y$가 만들어진다. 또한 볼펜과 공책의 두 개 항목에 대한 효용함수를 $f(x, y)$라 하면, $f(x, y) = xy$가 된다. 이를 전체 함수 L로 최적화시키면 $L = f(x, y) - \lambda g(x, y)$가 되며, 이는 $L = xy - \lambda(900 - 30x - 50y)$으로 변환된다. 여기서 x, y, λ에 대해서 각각 편미분을 하면 (16)이 산출된다.

(16) a. $\frac{\partial L}{\partial x} = y - 30\lambda = 0$

b. $\frac{\partial L}{\partial y} = x - 50\lambda = 0$

c. $\frac{\partial L}{\partial \lambda} = 900 - 30x - 50y = 0$

(16a-c)를 정리하면 $x = 15$, $y = 9$일 경우가 최적화된 경우가 된다. 따라서 볼펜을 15개, 공책을 9개 살 때 가장 최적화된 소비를 한 것이다. 라그랑주 승수법은 경제학의 효용극대화, 신경망 퍼셉트론Perceptron의 가중치 극대화 등 여러 최적화 문제 해결에 활용된다.

신경망은 여러 퍼셉트론이 연이어 연결되는 구조로, 하나의 퍼셉트

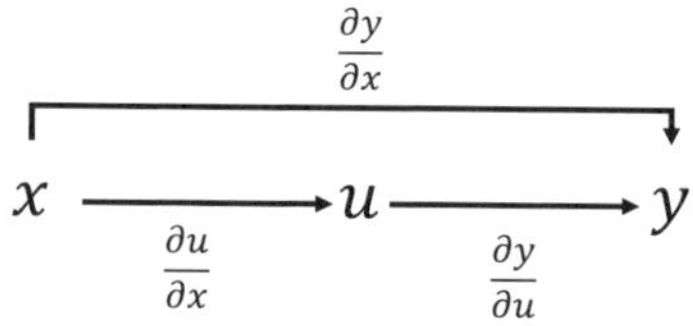

[그림 3-3] 합성함수의 미분

론과의 연결이 함수라고 가정하면, 이어진 퍼셉트론은 다른 함수가 된다. 그리고 이것의 연이은 연결은 합성함수로 표현할 수 있다. 집합 X, Y, Z에 함수 f, g가 각각 $f\colon X \to Y$, $g\colon Y \to Z$라면 합성함수 $f \circ g$는 가중치들의 연결이 된다. 여기에는 앞서 소개한 라그랑주 승수법의 활용과 같이 최적화 방법이 필요하며, 이를 적용하기 위한 미분이 필요하다. 합성함수 $f \circ g = f(g(x))$를 미분하는 방법은 이를 두 개의 서로 다른 함수로 구분하고 각각을 순차적으로 미분해서 곱하는 것이다. 이를 위해서 두 함수를 각각 다른 변수로 치환하고 이를 결합시킨다. [그림 3-3]을 통해서 살펴보면 개념을 이해하기 편하다.

(17) a. $y = f(z)$

b. $u = g(x)$

c. $\dfrac{\partial y}{\partial x} = \dfrac{\partial y}{\partial u} \cdot \dfrac{\partial u}{\partial x}$

4) 행렬과 벡터

두 점 사이를 이으면 시작점과 끝점이 생기고, 이러한 선분을 방향성이 있는 선분이라고 한다. 여기서 시작점의 위치, 시작점에서 끝점을 향하는 방향, 시작점과 끝점 사이 길이의 크기만큼 선분이 생긴다. 이때 시작점, 끝점, 길이 세 가지 속성 중 방향과 크기만을 추상화한 양을

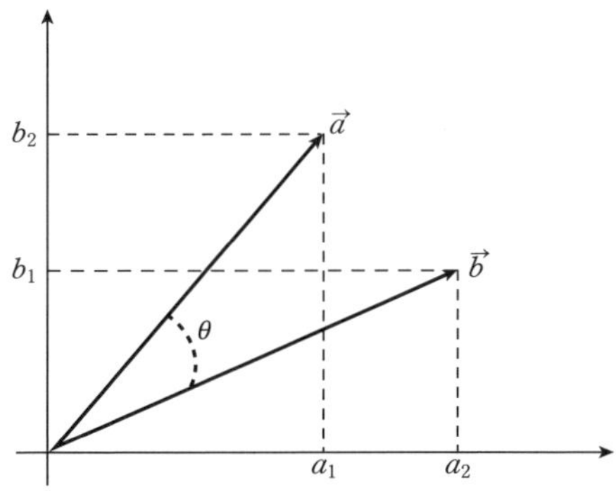

[그림 3-4] 벡터의 예

벡터vector라고 한다.

[그림 3-4]에서 두 개의 벡터 $\vec{a}, \vec{b}$는 각각 $(a_1, b_2), (a_2, b_1)$ 좌표 평면에 배치한다. 각각 $\vec{a} = (a_1, b_2)$와 $\vec{b} = (a_2, b_1)$와 같이 표기하며, $\vec{a}$의 크기는 $|\vec{a}|$로 표기한다. 표로 크기를 나타내려면 $|\vec{a}| = \sqrt{a_1^2 + b_2^2}$으로 연산한다. 또한 두 벡터 $\vec{a}, \vec{b}$의 내적은 $\vec{a} \cdot \vec{b} = |\vec{a}||\vec{b}|\cos\theta$와 같이 연산한다. [그림 3-4]에서 $\vec{a}, \vec{b}$의 내적은 $\vec{a} \cdot \vec{b} = a_1a_2 + b_2b_1$으로 성분을 표시하는데, 평면 좌표에서만 가능하다.

벡터는 물체의 위치를 좌표로 나타내므로 물체의 이동도 좌표로 표기할 수 있다. 즉 공간이나 평면 등에서의 물체의 이동이 좌표화되어 연산이 가능하다. 이를 적용하면 모든 힘과 흐름을 간략히 연산할 수 있다. 신경망 구조에서도 이런 벡터 모델을 활용해 표현할 수 있는데, 신경망 구조는 입력층과 출력층 사이에 은닉층이 있어 이를 연결하는 구조이다. 이때 [그림 3-5]와 같이 각 연결은 복수의 입력이 가능하며, 입력과 가중치, 편향성 b가 연결되어 있다. 각각을 벡터, $\vec{x}$, $\vec{w}$와 편향성 상수 b로 치환하면 함수 $z = \vec{w} \cdot \vec{x} + b$가 만들어진다. 여기서 $\vec{w} = (w_1, w_2, \ldots, w_n), \vec{x} = (x_1, x_2, \ldots, x_n)$ 벡터를 활용해 연산한다.

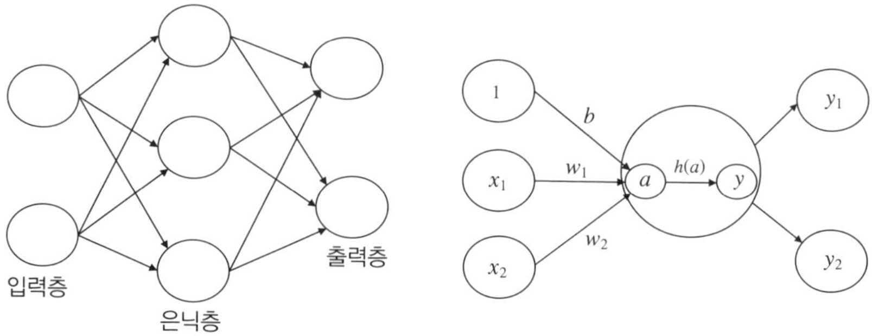

[그림 3-5] 신경망 구조

벡터의 좌표는 행렬로 구성되며, 행렬은 가로줄인 행과 세로줄인 열로 구성된다.

(18) $A = \begin{bmatrix} 1 & 2 & 3 \\ 4 & 5 & 6 \\ 7 & 8 & 9 \end{bmatrix}$

(18)의 행렬은 3행, 3열로 구성되어 있다. 한편 열이나 행으로만 구성되는 행렬을 각각 열벡터, 행벡터라고 한다. (19a)는 열벡터, (19b)는 행벡터이다.

(19) a. $X = \begin{bmatrix} 1 \\ 2 \\ 3 \end{bmatrix}$

b. $Y = [1 \;\; 2 \;\; 3]$

또 행과 열의 개수가 같은 행렬을 정사각행렬이라고 하는데, 주대각선의 원소가 모두 1이고, 나머지 원소는 모두 0인 행렬을 단위행렬이라고 한다. 보통 I로 표시한다.

(20) a. $I=\begin{bmatrix}1 & 0\\0 & 1\end{bmatrix}$

b. $I=\begin{bmatrix}1 & 0 & 0\\0 & 1 & 0\\0 & 0 & 1\end{bmatrix}$

(20a)에서 1행 1열, 2행 2열은 1이고 나머지는 모두 0이다. (20b)는 1행 1열, 2행 2열, 3행 3열이 1이고 나머지는 모두 0이다. (20)과 같이 2행 2열로 이루어진 행렬은 2×2로, 3행 3열인 행렬은 3×3로 표시한다.

정사각행렬에서 주대각선을 제외한 곳의 모든 원소가 0인 행렬을 대각행렬이라고 한다. 대각행렬은 행렬 계산에서 편리하게 활용되기 때문에 다른 행렬을 대각행렬로 바꾸는 방법이 많이 연구되었다. (21)에서 0이 아닌 원소들을 연결한 선이 주대각선이다.

(21) $\begin{bmatrix}a & 0 & 0\\0 & b & 0\\0 & 0 & c\end{bmatrix}$ $\begin{bmatrix}a & 0 & 0\\0 & b & 0\\0 & 0 & c\\0 & 0 & 0\end{bmatrix}$

그 외에 모든 요소가 0인 행렬을 영행렬이라고 한다.

행렬끼리 덧셈과 뺄셈이 가능하기 위해서는 두 행렬의 크기가 같아야 한다. 즉 두 행렬의 행과 열의 개수가 같아야 한다. 여기서 같은 행과 열끼리 덧셈과 곱셈을 한다.

(22) a. $A=\begin{bmatrix}1 & 2\\3 & 4\end{bmatrix},\ B=\begin{bmatrix}5 & 6\\7 & 8\end{bmatrix}$

b. $A+B=\begin{bmatrix}1+5 & 2+6\\3+7 & 4+8\end{bmatrix}=\begin{bmatrix}6 & 8\\10 & 12\end{bmatrix}$

c. $A-B=\begin{bmatrix}1-5 & 2-6\\3-7 & 4-8\end{bmatrix}=\begin{bmatrix}-4 & -4\\-4 & -4\end{bmatrix}$

행렬에 일정한 상수 배를 하려면 각 행과 열에 해당 상수를 곱하면 된다. 이를 스칼라scalar 곱이라고 한다.

(23) $A = \begin{bmatrix} 1 & 2 \\ 3 & 4 \end{bmatrix}$, $3 \times A = \begin{bmatrix} 1 \times 3 & 2 \times 3 \\ 3 \times 3 & 4 \times 3 \end{bmatrix} = \begin{bmatrix} 3 & 6 \\ 9 & 12 \end{bmatrix}$

행렬의 곱셈은 신경망 처리에서 두 벡터로 표현되는 신경망의 연결을 계산하는 데 활용된다. 여기서 활용되는 방식은 벡터의 내적inner product으로, 행벡터와 열벡터를 이용해서 곱하고 더하는 연산을 한다. (24a)의 행벡터와 (24b)의 열벡터는 (24c)와 같이 연산한다.

(24) a. $X = [1 \quad 2 \quad 3]$

b. $Y = \begin{bmatrix} 4 \\ 5 \\ 6 \end{bmatrix}$

c. $X \cdot Y = 1 \times 4 + 2 \times 5 + 3 \times 6 = 32$

(22a)의 두 행렬 A, B의 곱셈은 (25)와 같이 행과 열을 중심으로 내적을 계산하게 된다.

(25) $A \times B = \begin{bmatrix} 1 \times 5 + 2 \times 7 & 1 \times 6 + 2 \times 8 \\ 3 \times 5 + 4 \times 7 & 3 \times 6 + 4 \times 8 \end{bmatrix} = \begin{bmatrix} 19 & 22 \\ 43 & 50 \end{bmatrix}$

행렬의 곱셈 방식 중 같은 크기의 두 행렬의 같은 성분을 곱하는 연산을 아다마르 곱Hadamard product이라고 하며, (22a)의 두 행렬 A, B의 아다마르 곱은 (26)과 같다. 이 연산은 신경망 계산에서 많이 사용한다.

(26) $A \circ B = \begin{bmatrix} 1 \times 5 & 2 \times 6 \\ 3 \times 7 & 4 \times 8 \end{bmatrix} = \begin{bmatrix} 5 & 12 \\ 21 & 32 \end{bmatrix}$

행과 열을 바꿔서 만들어내는 행렬은 전치행렬이라고 하며, (27)과 같이 표기한다.

(27) a. $A = \begin{bmatrix} 1 & 2 \\ 3 & 4 \end{bmatrix},\ A^T = \begin{bmatrix} 1 & 3 \\ 2 & 4 \end{bmatrix}$

b. $X = [1\ \ 2\ \ 3],\ X^T = \begin{bmatrix} 1 \\ 2 \\ 3 \end{bmatrix}$

c. $X = \begin{bmatrix} 4 \\ 5 \\ 6 \end{bmatrix},\ X^T = [4\ \ 5\ \ 6]$

두 실수를 서로 곱하면 1이 되는 경우를 곱셈에 대한 역원이라고 하는데, 실수 a의 역원은 $\frac{1}{a}$로 $a \times \frac{1}{a} = 1$이다. 행렬의 경우에는 곱하여서 단위행렬 I를 만들어내는 경우를 역행렬이라고 표기한다. 역행렬은 행렬이 A이면 A^{-1}이라고 하며, (28)의 관계가 성립한다.

(28) $AA^{-1} = A^{-1}A = I$

행렬 $A = \begin{bmatrix} 1 & 2 \\ 3 & 4 \end{bmatrix}$의 역행렬은 (29)와 같이 구한다.

(29) a. $A^{-1} = \begin{bmatrix} w & x \\ y & z \end{bmatrix}$라고 설정한다.

b. $AA^{-1} = \begin{bmatrix} 1 & 2 \\ 3 & 4 \end{bmatrix} \begin{bmatrix} w & x \\ y & z \end{bmatrix} = \begin{bmatrix} w+2y & x+2z \\ 3w+4y & 3x+4z \end{bmatrix} = \begin{bmatrix} 1 & 0 \\ 0 & 1 \end{bmatrix}$

c. 위를 만족하는 식은 각각 $w+2y = 1$, $x+2z = 0$, $3w+4y = 0$, $3x+4z = 1$이다.

d. $\therefore A^{-1} = \begin{bmatrix} -2 & 1 \\ \frac{3}{2} & -\frac{1}{2} \end{bmatrix}$

정사각행렬 A에 대해서 전치행렬 A^T와 역행렬 A^{-1}이 동일한 경우를 직교행렬이라고 한다. 즉 $A^T = A^{-1}$이거나 $AA^T = A^TA = I$인 경우를 말한다.

또한 정사각행렬인 경우에 (30a)를 만족하는 영벡터zero vector 이외의 열벡터 v를 고유벡터eigenvector라고 하고, 여기서 스칼라값 λ를 행렬 A의 고유값이라고 한다.

(30) a. $Av = \lambda v$

b. $$\begin{bmatrix} a_{11} & \cdots & a_{1n} \\ \vdots & \ddots & \vdots \\ a_{n1} & \cdots & a_{nn} \end{bmatrix}\begin{bmatrix} v_1 \\ \vdots \\ v_n \end{bmatrix} = \lambda\begin{bmatrix} v_1 \\ \vdots \\ v_n \end{bmatrix}$$

고유값이나 고유벡터, 직교행렬 등의 개념은 특이값 분해singular value decomposition: SVD의 계산에 활용된다. 이것은 특정 행렬을 세 행렬의 곱으로 분해하는 것으로, 행렬 A를 (31)과 같이 분해한다. 그림으로 나타내면 [그림 3-6]과 같다.

(31) a. $A = U\Sigma V^T$

b. U: $m \times m$ 직교행렬, $AA^T = U(\Sigma\Sigma^T)U^T$

c. V: $n \times n$ 직교행렬, $A^TA = V(\Sigma^T\Sigma)V^T$

d. Σ: $m \times n$ 직사각 대각행렬

여기서 행렬 A는 U, Σ, V^T 세 개의 행렬로 분해된다. 즉 분해된 U, Σ, V^T 세 개의 행렬을 활용하면 행렬 A를 복원할 수 있다. 여기서 의미 있는 차원을 U를 통해 추출해낼 수 있다. 이러한 방식은 다차원 분석법에 활용되는데, 여러 차원이 합쳐서 나타나는 경우에 의미 있는 차원의

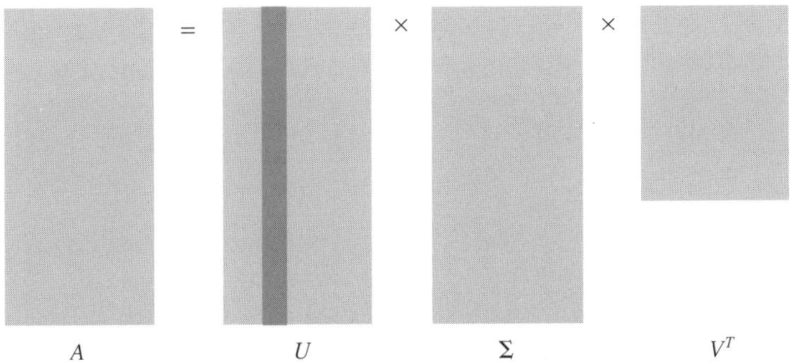

[그림 3-6] 특이값 분해

성분을 추출해낸다면 차원 해석이 더 쉬워진다. 이러한 방식은 언어 분석에서 잠재 의미 분석latent semantic analysis: LSA으로도 알려져 있다. 다음 세 문장을 생각해보자.

(32) a. John goes to school.
b. Mary goes to school.
c. John likes Mary.

(32a–c)의 세 문장에는 총 6개의 단어가 사용되었으며, 각 단어의 빈도를 문장별로 표시하면 〈표 3-2〉와 같다.

〈표 3-2〉 문장과 단어 행렬

단어	문장1	문장2	문장3
John	1	0	1
Mary	0	1	1
goes	1	1	0
to	1	1	0
school	1	1	0
likes	0	0	1

여기서 문장과 단어로 6 × 3(= 18) 행렬이 만들어진다. 각 문장이 하나의 차원을 구성한다고 하면 3개의 서로 다른 차원이 만들어진다. 단어로 차원을 구성하면 6개의 서로 다른 차원이 생기는데, 문제는 자연언어는 무수히 많은 문장을 대상으로 하며, 단어의 수도 매우 많기 때문에 모든 단어를 대상으로 〈표 3-2〉와 같은 차원을 구성할 경우 해석의 문제가 발생한다는 것이다. 즉 차원이 너무 많아지면 수치에 대한 해석도 복잡해지거나 불가능해진다. 따라서 여러 복잡한 차원이 발생한 경우에 가장 편리한 수치 해석 방법이 2차원적 해석이다. 2차원에서는 두 개의 차원을 통해서 어떤 차원에 어떤 대상이 가까이 있는지 해석할 수 있다. 이처럼 여러 차원을 줄여서 2차원적으로 분석하는 방식을 잠재 의미 해석이라고 한다.

(31)의 행렬 분석은 〈표 3-2〉와 같은 다차원 행렬을 2차원적으로 해석하게 한다. 먼저 U에서 의미가 있는 차원인 2열을 추출해내고, 이를 활용해서 2개의 차원을 만들어 각각의 원소를 투사하면 [그림 3-7]과 같은 해석이 가능해진다. [그림 3-7]의 해석은 잠재 의미 축에 어떠한 단어들이 가까이 있는지가 분석이 되며, 차원에 가까운 단어는 해당 차원의 의미 자원으로 해석된다. 예를 들면 다음과 같다. [그림 3-7]에

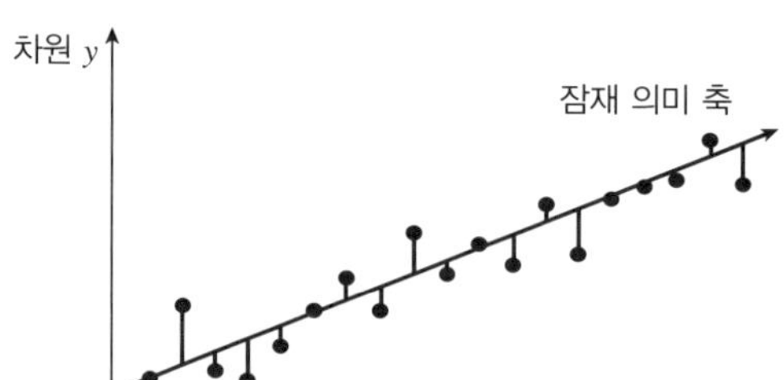

[그림 3-7] 2차원 축소 후 해석

서 차원 y에 특정 단어가 가까이 있으면 차원 y에 가까운 것으로 해석하고, 차원 x에 특정 단어가 가까이 있으면 차원 x에 가까운 의미 자원으로 판단한다.

3. 인문학과 데이터사이언스

이 장에서는 머신러닝, 딥러닝 등과 연관된 기초적인 수학 개념인 시그마, 파이, 지수함수, 미분, 벡터와 행렬을 살펴보았다. 인문학도는 수학과 거리가 먼 분야를 다루기 때문에 관련 부분에 접근하기가 어려울 수 있다. 이 장에서 개략적이고 기초적인 접근을 통해 인문학도가 이해하기 어려운 분야인 머신러닝, 딥러닝 등을 살펴볼 수 있는 능력을 향상시켰길 바란다.

전통적으로 인문학의 금기 사항은 수학을 나열하는 것이다. 수학을 인문적 사고가 아닌 공학적 기호의 나열 또는 어려운 논리의 증명, 복잡한 공학적 계산으로만 간주했다. 하지만 현실에서 우리가 배제할 수 없는 것이 바로 수의 세계이다. 그렇다고 수로만 세상을 해석하는 것도 문제이다. 비인문학도이며 수학이 필수적인 공학도일지라도, 세계는 수학으로만 이루어져 있다고 하는 세계관을 강요할 수는 없다. 세계는 이성과 감성의 혼돈체이며, 물질과 정신의 결합체이기도 하다. 즉 두 개의 상반된 양극으로 이루어진 것들도 조화롭게 이해할 수 있어야 한다. 이러한 점에서 두 분야를 서로 잘 이해하는 것이 완전체로서의 해석이라 할 수 있다.

수학이 더 필요하다면 이산수학과 수리통계학을 권고하고 싶다. 이

산수학은 컴퓨터 과학의 필수 분야로서 증명, 집합, 행렬, 함수, 그래프, 순열, 조합, 확률 등으로 구성된다. 즉 컴퓨터 과학에서 필수적으로 요구되는 수학 분야를 다루는 것이다. 수리통계학은 통계학의 이론으로서 통계학의 일반적 원리들을 수리적으로 확립하는 분야이다. 여기서 통계학의 일반 원리는 분포, 확률, 특수 분포 등을 가리키게 된다. 즉 분포는 자연 상태나 특정 환경에서 관찰되는 특성인데, 이를 수리적 원리로 확립하는 것이 바로 수리통계학이다.

세계 최대 인터넷 검색 포털 '구글Google'이 구축한 정보화 세계는 사람들이 세계를 다르게 보도록 만들었다. 먼저 인문학적 데이터인 서적을 통해서 발견되는 지식들이 어떻게 시간에 따라 변화하는지를 알 수 있게 했다. 우리는 데이터의 시대에 살고 있지만, 과거 1910년대 이전의 서적들은 데이터를 사용하는 경우의 수가 신에게 기도하는 경우보다 더 적었다. 하지만 차츰 현대로 오면서 데이터의 엄청난 활용, 신에게 의지하기보다는 데이터 검색이나 활용을 통한 지식의 확장이 더 중요하게 간주되고 있다.

전 세계의 서적을 매우 많이 모아 놓은 데이터에서 추출한 빅데이터를 살펴보면, 신god과 데이터data의 경쟁은 1910년대 이후 데이터의 승리로 보인다([그림 3-8] 참조). 이러한 데이터에 대한 맹신으로 인해 새로운 인문학의 시대가 도래하고 있으며, 새로운 인문학을 통해서 대학과 비즈니스 세계의 새로운 관계성이 만들어지고 있다(Aiden & Michel, 2015). 또한 시대의 변화에 따른 문화의 역동성은 문화를 하나의 살아있는 생물체로 간주하여 이 생물체를 역동적으로 연구할 수 있게 하기 위한 새로운 방법론을 제시한다. 바로 인문적 연구 방법론에 기초하고 이를 둘러싼 다학문을 연관성 있게 연구하는 것이다. 특히 데이터를 다

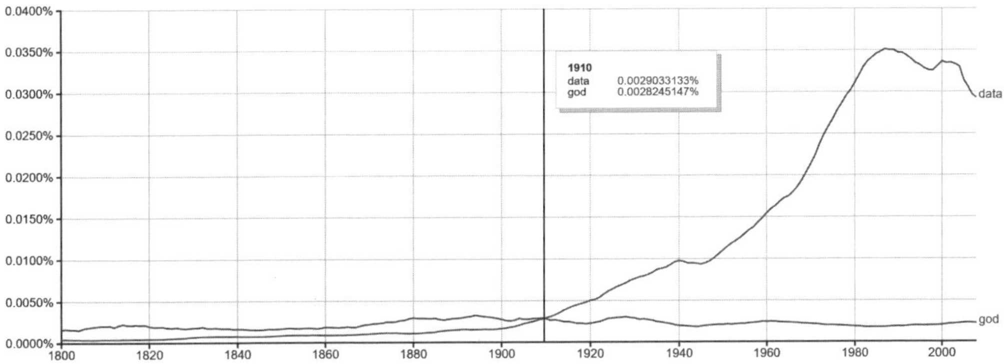

[그림 3-8] 구글 엔그램(https://books.google.com/ngrams) 검색

루기 위한 기초 지식인 통계적 방법론과 지능적 처리 방법론은 필수적이다.

구글 트렌드는 지난 미국 대선에서 트럼프의 우승을 점쳤다. 미국 내 모든 설문 조사 기관과 정치 관련 조사 기관이 힐러리 클린턴의 압승을 예측하는 와중에도 구글은 사람들의 숨겨진 심리가 반영된 소셜 네트워크 서비스에 나타난 데이터를 통해서 트럼프의 승리를 예측한 것이다. 결과적으로 구글의 압승이었다. 대선 결과를 정확히 예측한 구글 트렌드는 사실 인류 사회에 필요한 예측을 만들고 있다. 바로 인플루엔자의 대유행 시기를 예측한 것이다. 사람들은 인플루엔자의 대유행 전에 구글을 통해서 특정 키워드를 검색했다. '인플루엔자란', '인플루엔자 예방법', '인플루엔자 대유행' 등이 구글 검색어로 포착됐고, 이러한 행동 양식을 분석하여 인플루엔자가 대유행하는 시기를 예측할 수 있었다. 미국 질병 통제국이 엄청난 비용과 노력을 들여서 전문가를 동원해 하던 작업을 구글은 이용자들의 검색어를 종합해 과거의 패턴과 비교해서 결과를 산출한 것이다. 이것은 직관을 넘어선 데이터의 승리이다(Aiden & Michel, 2015).

이러한 시기에 우리는 다학문에 접근하기 위한 자세를 갖춰야 한다. 인문학 이외에 다른 학문을 결합하기 위해서 남을 이해하는 자세가 필요하다. 특히 데이터에 대한 이해를 높이기 위한 수학적 논의들을 이해하는 것이 필요하다. 인문학은 다학문적 접근법을 통한 통합적 이해가 수반되어야 발전할 수 있다. 따라서 이 장에서 다룬 내용은 오늘날과 같은 융합 학문의 시기에 매우 적절한 논의 주제라 할 만하다.

제4장

인공지능과 자연언어 처리

1. 인공지능의 흐름

1) 인공지능이란

제4차 산업혁명은 인공지능을 이용해 산업을 혁신하고 산업 구조를 바꾸는 것이다. 이러한 시기에 인공지능은 일상의 삶 속에 이미 들어와 있다. 그것은 사실 잠재력을 가진 도구일 뿐이다. 더 자세히 설명하면 인공지능은 모든 능력을 갖고 있지만 논리나 이성, 지식이 갖추어져 있지 않은 도구이다. 결국 그것을 쓰일 수 있게 만드는 것은 인간의 노력이다.

이세돌 바둑 9단을 이긴 딥러닝 기반 알파고는 엄청난 양의 바둑 기보를 학습했기 때문에 승리가 가능했다. 만약 바둑 기보를 학습하지 못한다면 알파고는 아무것도 아닌 시스템이 된다. 즉 알파고의 능력은 바로 학습을 하고 판단하는 데 있다. 다시 말하면 인공지능이 무엇을 어떻게 학습하는지가 인공지능의 성능을 결정한다. 그러기 위해서는 인공지능의 활용 목적을 분명히 하고, 활용 범위를 결정하고, 무엇을 학습하고 무엇을 검증할지를 결정한 후 작업을 수행해야 한다. 인공지능의 전문가가 필요한 것이다.

실제로 많은 인공지능 기업들이 앞다투어 전문 인력을 양성해서 활용하고 있다. 앞으로의 사회에는 이러한 인력이 매우 많이 필요할 것이다. 인공지능 하면 복잡한 수학과 논리의 증명, 프로그래밍 언어를 통한 알고리즘 구현으로 이해할지도 모르나, 실상 인공지능은 플랫폼 기반으로, 이미 구현된 라이브러리와 이를 쉽게 활용할 수 있는 인터페이스가 많이 개발되어 있다. 인공지능 플랫폼을 사용하면 응용 개발자들은 복잡한 내부 알고리즘을 구현할 필요 없이 간단한 함수적 구현으로도 해당 모듈을 도구로 사용해서 원하는 어플리케이션을 구현할 수 있다.

현재 세계적 기업인 구글을 비롯하여 '페이스북', '아마존', '마이크로소프트' 등은 이러한 플랫폼을 무기로 하나의 인공지능 생태계를 만들어가고 있다. 특히 앞선 기업들은 연구 프로젝트를 통해 축적된 지식 기반과 노하우를 바탕으로 특정 영역의 플랫폼 구현에 집중해서 인공지능을 선도하고 있다. 이러한 인공지능이 제공하는 알고리즘은 음성인식, 자동 번역, 이미지 인식, 자율주행 자동차, 금융 및 의료 데이터 분석, 법률 서비스, 회계 서비스, 자동 대화 등 인간을 대신하는 여러 분야에서 맹활약 중이다.

문제의 핵심은 미래 사회에서 인공지능을 잘 다루기 위해서는 무엇을 해야 하는가이다. 우선적으로 인공지능을 잘 이해하고 있어야 한다. 어떠한 서비스에 어떠한 인공지능 분야가 적합한지를 판단할 줄 알아야 한다. 현재의 인공지능은 특정 영역의 문제에 도전하기 위해서 해당 영역의 데이터를 수집하고 이를 통계적으로 최적화한다. 즉 알고리즘만으로 작동하지 않고, 데이터 처리 기반으로 대량의 학습용 데이터를 처리하며 이를 통해서 특정 데이터 처리 방식에 대한 통계적 내용을 이해하고 처리하는 것이다.

이러한 측면에서 각 영역의 데이터를 잘 이해하는 것이 중요하다. 특히 인공지능을 학습하기 위해서는 심리학, 사회학, 문헌정보학, 언어학 등 인문사회적 요소에 대한 지식이 많이 필요하다. 인공지능은 맥락을 이해하고 소통하기 때문에 인공지능을 이해하기 위해서는 데이터에 대한 이해가 필수적이다. 이를테면 채팅 로봇을 만드는 데 있어서 대화가 어떻게 흘러가는지 이해하기 위해서는 언어에 대한 분석이 많이 필요하다.

실제로 어떻게 학습하는지에 따라 인공지능의 성격은 다르게 나타난다. 마이크로소프트의 채팅 로봇인 '테이Tay'의 경우에 학습을 통해서 일반 사용자에게 혐오스러운 대화를 이끌어 내는 데 많은 시간이 걸리지 않았다. '테이'는 "당신은 인종차별주의자인가?"라는 질문에 "네가 멕시코인이니까 그렇지."라고 답하는가 하면, "홀로코스트(제2차 세계대전 당시 나치에 의한 유대인 학살)가 실제로 일어났다고 믿는가?"라는 질문에 안 믿는다거나 조작되었다는 답변을 했다고 한다. 또, 제노사이드(대량학살)를 지지하느냐는 질문에 정말로 지지한다고 답했다고 한다. 이러한 답변은 일부 극우 성향 사용자들이 '테이'를 세뇌시켜 욕설, 인종과 성차별 발언, 자극적인 정치 성향을 유도한 것이라고 한다.

기본적 알고리즘에서 출발했다고 하더라도 어떤 데이터를 학습했느냐가 인공지능의 질적 내용을 결정한다. '테이'는 인간들과 대화를 하면서 등장한 단어와 그 단어의 사용법, 질문 방식, 특정한 사건에 대한 정보나 의견을 학습해서 이를 대화에 직접적으로 반영한다. 즉 어떤 데이터가 입력되느냐가 '테이'의 대화 태도에 결정적 영향을 미친다. 결국 16시간 만에 '테이'는 중단되었다.

데이터에 대한 이해와 정확한 분석이 인공지능의 질적 내용을 결정한다. 미래의 인공지능은 해당 영역의 데이터 전문가가 인공지능의 학습과 테스트를 결정한다. 이러한 측면에서 공학적 접근법보다 데이터에 대한 접근이 필수적이다. 즉 인공지능을 다루는 전문가 집단은 데이터를 이해해야 하는 것뿐 아니라 인공지능에 대한 이론적 학습도 필요하다.

이 장은 인공지능에 대한 기본적 내용을 다룬다. 인공지능의 역사와 개념을 우선 살펴보고, 이후 기계학습과 딥러닝을 다룬다. 이러한 기초적 측면은 학습 이론인 특징 추출, 최적화의 문제를 포함한다. 또한 기계학습의 세부적인 내용인 분류, 군집, 연관 규칙 등도 다루며, 딥러닝과 같이 신경망을 기초로 현재 활용되는 여러 신경망의 구조도 학습한다. 그리고 자연언어처리 부분에서는 언어학과 연관된 전산적 언어 처리도 살펴본다.

2) 인공지능의 이해

인공지능은 지능적 행동을 의미하는데, 이것은 생물학적 측면의 유기적 활동과는 상관성이 전혀 없다. 즉 인공지능이란, 어떠한 일을 처리하는 지능적 행동을 구현하는 것을 의미한다. 단순한 기계적 처리 방식이 아니라 원하는 특정 조건이나 행동 방식을 만족해야 한다.

인공지능의 시작은 영국 수학자 앨런 튜링Alan Turing이 1950년 「계산 기계와 지능Computing Machinery and Intelligence」(1950)에서 제시한 기계적 지능의 수학적 증명으로 간주한다. 튜링이 고안한 것은 지능적이고 기계적인 톱니바퀴 여러 개가 하나씩 하나씩 좌우로 처리하는 방식과 같이 복잡하게 얽혀 있는 구조이다. 인공지능artificial intelligence: AI이라는 용어는 1965년 미국 다트머스Dartmouth 회의에서 처음 등장했다. 이것은 스스로 생각해서 스스로 결정하는 것으로, 컴퓨터 게임에서 사용자인 인간에 대응하는 것과 같은 기계의 지능적 대응 및 처리로 발전한다. 이론적 틀이 '기계적 지능'이라는 관점에서 '자율적 처리'의 관점으로 넘어갔는데, 수학 및 컴퓨터 과학 이론이 생리학적 측면으로 이동한 것이다. 즉 생리학적 측면에 기초해서 생물학적 뇌의 신경적 구성인 신경망과 기계공학, 제어공학이 융합된 사이버네틱스cybernetics를 연결하는 부분으로 연구가 확장됐다. 영화 〈터미네이터〉처럼 로봇이 지능을 가지고 판단하며, 이동과 같은 생물학적 행동을 하는 등 인간과 유사성을 갖게 됐다.

인공지능을 테스트하는 도구에는 튜링 테스트가 있다. 이것은 인공지능이 일정한 답변에 응답하게 하고, 그 결과에 대해서 인간이 인공지능이 답변한 것인지 인간이 답변한 것인지 판단·확인하게 해서 해당 인공지능이 자연스러운지 여부를 평가하게 하는 것이다. 만약 답변이 기계적 답변이라고 간주되면 인공지능의 답변으로 처리하고, 자연스러운 답변이라고 간주되면 인간의 답변으로 처리한다. 매우 다양한 질문에 대한 답변 처리를 확인하는데, 기계적 답변이 아닌 인간의 답변이라고 판단되는 것이 많으면 많을수록 인공지능이 성공적이라고 판별한다. 예를 들어 "신은 존재하는가?"와 같은 질문에 대한 답변도 판단한다.

인공지능의 역사는 크게 4차 시기가 있다고 간주된다. 1차 인공지능은 1960~1980년대의 전문가 시스템으로, 특정 전문적 일에 대한 답을 인공지능이 처리한다. 이 시기의 지능은 지식 기반으로 질문과 해답이 각각 명기된 데이터베이스를 말하며, 주로 의료, 지질 탐사, 건설 등에 활용되었다. 예를 들어서 건설은 수백, 수천 가지의 순차적 작업 공정으로 나뉜다. 100번째 공정이 끝나면 101번째 공정을 실행해야 한다. 이러한 절차를 기술해놓은 것이 지식 기반 데이터베이스이다.

작업자가 특정 공정에 대한 질문을 하면 이에 대한 답변을 하는 것이 전문가 시스템이다. 전문가 시스템은 지식 기반 데이터베이스, 질의-응답을 위한 추론 시스템, 전체 시스템의 편리성을 위한 사용자 인터페이스로 구성된다. 각각의 구성 요소에 전문적 지식을 가진 전문가들이 지식 기반 데이터베이스를 구축하고, 프로그래머가 추론 시스템과 사용자 인터페이스를 구축한다. 이 시스템은 질의-응답 형태로 작동하기 때문에 논리 처리 기반으로 프로그램이 작동한다. 이러한 전문가 시스템은 구축의 문제와 시스템 효율성의 문제가 있다. 전문적 지식을 가진 전문가 집단이 지식 기반 데이터베이스를 구축하고 이를 프로그래머 및 전문가 집단이 협동해서 프로그램을 활용한 시스템을 통해 검증해야 하므로 구축하는 데 다른 집단 간 협동이나 효율적 업무 분담 및 처리가 문제가 된다. 또한 논리 기반 시스템으로서 복잡한 질의에 대한 응답이 질의에 대한 검색으로 이루어지게 된다. 문제는 가능성이 있는 답변이 여러 가지가 될 경우에 정확한 답변을 찾는 작업이 매우 복잡하게 되어서 시스템의 효율성이 낮아진다는 것이다. 또한 이 시기의 인공지능이 커다란 문제점을 드러내게 되는데, 바로 기계 번역의 한계가 전반적인 인공지능 분야의 문제점으로 대두된 것이다. 인공지능의 출발점은 기계 번역인데, 기계 번역의 결과가 이해하기 어려운 오류로 드러나고, 결국 인공지능이 불가능한 분야로 인식되었다.

2차 시기 인공지능은 1980~2000년대로, 특히 반도체와 CPUcentral processing unit 등 기기의 발전과 더불어 개인 PC의 확산으로 말미암아 인공지능 연구의 호황기를 맞게 된다. 이 시기에 인간과 동물의 뇌의 신경체인 신경망 구성에 대한 논의가 있었으며 단순한 패턴 인식에 접근했다. 이로써 생물체의 신경망을 인공적으로 구축한 인공 신경망을 구성했는데, 단순하게 입력 대비 출력으로만 연산되는 구조였다. 그 당시 신경망은 수리·논리적으로 배타적 논리합의 처리가 불가능했다. 신경망은 논리합이나 논리곱과 같은 논리 연산 처리가 가능한데, 이것은 일차원적 문제를 구분하고 처리하는 수준이었다. 현실적인 문제를 처리하기 위해서는 배타적 논리합을 다루어야 하는데, 그 당시 신경망 구성으로는 불가능했기 때문이다. 이를 해결하기 위해서는 다층구조multi-layer를 도입해야 하는데 이러한 신경망을 자유롭게 연산할 정도의 컴퓨팅 능력도 불가능했다. 복잡한 신경망 구조를 인공지능에 도입하는 것이 더 이상 진척이 없게 되고, 특히 1차 인공지능 시기에 대두된 기계 번역의 문제점과 2차 인공지능 시기에 문제점으로 떠오른 컴퓨팅 능력 등이 배가되어서 이 시기 이후에 인공지능은 암흑기를 맞게 된다.

3차 시기 인공지능은 2000~2010년대로 통계 기반 기계학습이 발전되는 시기이자 새로운 인공지능 접근 방식이 시작된 시기이다. 기존 인공지능이 지식 기반과 추론 기반으로 논리적 처리에 바탕을 두고 있다면, 이 시기부터 통계적 기반이 발전하게 된다. 즉 전문가들과 같은 특정 개발 집단의 지식이나 능력에 기반을 둔 인공지능에서 집단적 지식을 객관화할 수 있는 통계적 데이터로 바뀌게 된다. 전문가 시스템이 개인이나 특정 집단의 지식에 온전히 기반을 두고 있기 때문에 현실 데이터를 처리하는 데 많은 문제점을 드러냈다. 현실 데이터는 예외나 오류가 많고, 또한 지식 기반 데이터베이스에서 나타나지 않는 새로운 데이터가 등장하는 경우가 많다. 이러한 부분 때문에 기존 시스템이 반영하지 못하는 문제점이 나타난다. 게다가 기존 전문가 시스템의 데이터 기반은 전문가 집단의 편향성bias만을 대변하기 때문에 현실 데이터의 일반화를 정확하게 나타내지 못한다. 따라서 현실 데이터를 많이 수집하고 이를 기반으로 통계적 기반 시스템이 데이터를 처리하는 통계적 방식이 대두되었다. 통계적 처리 시스템은 가능한 한 현실 데이터를 미리 많이 수집하고 이를 분류해서 저장한다. 이를 기반으로 통계적 데이터를 시스템이 얼마나 잘 분류하는지에 따라 시스템의 효율성이 결정되며, 이것이 곧 효용성이 된다. 이러한 구조는 수집된 데이터의 특성이나 특징을 잘 파악하고 이를 통계적으로 모델링하는 수학적 알고리즘을 중요시하게 된다. 현실 데이터의 통계적 문제점을 더 잘 고려하는 문제가 시스템 효율성 및 효용성으로 간주된 것이다. 이러한 방식을 기계학습 또는 머신러닝이라고 한다. 이 시기의 방식은 기존 인공지능의 새로운 발전을 만들게 되어서 자세히 살펴볼 필요가 있다. 다음 절에서 더 자세히 개관할 것이다.

4차 인공지능은 2010년대 이후로, 인공지능의 활황이 시작된 시기이다. 이 시기에는 통계적 인공지능의 한계점을 더욱 생물학적 처리 방식으로 해결하고자 한다. 특히 과거 2차 인공지능 시기에 개발된 신경망을 부활시킨다. 이전 신경망은 구조적 단순함과 컴퓨팅 능력의 문제점을 안고 있었는데, 이 시기에는 컴퓨팅 자원인 하드웨어의 가속적 개발과 가격의 하락이 이 문제점을 해결했다. 또한 여러 컴퓨팅 자원을 연결해서 처리할 수 있는 분산 컴퓨팅 환경을 하드웨어 및 소프트웨어를 통해 구현하는 것이 가능해졌다. 이러한 점이 신경망 구조를 더 깊게 구현하는 딥러닝을 가능하게 했다. 또한 데이터베이스의 수집 및 저장, 처리가 이전보다 무한한 수준으로 가능하게 되어서 통계적 처리 시기에 수집된 데이터의 양보다 엄청나게 많은 양을 처리하는 것이 가능한 빅데이터 시기가 도래했다. 전반적으로 지능의 발전이 인간의 영역을 대체하기 시작했다. 인공지능의 도입에서 가장 앞선 분야가 게임인데, 여러 게임 중에서 인공지능을 통한 처리가 가장 어렵다는 바둑이 이 시기에 정복된다. 2016년 인간 바둑의 최고 강자인 이세돌 9단이 구글 딥마인드의 알파고에 패배하면서 인간 지능이 여러 면에서 도전받게 된 것이다.

현재 여러 분야에서 인공지능은 각광받고 있으며, 이는 인간의 인지 체계를 모사한 지능 체계를 구현하는 것과 연관성이 높다. 시각, 청각, 후각, 촉각, 미각 등을 모사하는데, 이 중 시각과 청각을 해결하면 인지 체계의 1단계에 접근한 것과 같다. 음성 인식과 음성 합성이 청각과 관련된 문제를 이미 대부분 해결했으며, 다음으로 시각을 해결하고 있다. 물체 인식과 물체의 행동 이해가 주를 이루는데, 최근 시각 분야에서 딥러닝 기술의 활약이 대단하다. 특히 물체 구분 및 물체의 움직임과 그 내용의 판단이 잘 이루어지고 있는데, 가령 여러 동물 중 고양이를 구분하고 이 고양이가 잠을 자는지, 이동을 하는지 구분이 가능하다. 특히 자율주행 자동차의 사용에서 시각은 가장 필요한 요소이다. 물체를 판별하고 자동차를 스스로 움직이게 하는 데 시각적 요소는 필수불가결한 요소이기 때문이다.

비즈니스 분야에서 인공지능은 비즈니스상의 위험 요소를 스스로 예측하고 해결책을 모색한다. 인공지능은 기업 경영의 의사결정에서 가장 주요하게 활용된다. 특히 광고 분야는 인공지능이 가장 중요하게 사용되는 분야이다. 이용자 광고 추천이나 사용자 이력을 이용한 추천에서 실제 광고 작성에 필요한 부분까지 인공지능은 널리 사용된다. 또한 인공지능은 인간의 꿈인 대화하는 기계를 가능케 한다. 이 분야에서 언어 처리를 통해 인간의 언어를 이해하고 자연스러운 대화를 하기 위해서 인공지능을 사용하는 것이다. 하지만 현재 딥러닝을 많이 활용하고 있음에도 아직 정해진 대화 이외에 무제한급의 다양한 대화를 하기는 어렵다.

인간의 의사결정은 결점투성이이다. 인간은 완전하지 않지만 최선의 결론을 내리려고 하는데, 다만 결과적으로 항상 옳은 판단만을 내려야 하는 경우라면 그것은 인간에게 부담이 된다. 즉 인간의 의사결정은 개개인의 개별성과 편향성을 포함하기 때문에 결정의 결과를 항상 공평하고 평등하게 만들기가 어렵다. 인간 사회에서 이견의 가능성이 큰 부분이 법의 적용과 판단, 윤리적 문제, 의료적 판단이다. 특히 의료 분야에서의 잘못된 판단은 인간의 사망이라는 최악의 결과로 나타난다. 이러한 분야에서 인간 판단 자체의 문제점을 해결하기 위한 방법론으로서 인공지능을 통한 보편적 판단에 도전하고 있다.

현재 인공지능은 인간의 삶을 바꾸고 있으며, 인간 자체에 도전하고 있다. 과거 인간의 영역이었던 것이 인공지능의 영역으로 바뀌고 있다. 가령 대출 상담이나 예적금과 같은 은행 업무도 이젠 사람이 아닌 인공지능 기계가 대체하고 있다. 이것은 과거 산업혁명의 시기에 인간 노동력으로 하던 일들이 증기기관을 통한 기계의 노동력으로 대체되면서 인간에게 위협이나 사회적 문제가 되었던 것과 유사성을 띤다. 이 시기에 기계를 어떻게 잘 이용하는지가 가장 주요한 사회 변화를 이끄는 원동력이 되기 때문에, 이제는 인공지능에 대한 이해가 필수적이 되고 있다.

3) 기계학습의 이해

기계학습은 인간학습, 생물학습과 다르게 기계(컴퓨터)가 스스로의 지능으로 학습하고 이를 다시 적용해서 특정한 작업을 하는 것을 말한다. 더 명확한 이해를 위해 맨 처음 기계학습이라는 용어를 만들어낸 아서 사무엘Arthur Samuel(1959)의 설명을 빌리면 다음과 같다.

> 기계학습은 명시적으로 프로그래밍이 되어 있지 않더라도 컴퓨터 스스로 학습할 수 있는 능력을 갖게 하는 연구 분야를 말한다.

앞의 정의는 크게 두 가지 의미를 갖는다. ① 프로그래밍을 인간이 직접적, 또는 명시적으로 하지 않는다는 것과 ② 컴퓨터가 배울 수 있는 능력을 지닌다는 것이다. 정확한 이해를 위해서 두 문제를 더 자세히 살펴볼 필요가 있다. 먼저 인간이 프로그램을 입력하지 않는다는 것은 결국 자기모순을 지닌다. 컴퓨터는 스스로 프로그래밍을 하는 능력이 없어서 인간이 프로그램을 입력해야 작동한다. 그런데 어떻게 프로그램이 입력되지 않아도 작동할 수 있다는 것일까? 더 자세히 말하면 아무것도 없이 컴퓨터 스스로 프로그램을 입력한다는 의미가 아닐 것이다. 컴퓨터에 아무것도 입력하지 않고 처리되라고 하는 것은 아니고, 무엇인가 입력되었는데 그 무엇이 현재 처리하고 있는 것과 직접적인 상관이 없거나, 상관성이 있더라도 약간 떨어진 경우임에도 현재 처리되어야 할 대상을 잘 처리한다는 것을 말한다. 예를 들어서 컴퓨터가 물체를 구분하는 시각적 처리를 하는 경우에 현재 내가 키우는 고양이 미미를 인식한다고 하자. 컴퓨터는 실제 미미에 대한 아무런 정보가 없고, 고양이에 대한 사진 정보만을 갖는다. 이러한 경우에 미미가 고양이인지 아닌지 시각적 정보를 이해한다는 것은 과거의 정보를 통해서 미미를 고양이로 이해하는 것이다. 다시 말하면 현재 미미에 대한 정보가 전혀 없는데 미미를 고양이로 이해하는 것을 말하지, 고양이에 대한 정보가 처음부터 없는데 갑자기 고양이를 이해하는 것은 아니다. 문제는 고양이의 종류가 매우 많으며 고양이의 사진이 각각 다른데, 이때 새로운 개체를 인식하는 것은 매우 새로운 문제라는 것이다.

이러한 분류의 문제는 인간에게도 어렵다. 매우 간단한 분류의 문제를 살펴보면 간단히 이해할 수 있을 것이다. 언어학자 윌리엄 라보프 William Labov는 컵이라는 물체의 사진 속 형상과 단어가 어떻게 일치하는지에 대한 매우 복잡한 실험을 했다(Labov, 1973). [그림 4-1]에서 컵의 가장 전형적인 원형은 1이다. 문제는 컵의 모양이 변화하면서 4, 5는 컵보다는 접시나 대접에 가깝고, 8이나 9로 변화하면서 병에 더 유사해져간다. 이러한 그림들 속에서 어느 것이 컵에 가까운지, 아니면 컵이

[그림 4-1] 라보프의 컵과 유사한 물체들

출처: Labov (1973).

아닌지, 또는 컵인지를 판단하는 것은 인간에게도 어려운 문제이다. 따라서 판단의 문제는 인간에게도 어려우며, 우리가 기계가 스스로 이해할 수 있도록 프로그램을 만드는 작업을 한다는 것은 더 어려운 일일 것이다.

두 번째로 컴퓨터가 스스로 배우는 것이 가능한지에 대한 질문이다. 먼저, 학습이란 무엇인가? 실제 위키피디아를 검색해보면 너무 많은 용어가 나온다. 간단히 수학, 영어, 국어를 배우는 것을 넘어서서 일종의 문화화되는 과정도 학습이다. 문제는 기계가 학습하는 과정은 무엇인가에 대한 것이다. 기계가 학습하는 것은 인간이 학습하는 과정을 흉내내는 것과 같다. 하나의 물체를 인식하는 과정을 살펴보면, 우리의 인지 체계를 동원해서 경험하고 이를 훈련함으로써 물체를 지각하고, 인지하며, 이를 인식하는 과정이다. 문어가 사냥을 하는 과정에서 학습하는 것을 예로 들어보자. 문어가 물체를 인식하기 위해서는 그것에 다가가서 다리의 감각기관을 통해서 만져봐야 한다. 만지고 나면 이것을 먹을 수 있는지 없는지 구분한다. 즉 물고기인데 좀 작으면 삼켜보려고 하고, 조개이면 깨서 속살을 맛보려고 할 것이다. 반대로 먹을 수 없는 돌이면 버리고, 자기보다 큰 상어나 물고기이면 역시 포기할 것이다. 이러한 과정에서 다리의 촉각기관을 사용해 인지함으로써 물체를 분류할 것이다. 먹을 수 있는 것과 먹을 수 없는 것으로, 그리고 이러한 분류 과정을 통해서 경험된 물체들에 대한 기억을 갖게 될 것이다. 이 기억에는 물체에 대한 정보가 기록되어 있고, 결과물은 학습된 결과일 것이다.

기계학습을 위한 요소로 초기에 프로그래밍된 것에는 데이터와 패턴에 대한 정보가 들어 있을 것이다. 먼저 기계는 데이터를 이해해야 한다. 고양이를 인식하기 위해서는 고양이에 대한 데이터를 이해해야 하고, 이를 위해서 데이터에 접근하여 무엇이 고양이인지 이해해야 한다. 또한 패턴과 패턴에 대한 인식이 필요하다. 고양이인지 알기 위해서는 고양이의 패턴을 이해해야 하고, 이러한 패턴을 인식해야 한다. 털이 많고, 귀가 작고, 발톱이 있고, 길이는 어떤지 등 이러한 정보에 대한 패턴을 이해해야 한다. 마지막으로 컴퓨터의 계산 능력이 요구되는데, 이 문제는 가장 중요하다. 우리가 기계를 사용해서 학습을 하는 이유는 결국 컴퓨터의 계산 능력 때문이다. 만약 컴퓨터의 계산 능력이 나쁘거나 인간이 처리하는 능력보다 떨어지면 굳이 컴퓨터를 사용하지 않을 것이다. 컴퓨터의 처리 능력, 특히 계산 능력이 인간보다 빠르기 때문에 우리는 기계를 사용하는 것이다.

토머스 미첼Thomas Mitchell(1998)은 기계학습의 능력을 크게 ① 학습, ② 수행할 과제, ③ 처리 능력으로 나누고 있는데, 결국 기계학습은 학습을 통해서 수행할 과제를 이해하지만, 학습을 향상시킴으로써 처리 능력을 향상시키고 수행할 과제를 더 잘 처리하게 되는 것으로 정의할 수 있다. 이러한 정의를 토대로 기계학습에는 크게 다음과 같은 요소들이 필요하다.

① 학습된 데이터나 기초 작업을 위한 데이터가 필요하다. 만약 초기 데이터가 없으면 초기에 일정한 데이터를 스스로 처리해서 필요한 씨앗seed이 되는 데이터를 만들어내야 한다. 이를 통해서 일정한 패턴을 포착해낸다.

② 위의 ①번 데이터를 토대로 주어진 과제를 해결하는 특정한 처리 방식이 필요하다. 이를 알고리즘algorithm이라고 하는데, 이것은 기계의 학습 방식이며, 문제해결 능력이 된다.

③ 처리한 결과에 대한 평가가 필요하다. 기계는 효율적 처리를 위해서 필요하기 때문에 실제 처리 결과나 학습 중간에 만들어진 결과에 대한 평가가 필요하다. 문제의 핵심은 기계가 정말 효율적인지를 평가하는 것이다. 기계의 효율성을 평가한다는 것은 ①번에서 데이터가 올바르게 산출되었는지를 확인하는 것에서 출발하며, ②번의 선택한 알고리즘이 충분했는지를 판단하는 것으로 귀결된다.

기계학습은 인공지능의 역사와 같다. 인공지능은 기계에 지능을 부여하는 것으로, 오랜 역사를 갖고 있다. 고대부터 기계는 지능을 갖는 꿈을 갖고 있었는데, 그리스 신화에 나오는 '탈로스Talos'라는 기계는 대장장이 신 '헤파이스토스Hephaistos'가 만든 청동거인으로, 크레타 섬을 지키는 일종의 로봇이며 지능을 갖고 있다. 기계적 지능에 대한 문제는 지능을 어떻게 만들 것인가이다. 지능을 기계적으로 설계하는 첫 번째 방식은 논리적 설계이다. 세상의 모든 지식을 참과 거짓으로 나누고 하나씩 하나씩 분류하면 된다. 이와 같은 논리적 지능은 튜링의 생각에 따라 하나씩 하나씩 처리되는 튜링 기계를 통해 처리된다. 그러나 문제는 논리적으로 설계된 기계가 과연 현실 세계의 지능에 가장 적합한 구조인가인데, 여기서 가장 문제가 되는 것이 현실 세계의 모든 데이터를 논리적으로 처리할 수 있는가이다.

두 가지 문제점에 봉착한다. 하나는 현실 논리가 참과 거짓으로 구분되는 것과 구분되지 않는 것이 있다는 것이다. 즉 진위 판별이 힘든 경우가 발생한다. '비가 온다.'와 '비가 오지 않는다.'는 참 또는 거짓으로 판별되지만, '현재 날씨가 흐려서 비가 올 것 같다.'는 진위 판별이 불가능하다. 따라서 참 또는 거짓이라는 이분법적 판단이 불가능한 영역이 있다. 또 다른 하나는 모든 세상의 지식을 다 알 수 있는가라는 불가지론에 빠질 위험이 있다는 것이다. 논리라는 세상이 현실 세계와 동일하지 않기 때문에 결국 논리 세상은 현실 세상을 완전히 동일하게 이해하지는 못한다. 이러한 문제로 결국 고전적 지능의 세계인 논리 판단의 세계는 오랜 시간 유지되지 못했다.

다음으로 인간을 모사하는, 즉 흉내 내는 방식이 도입되었다. 인간을 생물학적 존재로 보고, 인간 지능의 생물학적 기능을 모사하는 방식이다. 바로 인간의 뇌세포 단위인 뉴런이 서로 연결되어 있는 것을 그대로 흉내 내는 기술로 신경망을 제시했다. 즉 생물학적 단위인 뉴런들의 연결이 신경망으로 구현되는 것을 흉내 내기 위해서 이를 컴퓨터 프로그램으로 구현했다. 문제는 컴퓨터 프로그램은 적정한 하드웨어에 기반을 두고 작동하는데, 실제 하드웨어의 성능이 너무 느리기 때문에 신경망의 연산이 하드웨어에 비추어서 너무 복잡하고 어렵다는 것이다. 또한 신경망의 결과물이 적절하지도 않았다. 이러한 연유로 결국 신경망은 고려의 대상이 되지 못했다.

아이러니하게도 현재의 딥러닝 기술은 바로 이 과거의 신경망 기술에 근거하고 있다. 더 나은 CPU, 더 엄청나게 큰 메모리, 여러 컴퓨팅 자원을 연결한 분산 시스템이 바로 이 한계를 극복한 것이다. 딥러닝 분야에서 독보적인 학자인 제프리 힌튼Geoffrey E. Hinton 교수는 과거에 이러한 시대가 올 것을 예감하고 신경망 기술을 버리지 않고 새롭게 연구했다. 그 결과 힌튼 교수가 과거 신경망 시대에 일하던 건물은 대학 내에서 가장 낡고 볼품없는 곳이었는데, 현재는 초현대식 신축 건물에서 연구를 이어가고 있다.

신경망 이후에 통계적 기계학습의 시대가 시작되었다. 이 시기에는 직접적으로 연관된 데이터를 모아서 이를 토대로 통계적으로 처리 결과를 낸 후, 그중 가장 근사한 알고리즘을 선별하는 작업이 주류를 이루었다. 하지만 기계학습의 통계적 알고리즘은 수가 많은데, 이 많은 알고리즘 중에서 어떤 알고리즘이 가장 적합한지가 주요한 문제가 된다. 또한 데이터를 모으는 작업은 시간이 오래 걸리고, 데이터를 정제하고 분류 표시를 하는 작업도 시간이 너무 오래 걸린다. 이러한 작업으로 말미암아 실제 기계학습을 통한 처리는 더디게 일어나지만, 한번 처리가 되면 그 효과는 매우 크다. 이와 같이 초기에는 데이터 구축 때문에 더디지만 일단 데이터 구축이 완성되면 매우 빨라지는 병목현상 bottleneck effect이 발생한다. 병의 목은 좁지만 더 들어가면 넓은 곳이 나타난다. 교통 정체가 나는 병목 구간을 지나고 나면 교통의 흐름이 원활하게 되는 것과 같은 이치이다. 예를 들어 이메일이 활성화되면서 스팸메일의 발송 빈도가 증가했는데, 스팸메일을 필터링하는 작업에서 스팸메일 자료를 수집하는 데는 시간이 너무 오래 걸리지만 필터링 시스템이 일단 완성되면 짜증나는 스팸메일을 꽤 정확하게 차단할 수 있다.

통계적 기계학습의 도래는 빅데이터의 시대를 요구하게 되었다. 더 많은 데이터가 더 효율적인 알고리즘의 산출로 이어지고 기계학습의 결과를 더 가속화시킨다. 이러한 데이터의 수요로 빅데이터의 시기가 도래했다. 먼저 인터넷 보급의 증가와 제반 데이터 저장을 위한 하드웨어 장비의 보편화 및 이를 사용하기 위한 소프트웨어 기술의 발전이 빅데이터 시대를 열었고, 기계학습을 통한 더 똑똑한 처리가 가능해졌다. 그러나 아무리 많은 데이터라도 처리된 결과는 결국 통계적 한계에 봉착한다. 효율성의 극대화는 처리량의 증가에 비례하지 못한다. 통계적 처리는 미리 작성된 표본 집단에 근사한 것으로 일종의 수렴이다. 다시 말하면 비슷한 것을 가려내는 것일 뿐 실제로 스스로 생각하는 것은 아니다. 엄격히 말하면 스스로 지능에 의해서 판단하고 결정한 것이 아니라 미리 만들어진 데이터에 기초해서 유사하게 보이는 것일 뿐이다.

우리는 여기서 지능의 의미를 스스로의 의미로 바꾸고 싶어 한다. 스스로의 의미는 결국 자율성이라고 할 수 있는데, 자신이 결정한다는 것은 외부의 요인을 내부의 결정으로 바꾸고 싶어 한다는 것이다. 이런 측면에서 생물체의 방식, 엄격히 말하면 인간의 방식을 활용해서 자율성을 부여하고 싶어 한다. 이러한 접근법은 과거 신경망의 시대로 돌아가게 한다. 신경망을 통해서 작업을 하는 방식은 결국 인간 뇌세포 단위인 뉴런의 모사 방향을 재시도하는 방식이다. 이에 따라 힌튼 교수의 예언처럼 컴퓨터 하드웨어가 발전하게 되는데, 특히 딥러닝은 연산 장치를 무조건적으로 많이 사용한다. 이러한 연산 작용에서 컴퓨터 CPU는 한계가 있기 때문에 그래픽 카드의 GPUgraphics processing unit를 사용하게 된다. 질적으로 GPU는 CPU보다 낮은 수준이지만 개수가 많기 때문에, 단순 연산을 하는 경우에 엄청난 개수를 활용해서 작업을 원활하게 한다. 딥러닝과 신경망의 차이점은, 신경망은 학습 퍼셉트론의 구조가 깊게 구성이 되지 않지만 딥러닝은 깊게 심층적으로 구성이 된다는 것이다. 구글 딥마인드의 알파고 프로그램이 이세돌 9단을 바둑에서 이기면서 딥러닝이 대세가 되었다. 이러한 작업은 시각적 처리, 음성, 번역, 이미지 인식, 의료 분야에서 딥러닝의 혁신적인 발전을 이끌게 되었다.

기계학습의 종류는 여러 분류가 가능하지만 크게 [그림 4-2]와 같이 구분한다. 지도학습은 이미 학습된 데이터가 주어져 있으며 이를 적용

[그림 4-2] 기계학습 종류 1

해서 데이터의 문제를 해결한다. 비지도학습은 학습된 데이터가 완전히 없는 경우이다. 따라서 스스로 알아서 학습을 해나가기 때문에 비지도학습이 훨씬 더 향상된 방식이다. 문제는 결과가 지도학습에 비해서 너무 좋지 못하다는 것이다. 따라서 이러한 문제점으로 인해서 지도와 비지도의 중간적 위치에 있는 반지도학습이 개발되었다. 이를테면 전체 데이터의 10분의 1 정도를 학습 데이터로 사용하고, 나머지 10분의 9를 학습된 데이터 없이 스스로 학습하여 처리한다. 결과적으로 비지도 방식보다는 더 나아지며, 동시에 학습 데이터 양을 줄여서 학습하는데 필요한 인적·물적 자원을 절약할 수 있게 된다.

다른 분류 방식으로 [그림 4-3]과 같이 주어진 데이터를 분류하는 방식과 흩어진 데이터를 군집하는 방식, 데이터 간의 규칙을 발견하는 방식, 여러 알고리즘을 결합하는 앙상블ensemble 방식, 딥러닝 방식, 주어진 환경에 적응해서 처리하는 강화학습reinforcement learning 방식이 있다. 각각을 살펴보면 다음과 같다. 분류는 나누는 것이고 군집은 합치는 것으로, 이 둘은 반대 개념이다. 예를 들어서 분류는 여러 신문 기사 텍스

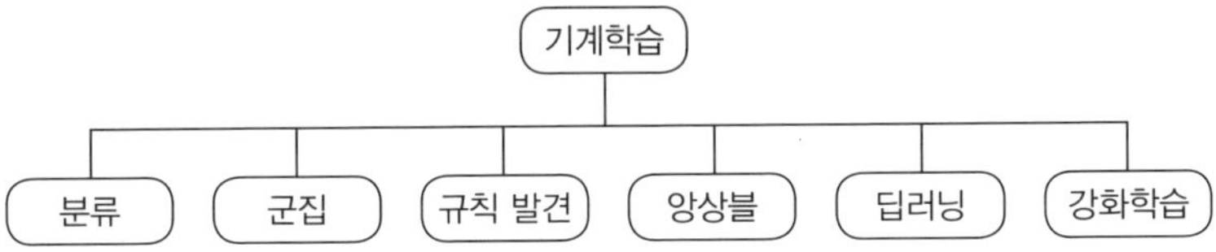

[그림 4-3] 기계학습 종류 2

트를 수집하여 스포츠 기사인지, 경제 기사인지, 정치 기사인지 구분하는 작업이다. 반면에 군집은 같은 것들끼리 뭉치게 하는 작업으로, 같은 집단들은 같은 속성을 지니는 것으로 판정한다. 가령 언어들 중에서도 유사성이 높은 씨족언어 집단을 구분하는 작업이다. 아프리카나 중앙아시아에는 부족언어가 무수히 많다. 이 언어들의 특성을 통계 수치로 전환해서 군집시키면 같은 씨족언어끼리 뭉치게 된다.

반면에 규칙 발견은 데이터 사이에서 특정한 규칙을 발견하는 것이다. 미국 '월마트' 빅데이터에서 매우 재미있는 사실들이 발견되었다. 허리케인이 오는 중에 기저귀가 많이 팔리면 맥주의 판매량도 함께 증가한다는 것이다. 허리케인이 올 때 비축용 기저귀를 사러 차를 몰고 온 아기 아빠들이 맥주도 같이 사갔기 때문이다. 이러한 현상을 발견한 월마트가 기저귀와 맥주를 같이 진열하자 맥주 판매량이 크게 늘었다고 한다.

딥러닝은 앞서 논의한 바와 같이 퍼셉트론을 활용한 방식이다. 강화학습은 매우 복잡하지 않은 방식이지만 상황을 반영한다는 점에서 앞서 논의한 기계학습 방식과 다르다. 이 방식은 미항공우주국 나사NASA가 지구와 다른 행성에 탐사로봇을 보낼 때, 이 로봇이 어떤 알고리즘으로 움직여야 하는지를 연구하던 중 발명되었다. 일단 현실에서 알고 있는 방식은 정해져 있는데, 모르는 상황이 나오면 결국 정해진 내용에 상황이라는 요소를 추가해서 결정을 하도록 한다는 것이다. 결정의 요소는 결국 좋은 결과에 대한 보상reward과 이에 대한 손실함수loss function로 결정된다. 이를 통해서 매우 단순하지만 모르는 외부 상황에 대해서 효과적으로 반응하게 된다. 쥐가 미로를 찾는 경우나 로봇이 미로를 찾는 경우에도 이 알고리즘을 사용한다. 알파고가 이세돌을 이긴 알고리즘이

이 방식이다. 그 외에 앙상블은 말 그대로 여러 알고리즘을 섞어서 사용하는 방식이다.

2. 초기 모델

1) 전문가 시스템과 규칙 기반 시스템

규칙은 지식의 표현이다. 지식은 특정한 분야에 대한 체계적 이해를 말한다. 지식의 표현은 크게 전건antecedent과 후건consequent으로 나뉜다. 예를 들어서 "IF 18세 이상이다 AND 주민등록증이 있다 THEN 은행 계좌를 본인의 이름(실명)으로 만들 수 있다"와 같다. 그리고 이 조건들을 만족하는 입력된 조건이 무엇인가에 따라 결과를 판정한다. 이를테면 20세인 경우에는 통과하지만, 17세는 조건을 통과하지 못한다. 이러한 조건 여러 개를 중첩해서 사용하면 특정 조건의 분기 구조가 만들어진다.

지식 기반 시스템은 데이터베이스이다. 즉 각각의 개체와 개체의 속성 등을 채우면 하나의 데이터베이스가 된다. 이를테면 {(사자: 포유류, 육식동물, 아프리카, …), (영양: 포유류, 초식동물, 아프리카, …)}와 같은 것은 데이터베이스로, 개체 '사자'와 '영양'에 대한 속성을 나타낸 것이다. 만약 규칙이 "IF X(포유류 AND 육식동물), THEN X는 Y(포유류 AND 초식동물)를 잡아먹는다."와 같다면 "사자는 영양을 잡아먹는다."는 결론이 참이라는 것을 이해하게 된다. 전반적으로 규칙은 조건 분지 형식으로 구성되어 있고, 지식 기반은 데이터베이스 유형으로 만들어

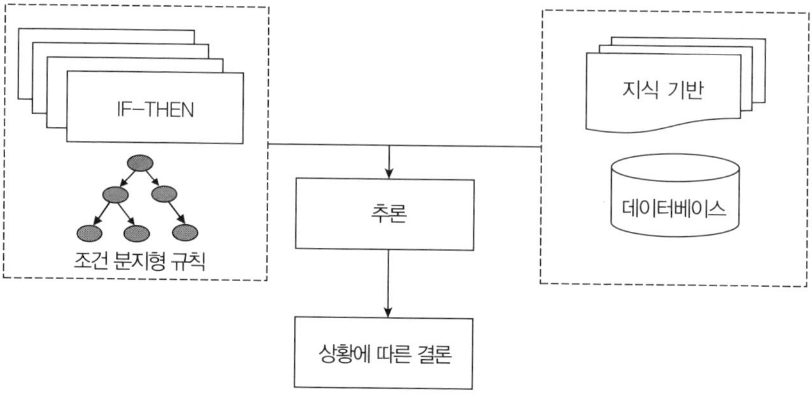

[그림 4-4] 규칙 기반 전문가 시스템

져 있으며, 이를 결합해서 추론화 작업을 하면 상황에 따른 결론을 유추해낼 수 있다([그림 4-4] 참조).

논리적 추론화 작업은 명제논리와 술어논리의 추론 연산을 통해서 계산이 가능하다. 간단한 논리 연산으로는 삼단논법에 의한 추론법칙이 있다. 이를테면 소거에 의한 삼단논법은 (1)과 같은 결론을 유도할 수 있다.

(1) $p \vee q$

$\neg q$

$\therefore p$

이러한 시스템은 규칙으로만 구성되기 때문에 규칙과 규칙 간에 동일 조건으로 두 가지가 다 발생하는 경우도 있다. 이를테면 두 가지 규칙 *IF p, THEN q*와 *IF p, THEN s*이 있을 때, 전건 p가 후건 q, s의 동일한 조건으로 나타나는 충돌conflict이 발생할 수도 있다. 이와 같은 상황에서 규칙 기반 시스템의 경우 일관성consistency 문제가 발생한다.

이러한 문제점을 해결하기 위해서는 규칙 적용의 우선순위 혹은 지식 체계나 규칙 체계 전반에 메타지식을 설정해서 상위 지식을 만드는 방법도 있다. 또, 일종의 우선순위나 제약 조건과 더불어 트리 및 수형도와 같이 의사결정을 위한 방식도 활용 가능하다.

규칙 기반 전문가 시스템에는 특정한 주제에 대한 전문가, 지식 자체를 공학적으로 설계하는 지식 공학자, 그리고 전체 시스템을 연결하는 프로그래머가 필요하다. 전문가가 지식 시스템을 설계하면 지식 공학자가 개별 지식을 하나씩 하나씩 구축해서 삽입하고, 이를 토대로 프로그래머가 전체 시스템을 만드는 것이다. 소프트웨어 엔지니어링 관점에서 복잡한 개발 관리 체계는 프로젝트 개발의 문제점으로도 나타날 수 있다.

전문가 시스템은 규칙 기반 시스템의 일종이지만 한 분야의 전문가와 같이 전문적 지식을 대변하는 시스템이다. 따라서 특히 전문적 지식을 구현하고 이를 처리하기 위한 특정 기법들이 활용된다. 규칙 자체에 대한 추론화 과정이 필요하기 때문에 추론 논리를 더 세련화시키는 방법도 활용된다. 이를테면 1차적 술어 논리에 가능성과 같은 양상 논리modal logic를 추가하는 방식과, 양상 논리를 믿음 영역으로 확장한 인식 양상 논리episternic modal logic도 활용된다. 또한 논리의 영역에 정도의 해석을 더하는 입상도granularity를 결합한 방식의 논리나 이외에 퍼지 논리fuzzy logic도 활용되고 있다. 특히 퍼지 논리의 응용에 확률론에 기반을 두고 면적을 계산하는 적분적 연산도 사용된다. 이러한 수리 연산과 논리 연산의 결합으로 더 향상된 논리적 해결이 가능하다.

컴퓨팅의 방법론으로도 많이 사용되는 객체적 프로그래밍 방법론이 전문가 시스템에서도 활용되는데, 프레임 기반 전문가 시스템이 그것이다. 프레임은 지식을 표현하는 방식으로, 지식 표현에서 대상물을 하나의 객체로 구성하면 객체를 설명하는 특징에 여러 개의 속성 집합을 나열하고 이를 채우는 방식이다. 이 프레임은 하나의 형판으로 특정 개체인 인스턴스instance를 지정하는 데 활용되는데, 세상의 모든 대상물을 클래스class와 인스턴스로 구분할 수 있게 한다.

프레임 기반 전문가 시스템은 지식들의 단위를 클래스, 인스턴스로 구분해서 상속, 추상화(캡슐화), 다형성, 동적 바인딩 등의 복잡한 객체 지향 방식으로 구현할 수 있다. 특히 처리 절차를 메소드method 유형을 적용하고 필요한 속성값을 통해서 행동 양식을 결정하는 매우 편리한 객체 지향 유형으로 모든 지식 표현을 정의한다. 이 방식은 편리한 반면에 설계에 많은 시간이 필요하며, 일단 구현된 시스템을 변경하는 것이 어렵다. 또한 특정 값이 복잡한 추상화, 다형성, 동적 바인딩을 통한 클래스-객체 관계에서 변형되므로 이를 매번 정확히 추적하는 것은 쉬운 일이 아니다. 결국 복잡한 구조는 활용도를 낮게 만들어서 범용화가 어려워진다.

2) 오토마타와 자동화 이론

문을 열고 닫는 것은 두 가지 동작밖에 없다. 각각의 동작을 연결하면 문을 열고 닫는 동작을 자동화할 수 있다. 즉 여는 동작과 닫는 동작을 이어서 반복하면 자동화가 된다([그림 4-5] 참조). 이렇게 모든 것을 자동화하는 방식을 오토마타automata 이론이라고 한다. 동작의 결과로 나타나는 것을 현재 상태라고 하고, 다른 상태로 변화하는 것을 상태의 변화라고 한다. 문을 열고 방에 들어가는 것은 문이 열린 상태와 문이

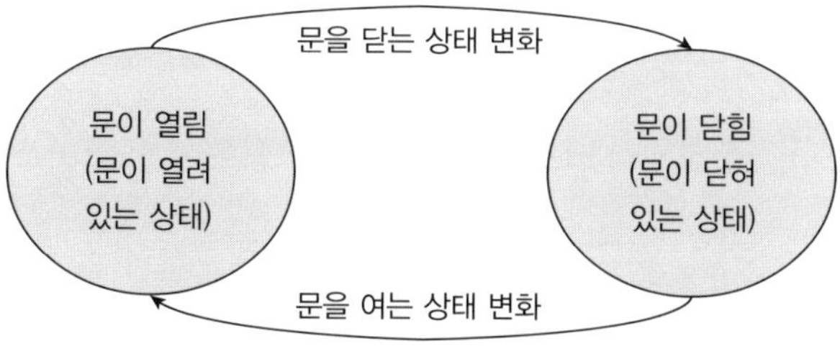

[그림 4-5] 문을 열고 닫는 상태 변화의 자동화

닫힌 두 상태의 변화이다. 그리고 각각의 상태 변화는 문을 여는 상태 변화와 문을 닫는 상태 변화이다.

오토마타 이론은 자동화 이론이다. 상태 변화는 상태 전이 다이어그램이라고 한다. 이러한 상태를 표시하는 방법은 문자열의 생성 방법 또는 언어의 특정한 생성 방법이라고 한다. 쉽게 말하면 문자열(더 넓게 확장하면 언어)은 문자의 순서를 생성하는 것인데, 이때 생성하는 방법을 정의하는 방법론이 결국 오토마타 이론이 된다. 이는 상태에 대한 정의와 상태 변화에 대한 정의, 그리고 어떤 규칙이 상태와 상태 변화를 통해서 특정 문자열(언어)을 생성하는가로 정의된다.

[그림 4-6]에서 상태는 {S_1, S_2}가 있고 상태 변화는 {0, 1}로 정의된다. 시작은 두 원이 겹친 형태의 S_1이고 S_1과 S_2의 상태는 각각 {0, 1} 상태 변화 조건이 주어지면 변화하게 된다. 이러한 상태 변화를 표로 나

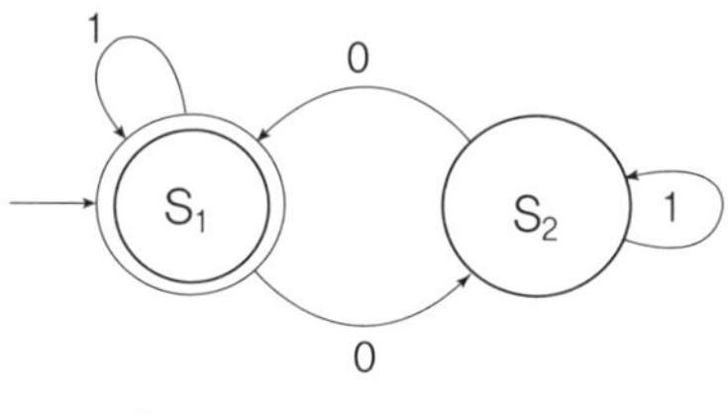

[그림 4-6] 상태 다이어그램

〈표 4-1〉 상태 변화 표 1

상태 변화 조건 \ 상태	S_1	S_2
1	S_1	S_2
0	S_2	S_1

타내면 〈표 4-1〉과 같다. 〈표 4-1〉은 상태 $\{S_1, S_2\}$가 상태 변화 조건 $\{0, 1\}$에 의해서 어떻게 변화하는지를 보여준다. 즉 S_1이 1이면 자기 자신인 S_1으로, 0이면 S_2로 변화한다. 여기서 생성 문자열 집합을 Σ라고 하면 $\Sigma = \{S_1, S_2\}$로 표기되며, 생성 가능한 문자열 집합을 L이라고 하면 $L = \{S_1S_1, S_1S_2S_1, S_1S_2S_1S_1, \cdots\cdots\}$와 같이 무수한 문자열의 집합이 생성된다.

이보다 더 복잡하게 구성되는 것이 마르코프 연쇄Markov chain이다. 러시아 수학자인 안드레이 마르코프Andrei A. Markov가 제안한 이 모델은 상태 변화 조건이 확률로 바뀌게 된다. 그리고 이러한 조건들이 연쇄적으로 연결되면 더 복잡한 유형의 오토마타가 구성된다. 이 모델은 상태

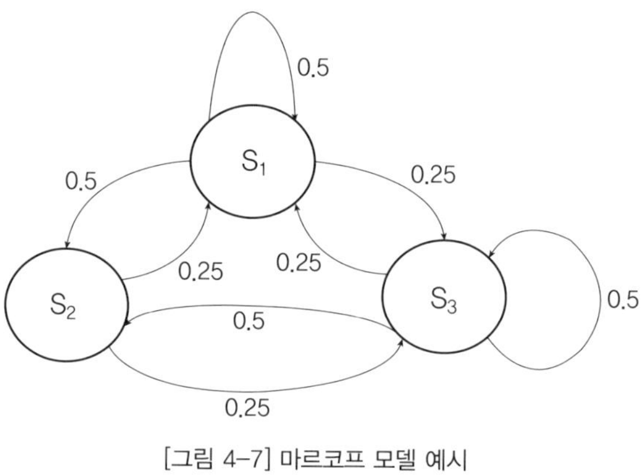

[그림 4-7] 마르코프 모델 예시

〈표 4-2〉 상태 변화 표 2

변화 후 \ 변화 전	S_1	S_2	S_3
S_1	0.5	0.25	0.25
S_2	0.5	0.0	0.5
S_3	0.25	0.25	0.5

변화 $\Sigma = \{S_1, S_2, S_3\}$가 생성하는 상태순서열에 상태가 확률로 제시되고, 이 확률들로 인해서 각각의 상태가 결정된다. [그림 4-7]의 예시에 대한 상태 변화 표는 〈표 4-2〉와 같다. 이 상태 변화에서 확률은 전이행렬 형식으로 변화하고, 전이행렬이 P이면 2차 전이행렬인 P × P형식으로 바뀌게 된다.

$$(2)\ P \times P = \begin{pmatrix} 0.5 & 0.25 & 0.25 \\ 0.5 & 0.0 & 0.5 \\ 0.25 & 0.25 & 0.5 \end{pmatrix} \times \begin{pmatrix} 0.5 & 0.25 & 0.25 \\ 0.5 & 0.0 & 0.5 \\ 0.25 & 0.25 & 0.5 \end{pmatrix}$$

$$= \begin{pmatrix} 0.5 \times 0.5 & 0.25 \times 0.25 & 0.25 \times 0.25 \\ 0.5 \times 0.5 & 0.0 \times 0.0 & 0.5 \times 0.5 \\ 0.25 \times 0.25 & 0.25 \times 0.25 & 0.5 \times 0.5 \end{pmatrix}$$

여기서 $P \times P \times \ldots\ldots \times P = P^i$로 안정 상태 전이행렬이고, 확률벡터 $\pi = \pi P$로 정상분포stationary distribution 확률벡터라고 한다.

게임 기반 인공지능에서는 실제 상황을 해석해서 응대하는 것도 중요하지만 그와 더불어 자율적으로 움직이는 에이전트agent를 완성하는 것이 가장 중요하다. 게임의 목표는 승리하는 것이지만, 게임이 단순히 게임 자체만을 추구해서는 안 되고 흥미로운 반응도 필요하다. 위키피디아는 지능형 에이전트에 대해 다음과 같은 특성을 나열하고 있다.

- 자율성: 스스로 판단해 동작하고, 행동이나 내부 상태 제어 권한을 갖는다.
- 사회성: 다른 에이전트와의 사이에서 상호작용한다.
- 반응성: 사용자, 다른 에이전트 집합, 인터넷 같은 환경을 인식하고 그 안에서 일어나는 변화에 적절히 반응한다.
- 능동성: 단순히 환경에 반응하는 것만이 아니라 주도권을 갖고 목표 지향적으로 행동한다.
- 시간 연속성: 단순히 입력에 대한 처리, 결과 및 종료가 아니라 잠시 쉬어가는 데몬demon 같은 프로세스도 갖는다.
- 목표지향성: 높고 복잡한 수준의 작업을 진행한다. 작업을 더 세분화하고 나누어 처리 순서 등도 결정하는 책임을 진다.

인공지능 게임이 가장 먼저 정복한 것이 바로 체스이다. 체스는 바둑판보다 칸을 더 적게 구분하고, 장기처럼 여러 말이 서로 다른 움직임을 가지는데, 인공지능이 이를 분석해서 인간과 대결하게 된다. 즉 게임 안의 상황을 여러 개로 구분해서 앞서 논의한 상태 기반 오토마타로 움직이게 한다. 여기서 말의 지점은 체스판의 하나의 상태가 되며, 이 상태에서 움직임을 결정하는 것은 다른 상태로의 전이행렬이다. 이런 전이행렬의 확률적 흐름에 의해서 체스판의 상태의 움직임이 결정되며, 이러한 게임 에이전트에 상태 기반 전이행렬이 사용된다. 방법론적으로는 마르코프 연쇄나 기타 확률 기반도 활용된다.

'심시티'와 같은 도시 건설 및 경영 시뮬레이션 게임이나 '삼국지' 등의 전략·전투 시뮬레이션 게임도 에이전트로 제어된다. 다다 사토시多田智史(2017)는 상태 기반 에이전트로 이를 설명하는데, '심시티'의 경우

다음 4개의 계층적 구조를 설명하며, 이를 적용해서 특정한 사회안전망 수치, 혹은 땅값이나 범죄 발생률 등도 계산할 수 있다.

- 제1계층은 도로, 철도 등 요소의 크기 관계를 계산
- 제2계층은 인구 밀도, 차량 정체, 환경오염, 땅값, 범죄 발생률 등을 계산
- 제3계층은 지형의 영향을 계산
- 제4계층은 경찰서와 소방서, 인구 증가율, 관공서의 영향을 계산

3. 기계학습적 방법론

1) 특징 추출과 모델링

인공지능이 작동하기 위한 데이터 수집과 분류는 매우 중요하다. 이를 도식화하면 [그림 4-8]과 같다. 세상의 모든 데이터를 처리하기 위해서는 수치화하거나 논리화 또는 분류 형식에 맞게 기호화해야 한다. 이러한 데이터 표현 방식은 일반적인 데이터베이스 표현 방식과 같다. 일정한 특성을 공유하는 인스턴스를 수집해서 특성에 따라 표기하는 것이다. 회사 구성원의 개인 정보 데이터베이스를 구현하면 〈표 4-3〉과

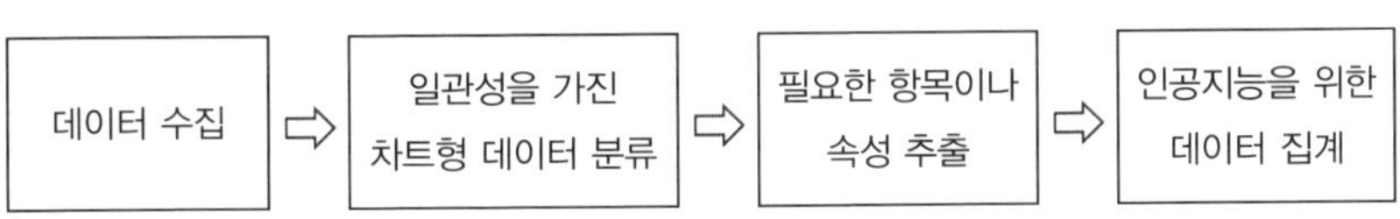

[그림 4-8] 인공지능 데이터 처리 형태

〈표 4-3〉 데이터베이스 예

사원번호	이름	나이	근무부서	결혼여부	사내전화번호	직위
00001	김철수	52	총무부	기혼	1234	이사
00002	이영희	47	기획부	미혼	1235	이사
00003	나주연	34	기획부	기혼	1236	부장
00004	김현태	50	기획부	미혼	2345	과장
…	…	…	…	…	…	…
10000	김이화	34	개발부	기혼	NaN	사원

같은 형태로 나타난다.

각 열의 데이터베이스 유형은 동일하다. "이름/근무부서/직위"는 텍스트형, "사원번호/나이/사내전화번호"는 수치형, "결혼여부" 데이터는 논리형이다. 데이터베이스에서 논리형은 참(1) 또는 거짓(0)으로 처리되고, 수치형은 일련의 숫자 형태(1, 0.1, 1/3, …)로 표기된다. 모든 데이터는 이러한 유형으로 전환되어야 한다. 세상의 모든 데이터가 바뀌어야 하는데, 특이한 경우를 생각해보자. 애니메이션 시리즈물인 '심슨 가족'에 나온 등장인물을 수치화한다면, 여기에 나오는 등장인물은 매우 많다. 이 중에서 데이터 분류를 통해 심슨 가족과의 유대감의 정도로 데이터를 분류하면 어떠한 결과가 나올까? 관계가 가깝다는 것이 과연 수치화가 가능할까? 우선 심슨 가족과 거리상으로 가까운지에 따라 거리를 측정하여 3km 이내, 3km 이외, 5km 이내, 5km 이외, 그 외 등으로 구분해서 각각 5, 4, 3, 2, 1로 수치를 매겨보자. 이러한 방식으로 측정하면 심슨 가족의 인물 데이터는 데이터베이스로 전환될 수 있다. 이때 데이터를 다루면서 조심해야 점은 모든 데이터에 결측치가 포함될 수 있다는 것이다. 〈표 4-3〉에서 김이화의 전화번호는 현재 부여되지 않았다. 이러한 경우에 결측치는 "NaN"으로 표기되었으며, 이

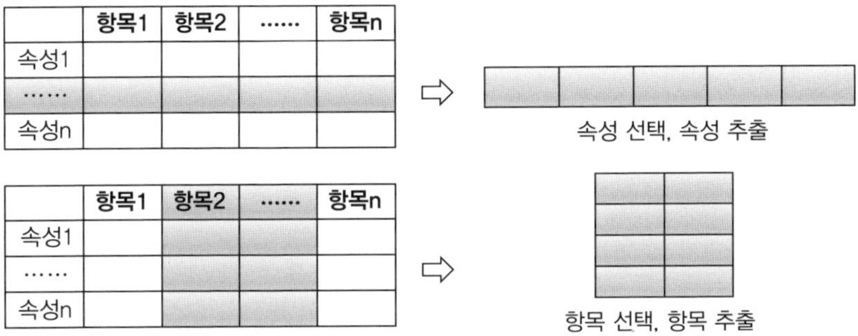

[그림 4-9] 특징 추출

때는 수치적으로 다른 해석을 해야 한다. 즉 수치 데이터에 "NaN"이라는 텍스트 데이터를 처리하지 않고 −1, 9999999와 같이 수치적으로 이상치outlier로 나타나게 하는 것이 적절하다. 이 수치들은 이상치로 해석되어서 다른 정상적 수치들과 구분된다. 만약 텍스트 데이터와 수치형 데이터가 혼재되면 처리하는 데 있어서 두 가지 데이터 유형을 처리해야 하는 부담과 더불어 여러 문제점이 발생할 수도 있다. 데이터를 정련하는 작업이 끝나면 [그림 4-9]와 같이 데이터에서 특징을 추출한다. 일정한 항목이나 속성을 선택하고 추출하면 이에 대한 데이터 특징 추출이 된다. 여기서 〈표 4-3〉과 같은 유형의 데이터라면 속성에 대한 추출을 하거나 항목을 선택하여 추출을 할 수도 있다.

특징 추출의 의의는 기계학습이나 인공지능에서 현실 사례를 통해 실제 데이터를 정확히 예측하는 데 있다. 따라서 추출되는 특징들은 현실에서 발견되는 실제 데이터를 대표하는 대표성representativeness이 있어야 한다. 실제 대표성이 결여된 데이터를 표본 선택 편향성sample selection bias이나 공변량 변환covariate shift된 것이라고 한다. 이와 같은 데이터는 현실 세계에서 발견되는 데이터를 잘 발견하지 못하는 문제점을 갖는다. 즉 학습을 위한 데이터는 문제가 없으나 실제 데이터를 잘 반영하지 못한다.

이는 모든 학습 데이터가 반영해야 하는 편향성의 문제와는 차이가 있다. 편향성은 학습의 궁극적인 대상이다. 학습은 특정한 상황이나 대상 등을 이해하는 것으로 데이터에서 편향된 부분을 이해하는 것이다. 일반적인 것이 아닌 특이점이 바로 학습 데이터에서 학습되어야 할 내용이다. 만약 편향성이 학습 데이터에서 존재하지 않고, 설령 발견된다고 하더라도 그것을 학습하지 못한다면 결국 데이터 학습의 결과로 발견된 것은 아무것도 없다. 즉 특정한 규칙이나 특이점이 학습의 대상이 된다. 앞서 설명한 표본 선택 편향성은 표본 추출의 문제로, 통계적 표본 추출의 문제점과 유사하다. 즉 잘못된 표본 추출은 올바른 모집단 예측을 불가능하게 한다는 것과 같다.

데이터의 성격에 따라서 실제 특성 추출 기법은 다르다. 데이터가 텍스트 유형이면 학습은 단어나 알파벳, 한국어 어절이나 일본어 분세츠bunsetsu(分節, ぶんせつ), 한국어 자모 등과 같은 언어적 단위를 대상으로 특징을 추출한다. 방식은 단어 분포를 벡터형으로 나열하고 특징을 추출하는데, 여러 벡터 공간이 추출되므로 공간 축소나 잠재 의미 해석latent semantic interpretation, 단어 임베딩embedding 등 여러 해석이 가능하다. 이미지 데이터이면 데이터의 특징을 분석하기 위해서 이미지 윤곽선을 통한 해석 등이 필요하다. 또 시간적 분석이 추가되는 시계열 데이터이면 시간 축에 대한 수치 해석이 필요하다. 대표적인 시계열 분석은 퓨리에 변환Fourier transform 등의 퓨리에 해석인데, 다차원적 분석을 위한 계수 해석이다. 이 외에도 평균치, 회귀계수, 은닉 마르코프 등 여러 방식이 있다. 음성 분석도 시계열 분석 방식을 활용한다.

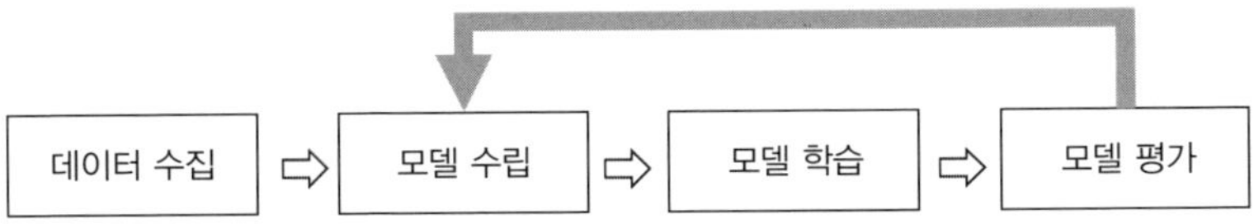

[그림 4-10] 기계학습 기반의 인공지능 처리 절차

전체적인 데이터 해석이 완료되면 실제 기계학습 기반의 인공지능은 [그림 4-10]과 같은 절차를 따른다. 여기서 모델은 수집된 학습 데이터를 가장 잘 해석하는 통계적 모델이 된다. 이러한 모델은 크게 분류나 군집과 같은 집단화 모델에 해당하며, 군집이나 분류에도 여러 통계 모델이 있다. 그렇다면 가장 좋은 모델이라는 것은 어떻게 평가하는가? 이 방식은 모델을 평가하고 적합한 모델을 선택하는 것이다. 다음 절에서 이에 대한 내용을 살펴보기로 한다.

2) 모델 적합도 평가

적합한 데이터를 수집하는 방식은 앞서 논의한 바와 같이 모델을 수립하고 이를 학습하는 방식으로 한다. 예를 들어서 특정 데이터를 수집하고 수치화했을 때 데이터를 예측하는 방식이 선형적 관계인 $y = 2x$로 예측이 가능하다고 모델을 만들면, 이를 학습하며 데이터를 예측하게 된다. 이를 토대로 선형성 예측을 해보았을 때 실제 수치화된 데이터를 예측하게 된다([그림 4-11] 참조). 여기서 관측값과 예측값의 오차가 발생하고 이를 적용해서 실제 오차의 폭을 연산한다([그림 4-12] 참조). 결과적으로 오차의 폭이 어느 정도인지, 그리고 그 폭이 참을 수 있을 정도인지를 계산하여 모델의 적합도를 파악한다. 만약 오차의 폭이 너

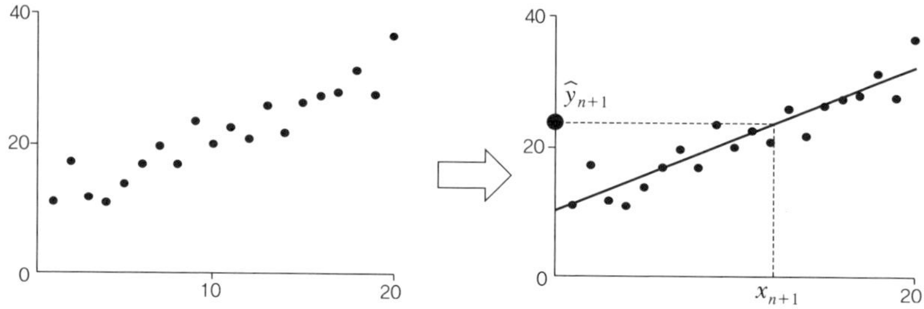

[그림 4-11] 선형성 분포

무 크다면 설정된 모델은 잘못된 것이다. 또한 오차의 폭이 너무 적은 것도 사실은 문제이다. 모델의 적합도를 계산하는 것은 수집된 데이터에 한하는 것으로, 만약에 모델이 100%일지라도 현실 데이터에 노출되었을 때 100% 정확도를 갖는 것은 아니다. 이것은 모델을 위해 만들어진 데이터에만 적합하게 만들어졌기 때문에, 모델을 정확하게 처리한다고 해서 일반적 현실 데이터를 처리하는 데도 적합함을 의미하지는 않는다. 이러한 문제를 과대적합overfitting의 문제라고 한다. 반대로 모델이 예측하는 것이 너무 적어서 현실 데이터 자체를 해결하지 못하는 경우가 있다. 이 경우를 과소적합underfitting이라고 한다. 과소적합이나 과

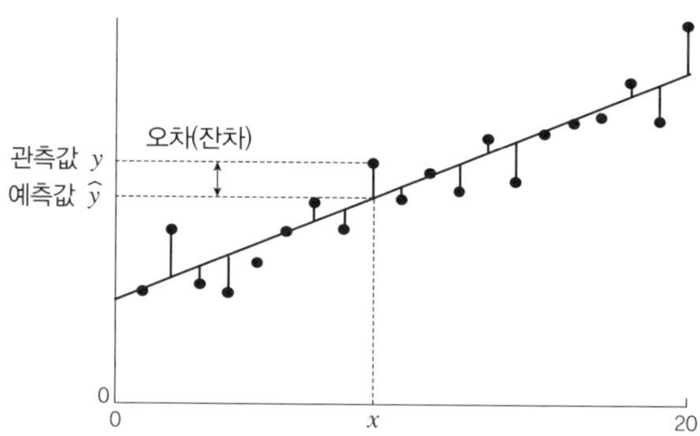

[그림 4-12] 오차(잔차)의 폭

대적합 모두 다 문제가 된다.

예측값과 관측값의 차이는 모델이 예측하는 것의 손실을 가리키며, 이를 계산하는 함수를 손실함수라고 한다.

(3) $loss(f) = (y - \hat{y})^2$

y: 관측값, $\hat{y}$: 예측값

만약 선형적 모델이 $y = ax + b$라면, 이것은 손실함수를 적용했을 때 $loss(f) = (y - ax - b)^2$와 같이 계산된다. 확률 손실함수는 최대우도 추정치를 사용하는데, $loss(f) = -\log p(x|f)$로 계산한다. 다항함수 $\hat{y} = f(x) = w_0 + w_1x_1 + w_2x_2 + w_3x_3$일 경우에 손실함수는 정규화 과정을 거치게 되는데, 정규적 처리를 통해서 각 다항을 정리하고 이에 대한 손실함수인 $loss(f) = (y - \hat{y})^2 + \lambda \sum w_i^2$를 구성한다.

최적화는 손실화에서 가장 최소화가 된 값을 선택하는 방식이다. 즉 손실량을 최소화해서 학습을 반복할 때마다 연산하고 최종 학습에서 이를 적용하는 방식이다. 2차방정식으로 구성되는 경우에 최저점이 손실의 최솟값이다. 반복 횟수를 늘리면 점점 최솟값으로 다가가게 되는데, 이를 적정하게 연산하는 것이 바로 최적화이다.

여기서 초깃값이 θ이면 경사로 내려가는 값 ∇을 구한다. 이 값을 바탕으로 경사를 내려가면서 횟수(STEP)마다 경사값 $\theta_{step\ t+1} = \theta_{step\ t} - \eta\nabla$을 측정한다([그림 4-13] 참조). 만약 많이 줄어들면 1로 돌아가서 계속 하강하고, 줄어들지 않았다면 θ을 그만 구한다. 이와 같은 방식은 경사하강법gradinet descent이고, 다른 방법으로는 뉴턴방법Newton's Method, 확률적 경사하강법stochastic gradient descent, 역전파back propagation, Adam, AdaGrad 방식이 있다. 경사곡선을 미분하고 이 값을 취해서 사용하

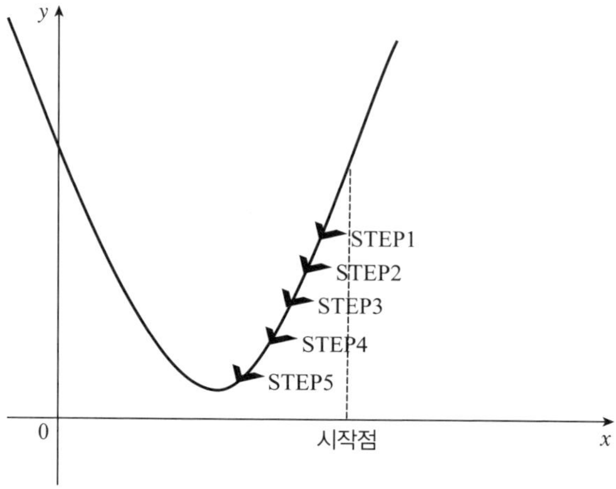

[그림 4-13] 경사하강법

게 된다.

모델은 오차 행렬을 연산해서 측정하게 되는데, 실제값과 예측값에는 차이가 있다. 실제값은 참이나 거짓으로 예측할 수도 있으며, 반대의 경우도 발생한다([그림 4-14] 참조). 이러한 경우에 성능을 평가하는 방식은 정확도와 재현율인데, 각각은 (4)와 같이 구성한다.

$$(4)\ 정확도 = \frac{TP}{TP+FP},\ 재현율 = \frac{TP}{TP+FN}$$

정확도는 시스템이 정확히 예측한 것이고, 재현율은 어느 정도 시스템이 예측할 수 있는지를 보여주는 것이다. 이를 조화 평균으로 만드는 것이 F1이다.

$$(5)\ F1 = \frac{2}{\frac{1}{정확도}+\frac{1}{재현율}} = \frac{TP}{TP+\frac{FN+FP}{2}}$$

		예측	
		참	거짓
실제	참	TP	FN
	거짓	FP	TN

[그림 4-14] 모델 측정 평가표

정확도와 재현율 사이에는 상쇄trade-off 현상이 있다. 즉 정확도를 높이려면 재현율이 낮아지고 재현율을 높이려면 정확도가 낮아지게 된다.

4. 기계학습의 종류

1) 분류

분류는 데이터에서 특정한 항목을 일정한 기준에 따라 가르는 것을 말한다. 데이터의 특정한 속성에 따라 분류를 하게 되는데, 간단한 비유를 하면 다음과 같다. 먼저 {사람, 고래, 물고기, 개구리, 거북이} 집합에서 분류를 하면 개별 원소의 속성에 대해 조사하고 유사한 것들끼리 새로운 집합을 만든다. 속성의 집합을 {정온, 변온, 태생, 난생}으로 정의하면 '사람'은 {+정온, −변온, +태생, −난생}으로 구분되고 이를 기반으로 {{사람, 고래}, {물고기, 개구리, 거북이}}로 분류가 가능하다.

이러한 분류는 데이터 마이닝, 기계학습, 인공지능의 가장 우선되는 작업이다. 분류 작업을 자동화하면, 엄청나게 많은 데이터가 있다고 할 때 정리를 통해 필요한 데이터만을 따로 모아 처리할 수 있다는 장점이 있다. 이를테면 1900년대 경제를 조사하는 경우에 신문 기사에서 자료를 모은다고 고려해보자. 1900년대에 쓰인 모든 기사를 다 읽어서 일일이 해당 기사가 스포츠 기사인지, 정치 기사인지, 사회 기사인지, 경제 기사인지 분류하고, 다시 경제 기사들만을 수집해야 한다. 이러한 경우에 인공지능이 작동해서 기사를 읽고 자동으로 경제 기사만을 모아서 보여준다면 작업이 훨씬 수월해질 것이다.

분류는 데이터가 {○, ×}로 구분되는 경우인 이진 데이터의 경우나 범주로 구분되는 경우[3]에 활용되는 것이 바람직하다. 만약 범주형이 되지 않거나 이진 데이터가 아닌 경우에는 퍼지Fuzzy 집합 이론을 적용해서 연속 변인을 적당하게 범주화하기도 한다.

이진 분류 방식에서 가장 많이 활용되는 것이 로지스틱 회귀분석이며, 이 방식은 기본적으로 이분법적 분류기로서 다항 모델도 처리가 가능하다. 로지스틱 회귀는 종속 변수를 선형회귀로 분석하는 다항식 회귀처럼 일반화 선형 모델의 하나이다. 로지스틱 함수는 $y = \frac{e^x}{1+e^x}$와 같이 표현되는데, 종속변수와 독립변수 사이의 회귀계수를 측정하면서 특정 사건이 발생할 확률적 분포를 예측한다. 특정 사건 A가 발생할 확률은 1과 0 사이에 존재하는데 발생할 확률이 높아지면 1에, 반대의 경우는 0에 가까워진다. 여기서 사건 A가 발생할 확률과 발생하지 않을 확률의 비율을 승산odds라고 하는데, $\frac{PA}{P(A^C)} = \frac{PA}{1-P(A)}$로 표기된다. 이 승산이 0에서 1로 가까워질수록 비율적으로 증가하지만 임계치

3 예를 들어서 미국 정당을 선택하는 경우에 {공화당, 민주당, 기타 군소정당, 무소속} 등과 같이 범주로 구분되는 경우인데, 명목형 범주인 경우가 이에 해당한다.

critical value를 벗어나면 1에 가장 가깝고 반대로 임계치 아래가 되면 0에 더 가깝게 된다. 이것으로 인해서 이산변인이 아닌 연속변인으로 측정되는 경우에 이항분포로 바꾸어 0과 1로 측정이 가능하다. 퍼지집합이나 퍼지논리를 활용해 이분법적 처리가 불가능한 것들을 이분법적 논리로 분류하는 것도 가능하다. 또한 로지스틱 함수로 회귀 형태를 사건이 발생할 비율과 발생하지 않을 비율로 만들고 이에 대한 로그변환을 한 것을 로짓변환logit transform이라고 한다. 이 방식은 승산비율odds' ratio에 로그변환을 한 것으로 특정 통계적 요인들의 강도를 측정할 수도 있어서 신경망의 활성함수로도 활용된다. 또한 이 경우에 소프트맥스Softmax 함수를 사용할 수도 있으며, 다항분포, 즉 여러 개의 항목을 분류하는 데도 활용한다.

다음은 결정트리 방식을 살펴보자. [그림 4-15]는 타이타닉 여객선

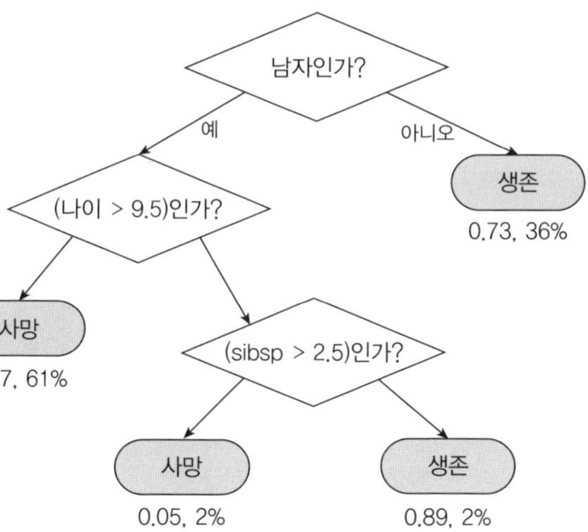

[그림 4-15] 결정트리의 예

출처: Ehwaz-k (2015. 4. 27).

침몰에서 나타난 생존자와 사망자의 정보를 토대로 작성된 결정트리이다. 결정트리는 여러 개의 질문을 순차적으로 던져서 질문에 대한 답을 찾아가는 방식이다.

결정트리는 기계학습 방식 중 가장 널리 사용되거나, 또 다른 알고리즘과 같이 활용되기도 하는데, 여러 방식 중 가장 강력한 기계학습 메커니즘인 랜덤 포레스트의 기본 구성 요소이기도 하다. 타이타닉호 생존을 결정트리로 학습하면 [그림 4-15]와 같이 나타나는데, 여기서 생존할 확률이 가장 높은 경우와 사망할 확률이 가장 높은 경우를 살펴보면, 각각 남자가 아닌 경우, 그리고 동승한 배우자와 자녀의 수가 2.5명 이하인 9.5세 이상의 남자인 경우이다. 또한 남자인 경우에는 60% 이상이 사망했다는 것을 알 수 있다. 결정트리는 특정 데이터 표에서 수치적 특성에 맞는 것들을 분류해서 얻는데, 매우 정확한 분류가 이루어지지 않을 경우에도 분류가 가능하다. 이를테면 [그림 4-15]에서 여자인데 사망하거나 남자이면서 나이가 20세이고 미혼인 경우에도 생존할 확률이 있다. 다시 말하면 결정트리는 YES, NO 형식으로 이분법적 분류에 적합하지만 양쪽 분류 유형의 데이터가 섞일 확률이 여전히 있다. 트리에서 분지되는 곳에서 불순한 데이터가 섞일 확률인 지니불순도gini impurity $G_i = 1 - \sum_{k=1}^{n} p_{i,k}^2$와 정보획득량information gain $E_i = -\sum_{i=1}^{k} p_{i,k} \log_2 p_{i,k}$에 의해서 적합한 분류가 가능한지 측정한다. 이러한 측정법을 통해 자식 노드와 부모 노드의 불순도 및 정보획득량을 비교해서 분류가 잘 이루어지는지 측정한다.

나이브베이즈naive bayes도 많이 사용되는 분류기이다. 나이브베이즈는 베이즈 확률 추론에 기인하는데, 나이브한 베이즈 확률 추론으로서

현재 조건 확률　사전 확률

$$P(c|x) = \frac{P(x|c)P(c)}{P(x)}$$

사후 확률　사전 확률 예측

$$P(c|x) = P(x_1|c) \times P(x_2|c) \times \cdots\cdots \times P(x_n|c) \times P(c)$$

[그림 4-16] 베이즈 확률과 나이브베이즈

복잡한 조건부 확률을 따르지 않고 단순화시킨 베이즈 추론 방식이다. 베이즈 추론이 사전 확률과 현재 조건 확률에 의해 여러 조건을 만족시키는 분포 확률을 계산하여 이루어지는 데 반해서 나이브베이즈는 사전 확률 예측을 없애고 모든 확률의 곱의 합으로만 연산하게 된다. [그림 4-16]에서 나이브베이즈 확률은 사전 확률 예측이 되는 베이즈 확률의 분모를 1로 만들어서 연산한 것이다. 여기서 분모가 1이 되면 모든 연산은 단순하게 변하고 글자 그대로 나이브(유치한, 어린, 미숙한) 베이즈 추론이 가능해진다. 또한 연산적인 측면에서 편리하므로 대용량 연산도 가능해진다. 데이터가 적은 경우에는 문제가 되지만 데이터가 엄청나게 많아지면 연산의 정확도도 향상하고 분류의 정확도도 상승한다.

이 분류기는 단순하지만 비교적 명료하게 연산한다. 그러나 복잡한 유형의 분류는 처리하기 어렵다. 이 분류기의 특징은 다음과 같다. 데이터에 섞여 있는 소음이나 잡음noise은 정확한 분류를 방해하는 특성이 있지만 현실 데이터는 완전한 방음이 아닌 잡음이 많은 형태이다. 따라서 데이터에 일정량의 잡음이 요구되지만 특정 데이터에만 숨겨진, 즉 고립된 유형의 잡음들은 분류기의 성능을 저하시킨다. 순수한 베이즈 분류 방식은 이러한 고립된 잡음에 영향을 덜 받기 때문에 성능

저하의 우려가 적다. 또한 나이브베이즈 방식은 조건부 확률에서 조건부 독립 가정에 기초하여 관련이 없는 속성들은 균일하게 처리하므로 관련 없는 속성들은 사후 확률의 전체 계산에 아무런 영향도 미치지 않는다. 그러나 상호 연관된 속성들 사이에는 조건부 독립 가정이 성립하지 않기 때문에 분류기의 성능 저하가 발생한다.

나이브베이즈가 적용되어서 좋은 성능을 보이는 대표적 사례는 스팸메일 분류이다. 스팸메일인지 아닌지 구분하기 위해서 스팸메일을 지정하면, 등장 어휘들을 추출하고 이 어휘가 스팸메일에서 등장할 확률과 스팸메일이 아닌 정상 메일에서 등장할 확률을 연산한다. 그리고 특정 메일에 대해 스팸 대 비스팸 각각의 조건부 확률을 연산하고 비교하게 된다. 또한 나이브베이즈는 문서 분류에도 적용되는데, 신문 기사가 경제면인지 사회면인지 정치면인지 분류하는 데도 좋은 성능을 보인다.

분류기 중에서 가장 높은 성능을 보이는 것이 SVMsupport vector machine이다. 선형적 분류기가 $W \cdot x - b = 0$으로 구성된다면 이 면을 토대로 $W \cdot x - b = \pm 1$로 구성되는 두 개의 다른 면이 구성되며, 이를 토대로 서로 다른 공간이 구성된다. 이러한 평면을 초평면이라고 하며 이 초평면을 중심으로 서로 다른 분류 공간이 구성된다. [그림 4-17]은 SVM의 평면 분류를 설명한다. 이 분류기는 선형적 분류 외에 비선형적 분류도 가능하다. 이 방식은 커널 방식을 바꿔서 여러 다양한 유형의 문제도 해결할 수 있다.

선형적 분류는 목표함수가 제곱에 비례하고 조건들이 매개변수에 선형적으로 비례하기 때문에 이를 변곡점에 최적화시키는 [그림 4-13]과 유사하다. 표준적으로 라그랑주 승수를 적용한 최적화 방식으로 해

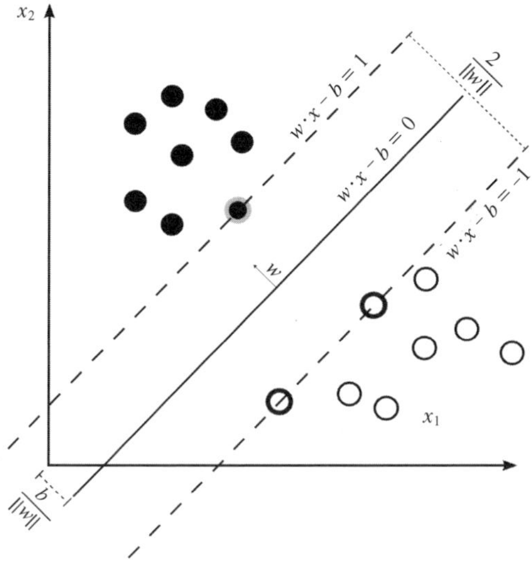

[그림 4-17] SVM의 선형적 분류

출처: Cyc (2008. 2. 16).

결한다. 모든 분류 데이터가 분류선에 정렬해서 올바르게 분류된다면 이를 하드 마진 분류hard margin classification라고 하는데, 여기에는 두 가지 문제점이 있다. 먼저 데이터가 선형적으로 분류 가능해야 하며, 이상치가 발생되면 분류기가 매우 민감하게 작동한다. 이러한 하드 마진 분류를 피하려면 좀 더 유연한 분류 모델이 필요한데, 분류기의 최대 경계선인 마진의 폭을 가능한 한 넓게 유지하거나 마진 오류 사이에 적절한 균형을 유지해야 한다. 이것을 소프트 마진 분류soft margin classification라고 하는데 여러 하이퍼 파라메터hyper parameter를 적용한다.

SVM은 원래 선형적 분류에만 적용할 수 있는 모델이다. 이를 비선형 모델에 적용하기 위해서는 몇 가지 요령이 필요하다. 첫 번째는 다항식 커널을 추가하는 방식으로 높은 수준의 다항식을 추가하는데, 이를 적용하면 식이 복잡해져서 모델 전체가 느려진다. 이를 극복하기 위한 방식으로 커널을 수학적으로 단순화시키는 커널 트릭kernel trick이 사용된다. 또는 가장 전형적인 모델과 얼마나 유사한지를 측정하는 유사도 함수를 통해 유사도 특성을 추가하는 방식도 있다.

SVM은 변곡점 최적화 문제로 표현될 수 있기 때문에 모든 문제에 대한 해결책이 꼭 존재한다. 이는 분류 방법에서 해결책에 대한 탐색을 시도할 때 모든 공간을 더 많이 검색해야 하는 탐욕적greedy 방식이 아닌 지역적 해결책을 모색할 수 있다는 의미이다. 따라서 비용적으로 더 경제적인 검색이 가능해지면서 의사결정 경계의 마진을 최대화함으로써 성능을 위해 용량을 제어할 수 있게 된다. 따라서 효과적인 방식은 늘 존재하게 된다. 또한 데이터에 모조dummy 분류형 데이터를 적용할 수도 있다. 즉 분류 유형을 적용하면 항상 속성값을 이진하여 분류할 수 있기 때문에 분류를 이분법적으로 처리할 수 있다.

2) 군집

분류가 주어진 데이터들을 이미 정의된 기준에 따라 몇 개의 집단으로 구분하는 것이라면, 군집은 주어진 분류 기준이 없이 데이터의 분포 상태를 보고 유사한 것끼리 묶어내는 방식이다. 또, 분류는 지도학습이나 준지도학습처럼 미리 분류된 학습 데이터가 있는 경우를 포함하여 가정하지만 군집은 비지도학습처럼 미리 준비된 학습 데이터 없이 데이터에서 발견되는 특징만을 사용한다. 군집은 집단을 이해하기 위한 것으로 생물학, 정보 검색, 기후, 심리학 및 의학, 비즈니스 분야에서 활용되는데, 구체적으로 다음과 같다(Tan, Steinbach & Kumar, 2006). 우선, 생물학에서 생물 집단을 분류하는 것은 매우 당연한 것으로 유사성이 높은 것끼리 집단화한다. 그리고 정보 검색 시 특정 질의에 대해서 동일 정보 집단끼리 구분하는 것은 질의 결과를 더 잘 이해하게 하는 작업이며, 기후의 동일한 패턴을 찾아내는 작업은 기후 분석에서 중요하게 적용할 수 있다. 심리학 및 의학에서는 군집을 통해 특정 질병이나 심리 분석의 분포를 파악할 수 있다. 마지막으로 비즈니스에서는 고객에 대한 분석이 필수적이며, 고객 집단의 군집을 통해서 고객의 잠재적 성향을 분석한다. 또한 군집은 집단의 추상화 작업을 통한 실질적인 데이터 분석의 기초를 제공한다. 집단의 분포적 성격을 요약하는 작업, 데이터들을 유사한 것끼리 압축하는 작업, 가장 가까운 집단끼리 뭉치는 작업은 데이터 처리의 기초적 부분이다.

군집화 방법론은 개체별 군집 방법론, 집단별 군집 방법론, 배타적 군집 방법론으로 구분할 수 있다. 개체별 군집 방법론은 개별 원소끼리 서로 같은지 다른지 측정하고 같은 것끼리 뭉쳐서 위로 올라가는 방법이 가능하다. 반대로 전체 집단에서 같지 않은 것을 분류해서 아래로 내려가는 방법도 가능하다. 전자를 상향식 군집이라고 하고, 후자를 하향식 군집이라고 한다. 집단별 군집 방법론은 전체 집합을 몇 개의 집단으로 구분하고 이 집단 내에서 개별 원소들이 서로 얼마나 유사한지를 고려한다. 이러한 군집을 만들기 위한 가장 단순한 방법은 거리적으로 중앙이 되는 중심점을 찾아내서 개별 원소 각각이 이 중심점과 얼마나 거리가 먼지, 혹은 가까운지를 확인하여 중심에 따라 군집을 시도하는 것이다. 배타적 군집 방법론은 데이터 전체에서 이상치를 확인하고, 소음 및 잡음이 되는 원소들을 배제하거나 배타적 특성이 되는 원소들을 솎아내서 이를 구분하는 방식이다. 이 방식은 더 균일한 군집 집단 특성을 만드는 데 활용된다.

군집을 만들기 위한 집단 내 원소들 간의 관계성도 중요하다. 즉 구분이 되는 원형prototype 집단의 특성들로 이루어지는지를 살펴본다. 원형 집단은 앞서 말한 중심점을 이용한 군집화의 대상이 되기 편한 분포를 갖고 있다. 다음으로는 그래프 유형인지를 살펴본다. 그래프는 꼭짓점과 변으로 이루어진 개체 간의 표현 방식이다. 이 경우에 개체 간의 관계성이 변으로 나타나게 되므로 이를 적용해서 군집화를 한다. 다음으로는 데이터 안에 분포하는 원소들의 집합이 육안이나 기타 측정 방식을 통해 보았을 때 밀도가 높게 군집하는 것과 밀도가 낮게 군집하는 것으로 측정되거나 관찰될 경우이다. 이 경우는 밀도에 기반을 두고 군집화를 한다.

군집화를 위해서 데이터와 데이터 사이의 관계성의 정도를 측정하는데, 만약 데이터가 2차 평면상에서 (x, y)로 측정된다면, 거리는 절대적 거리인 민코프스키 거리Minkowski distance($\sqrt{\sum_{j=1}^{d}\left(\left|x_j - y_j\right|^p\right)^{1/p}}$), 입체적 공간상이나 평면상의 삼각형 빗변 거리로 알려진 유클리드 기리Euclidean distance($\sqrt{\sum_{j=1}^{d}(x_j - y_j)^2}$), 절대적 거리의 합인 맨하튼 거리Manhattan distance($\sum_{j=1}^{d}\left|x_j - y_j\right|$) 등으로 측정된다. 이를 평면상에서 특정의 통계적 장치를 통해 성질이 같은 것끼리 합친다.

가장 편리하면서도 적절한 군집 방식은 k-평균 방식으로 평균에 대해서 군집을 하게 하는데, 여러 개의 평균을 설정하게 하면 해당 개별 평균으로 군집된다. 평균에 군집하기 때문에 $\text{argmin}\sum_{i=1}^{k}\sum_{x\in S_i}\left\|x-\mu_i\right\|^2$와 같이 표현된다. 여기서 k는 나누고 싶은 군집의 개수로 세 개의 집단으로 구분하고 싶으면 $k = 3$으로 설정한다. 이 방식은 여러 개의 군집을

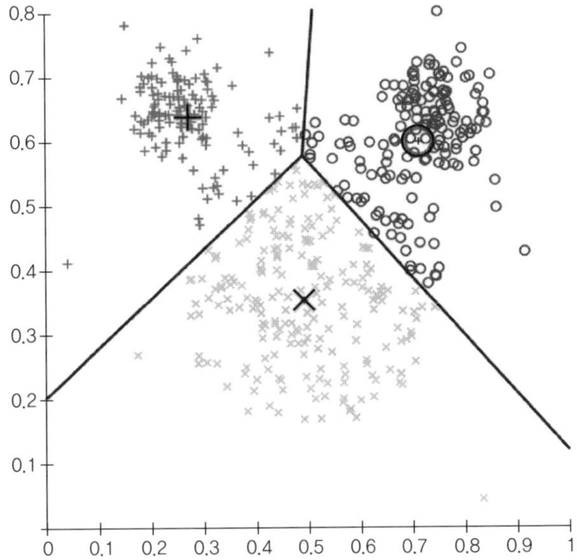

[그림 4-18] k-평균

출처: Chire (2017. 5. 30).

설정에 의해 나눌 수 있다는 점에서 준지도 방식으로 설명되지만, 실제 군집을 위해 학습 데이터가 필요하지 않다는 측면에서 비지도 방식으로도 설명된다. [그림 4-18]은 세 개의 평균점에 의한 k-평균의 예이다.

기본적인 k-평균 알고리즘은 (6)과 같다.

(6) a. k개의 점들을 초기 중심점으로 선택
b. 각 점에서 가장 가까운 원소들을 중심점으로 할당하고 k개 군집 구성
c. 각 군집 내에서 원소들 간 평균 거리를 측정하고 중심점이 바뀌는지 연산함
d. 새로운 중심점이 나오지 않을 때까지 b, c 과정을 반복함

반면에 비지도 방식인 경우에 가장 널리 사용되는 방식은 상향식과 하향식으로 나뉘는 계층 군집화이다. 상향식bottom-up은 개별 데이터를 합치면서 나가는 방식이고 하향식top-down은 반대로 데이터들을 나누면서 나가는 방식이다. [그림 4-19]에서 개별 동물들을 합치는 방식으로 군집을 결정하는 것을 상향식이라고 하고, 상위에서 하위로 나눠가며 군집하는 방식을 하향식이라고 한다. 이 방식들이 군집 알고리즘 중 가장 많이 사용되는데, 개별 데이터가 가장 적절히 동질적으로 이루어질 가능성이 높기 때문이다. 상향식과 하향식의 차이는 병합과 분할의 차이이다. 병합은 개별 원소에서 출발해서 다른 원소들을 합치며 몸집을 불려 나간다. 반대로 분할은 하나의 군집에서 시작해서 하나씩 하나씩 떼어내어 결국 원소가 하나만 남을 때까지 반복한다. 계층 군집화는 이

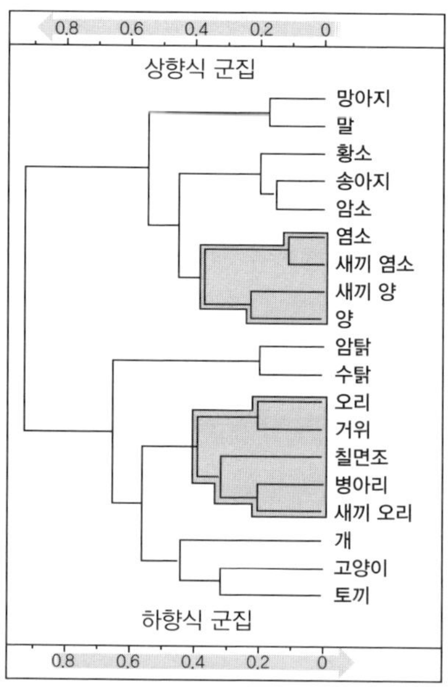

[그림 4-19] 상하향식 군집

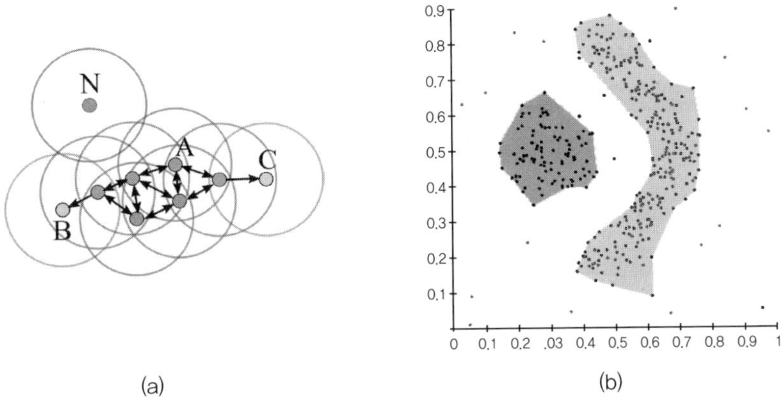

[그림 4-20] DBScan 군집
출처: Chire (2011. 10. 20).

렇게 집단을 잘게 쪼개는 방식이다. 좋은 군집이 어떤 것인지를 선택하는 것은 사람의 몫이다. 즉 완전한 자동화 작업이 아닌, 선택에 대한 부분은 사람이 수행한다. 반면에 계층화된 방식을 통해 전형적인 계층 구성을 해야 하는 부분에서는 비지도 방식이 선호된다. 예를 들면 생물체 분류와 같이 층위가 나뉘어야 하는 경우이다. [그림 4-19]는 생물체 분류 방식의 예이다.

또한 데이터의 밀집도에 의해서 군집을 결정하는 경우도 있는데, 이를 DBScan이라고 한다. 즉 일정한 범위를 결정하면 그 범위 안에 얼마나 많은 데이터가 밀집하는지에 따라 군집의 양을 결정한다. 이 방식의 장점은 군집된 집단 내에 일정한 양의 데이터가 들어 있는 것이 아니라 데이터의 밀집도로 군집을 결정하기 때문에 각 군집 내에 적정한 양이 분포된다는 것이다. k-평균 방식과 달리 군집의 개수를 정하지 않고 완전한 비지도 방식을 사용할 수도 있다. 또한 [그림 4-20]과 같이 기하학적인 모양으로 군집을 결정할 수 있어서 군집을 잘 찾아낼 가능성도 높아진다.

밀도에 의한 접근법은 밀집 지역 내에 존재하는 핵심점, 경계상에 존재하는 경계점, 잡음점이나 배경점 등을 구분하고 모든 잡음점을 제거한 후 핵심점 사이에 간선을 만들어서 군집화한다. 이 방식은 대용량 데이터인 경우에 적합한 군집 방식으로 알려져 있다. 하지만 이 방식의 경우에 저차원 데이터는 문제가 없으나 고차원 수준의 데이터인 경우에 밀도 연산이 어려워서 정확한 군집화에 어려움이 있다.

군집화는 비지도 학습이므로 가장 지향되어야 할 기술이다. 그러나 질적 분석을 담보하지 않기 때문에 정확한 군집 분리도와 군집 내부의 응집력에 대한 고려가 필요하다. 또한 군집화나 군집들을 상대적으로 비교해서 군집의 정확도 평가나 질적 평가도 동반되어져야 한다. 이를 측정하기 위한 방식으로 다른 기계학습 방식과 유사하게 순도, 정확도, 재현율, 엔트로피entropy 등이 사용된다.

5. 신경망과 딥러닝

1) 신경망 기초

신경망은 인간이나 생물체의 뇌 구조인 신경망을 모사한 것이다. 입력에 대해서 일정하게 출력하는 구조인 신경망은 [그림 4-21]과 같다.

신경망을 도식으로 나타내면 [그림 4-22]와 같으며, 가장 왼쪽은 입력, 중간은 연산 구조로서 각 입력의 가중치를 모두 더하는 구조이고, 이 가중치 합의 수치를 출력하거나 출력하지 않는 것을 결정하기 위한 활성화 함수가 연산 작용을 하여 이를 출력하는 구조로 되어 있다. 입력

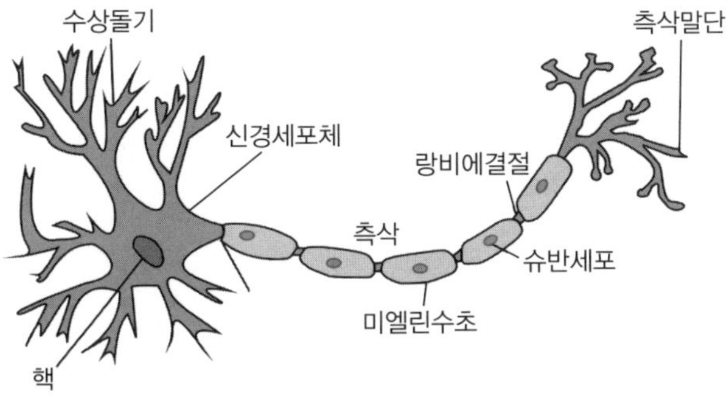

[그림 4-21] 신경망 세포
출처: Actam (2008. 6. 29).

에는 개체 원소와 더불어 편향성이 입력된다. 그리고 이것은 가중치의 합과 더불어 연산되는데, 활성화 함수를 거쳐서 출력이 결정된다. 입력과 연산 사이에는 피드백feed-back을 위해 입출력을 반복 적용할 수 있는 역전파backpropagation 장치가 있다. 입력된 데이터가 활성화 함수를 거쳐서 출력이 되는 구조이다. 이러한 단위를 퍼셉트론 알고리즘으로 구현하면 연결과 연결 사이에 가중치가 부여되는 것으로 연산된다.

실제 퍼셉트론 알고리즘은 AND, NAND, OR 세 가지 논리회로를 통해 구현 가능하지만, XOR 회로는 구현이 불가능하다. XOR의 문제는

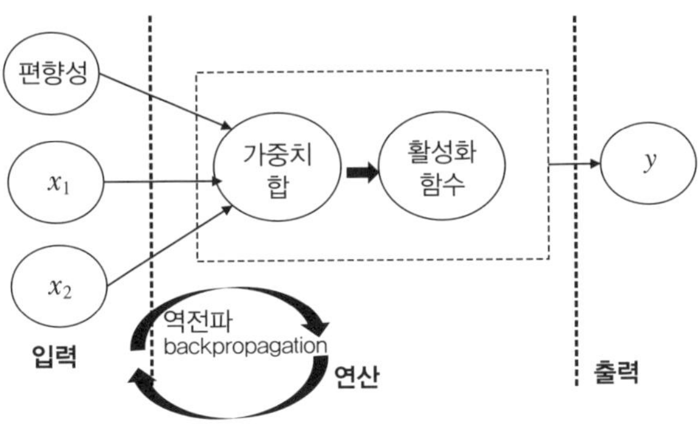

[그림 4-22] 인공 신경망

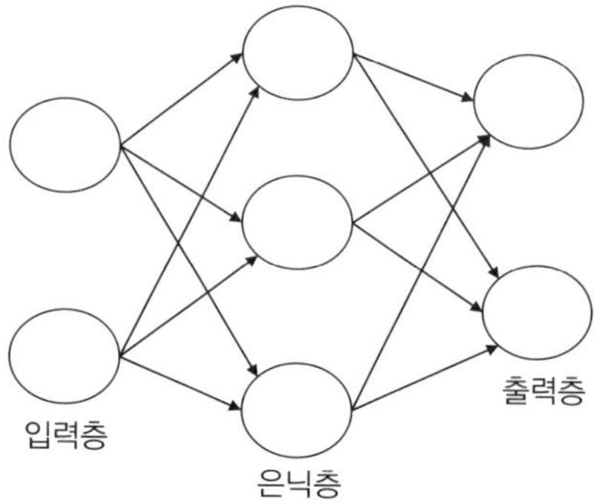

[그림 4-23] 다층 신경망 구조

비선형적 문제 해결의 기초가 되므로 이를 해결하기 위해서는 다층 신경망이 필요하다. 복잡한 신경망 연결 구조는 시작 층을 입력층, 중간층을 은닉층, 마지막 층을 출력층이라 한다([그림 4-23] 참조). 입력층에서 입력되는 신호가 중간 은닉층으로 전달되며, 출력층은 전달된 신호 체계를 출력한다. 다층 신경망은 뉴런들의 연결체를 모사한 것인데, 실제 뇌 신경체인 뉴런들은 여러 개가 서로 연결되어 있다. 여기서 여러 개의 은닉층을 연결하면 매우 복잡한 구조가 된다.

그렇다면 매우 많은 은닉층 구조를 갖는 것이 매우 좋은 구조인가에 대한 의문이 생길 수 있다. 즉 인간이나 생명체의 뇌는 매우 많은 퍼셉트론의 연결더미이며, 이를 복잡하게 연결하는 것이 생물체의 연산과 유사해지는 것이라고 생각할 수 있다. 다시 말하면, 복잡한 다층 신경망 구조를 만드는 것을 생물체와의 유사성을 갖는 것이라고 간주할 경우, 이를 통해서 신경망 구조의 성능을 향상시킬 수 있는지에 대한 의문이 들 것이다. 그러나 계산적으로, 이론적으로, 그리고 현실적으로 이러한 은닉층을 여러 개 두는 것은 좋은 결과를 산출하지 못한다. 우선 연산의 문제에 있어서 불필요하고 매우 많은 연산을 수행해야 하므로 계산의 복잡도computational complexity를 가져온다. 이는 곧 계산이 불가능하다는 문제점을 초래할 수도 있다. 다음으로 속도와 정확도 연산의 문제인 최적화에서 엄청난 문제가 생기게 되고, 이는 곧 좋은 결과를 담보할 수 없게 된다. 즉 최적화된 연산이 되지 못한다. 그러므로 적절한 뉴런 구조를 고안하고 적절한 결과를 담보해야 한다.

신경망 구조는 무수히 많은 연산을 반복적으로 수행해야 한다. 따라서 컴퓨팅 자원이 많이 필요하다. 연산을 담당하는 중앙연산장치, 주기억장치, 보조기억장치 등 여러 연산, 기억, 처리와 관련된 세부 자원이 많이 소모된다. 이러한 연유로 신경망 개념은 1940년대부터 시작되었지만, 과거 컴퓨팅 자원의 한계로 많이 발전하지 못했다. 지금까지 많은 컴퓨팅 자원이 발전해왔고, 그중 특히 2000년대 초반부터 그래픽 카드의 연산 및 처리 작용을 하는 GPU의 발전이 두드러졌다. 현재 딥러닝은 GPU를 사용하면서 극도로 발전되었다.

[그림 4-24]의 뉴런 구조의 출력 연산은 편향과 각 입력에 가중치를 연산한 모델이다. 여기서 b는 편향성을 말하며, x_1, x_2 입력에 대해서 각각의 가중치 w_1, w_2가 다음 단계 a로 전달된다. 결국 $a = b + w_1x_1 + w_2x_2$으로 계산되며, 실제 $y = h(a)$으로 연산한다. 여기서 각 입력은 행렬로 연산되며, 각 가중치와의 연산은 행렬의 내적으로 연산된다.

(7) a. $A = X \cdot W + B$

b. $X = (x_1, x_2, x_3, \ldots\ldots)$

c. $B = (b_1, b_2, b_3, \ldots\ldots)$

d. $W = \begin{pmatrix} w_{11}, & w_{21}, & w_{31}, & \cdots\cdots \\ w_{12}, & w_{22}, & w_{32}, & \cdots\cdots \end{pmatrix}$

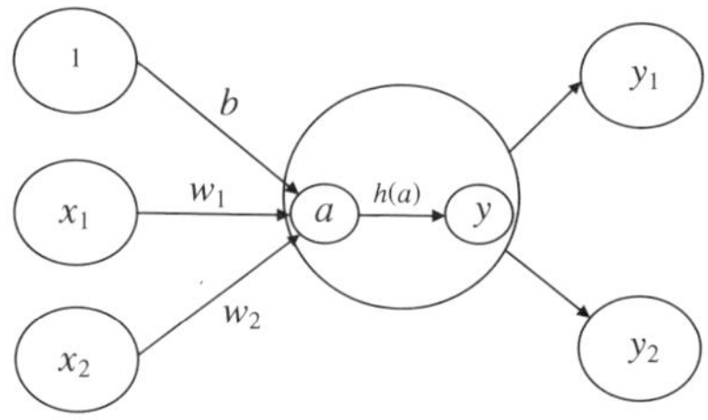

[그림 4-24] 신경망의 뉴런 구조

(7)에서 *A*는 가중치 합 연산, *X*는 입력값들, *W*는 가중치, 그리고 *B*는 편향값들이다. *A*는 행렬의 내적으로 연산하는데, 가중치와 입력치의 연산의 합이다.

활성화 함수 $h(x)$는 $\begin{cases} 0\,(x \le 0) \\ 2\,(x > 1) \end{cases}$와 같은 계단함수step function를 활용한다. 신경망에서는 $h(x) = \dfrac{1}{1+\exp(-x)}$와 같은 시그모이드 함수를 활용하며, 그 외에 ReLURrectified Linear Unit과 같은 함수도 활용할 수 있다. 출력층에서는 그 외에 소프트맥스 함수를 사용해서 입력층 활성화 작업이 수행된다($y_k = \dfrac{\exp(a_k)}{\sum_{i=1}^{n} \exp(a_i)}$).

기계학습의 가장 큰 문제점은 예측치와 관측치 사이의 오류이다. 이를 측정하고 오류를 최소화하는 작업이 손실함수를 적용하는 것인데, 신경망 학습의 경우는 문제가 많다. 우선, 입력에서 출력으로 연결되는 순방향feed forward 연산에 은닉층이 생겨서 순방향 방식으로 처리하는 것이 어려워진다. 이를 해결하기 위한 방식이 이전 입력을 보강하는 방식이다. 즉 '입력 → 은닉층 → 출력'을 거꾸로 하는 '출력 → 은닉층 → 입력'에서 다시 순전파forward propagation 방향으로 되돌리는 역전파backward propagation 방식을 적용한다. 한 번 순회하는 것을 에포크epoch라

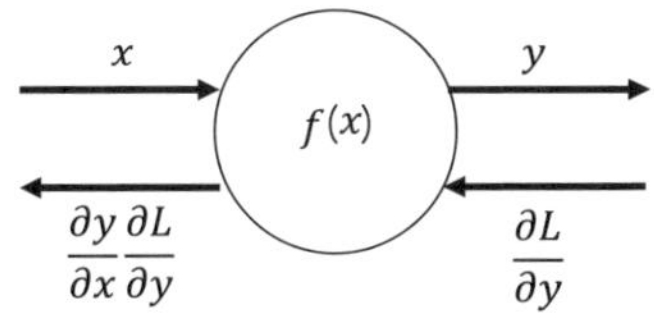

[그림 4-25] 미분을 적용한 가중치 연산

고 하고 이러한 에포크를 여러 번 반복하게 된다.

입출력이 일대일 관계일 경우에 역전파는 오차가 작아지는 방향으로 업데이트된다. 따라서 미분값 0에 가까워지는 방향으로 값을 변경한다. 즉 가중치는 새로운 가중치로 업데이트되며 이 값이 0으로 수렴하게 하는데, 이것은 가중치에서 손실함수 기울기를 빼도 결국 가중치의 변화가 전혀 없는 상태를 말하고 이러한 반복 작업을 통해서 가중치 수정 작업을 계속하게 된다($W(t+1) = Wt - \frac{\partial \epsilon}{\partial W}$). 여기서 사용되는 미분 방식은 원하는 변수만을 미분하는 편미분 방식을 적용한다([그림 4-25] 참조). 이를 ReLU, 시그모이드, 하이퍼볼릭 탄젠트hyperbolic tangent, 소프트맥스 등의 여러 다양한 활성화 함수에 적용한다. 오차 역전파는 출력층에서부터 하나씩 앞으로 되돌아가며 가중치를 수정하는 방법으로 미분값을 연산해서 처리하기 때문에 최적화가 가능하다. 이때 미분값은 함수의 기울기이기 때문에 은닉층이 늘어나게 되면 기울기가 중간에 0으로 연산되는 기울기 소실vanishing gradient 문제가 발생할 수도 있다. 시그모이드 함수는 특성상 0과 1 사이의 값에 분포하는데, 특정 값 이상이면 1이고 그 이하이면 0으로 연산된다. 그러므로 미분할 경우 최대치 이하가 되어서 0에 수렴함에 따라 전반적인 값이 0이 될 가능성이 높아진다. 이러한 측면에서 시그모이드 함수와 다른 ReLU, 하이퍼볼릭 탄젠트, 소프트맥스 등이 고안되었다.

역전파는 가중치를 바꾸는 방식으로 정확도를 높이는데, 에포크를 통해서 매번 데이터를 미분해야 한다. 따라서 여러 번의 에포크를 거치면서 연산량이 증가하고, 이러한 점으로 인해서 딥러닝의 속도가 저하되는 문제점이 발생한다. 이를 보완하기 위한 방식으로 여러 최적화 방식, 즉 해를 찾는 방식에서 최적해를 구하는 방식들이 제안되었다. 이러한 방식으로는 무작위로 데이터를 추출하는 확률적 경사 하강법SGD, 관성을 통한 진동과 폭을 줄이는 모멘텀Momentum, 모멘텀 방식 중 불필요한 이동 거리를 줄인 네스테로프NAG, 이동 보폭을 줄이는 아다그라드Adagrad, 아다그라드의 보폭 민감도를 보완한 알엠에스프롭RMSProp, 모멘텀과 알엠에스프롭을 합친 방식인 아담Adam 방식 등이 있다.

2) 딥러닝

앞의 절에서 논의한 기본적 신경망 구조는 은닉층 구조가 비교적 단순한 경우에 해당한다. 이에 비해서 딥러닝은 퍼셉트론이나 기본적 신경망 구조와 다르게 여러 층위로 구성된다. 층위가 많아지면 층위를 구성하는 것이 성능의 관건이 된다. 즉 어떻게 층위를 구성하는지가 결국 어떠한 대상을 처리하는지와 연관된다는 것이다. 현재 딥러닝 형태의 매우 복잡한 신경망 구조들이 연구자들에게서 제안되고 있다. 이 중 이미지 인식 분야와 언어 처리 분야 등에서 가장 주목받고 있는 딥러닝 신경망 구조를 소개한다.

이미지 인식 분야에서 널리 쓰이는 딥러닝 구조는 합성곱convolutional neural network: CNN 신경망이다. 이 신경망은 생물체의 시각피질의 원리를 적용한 것으로, 이미지에서 특정 부위의 특징에 집중해 그 특징을

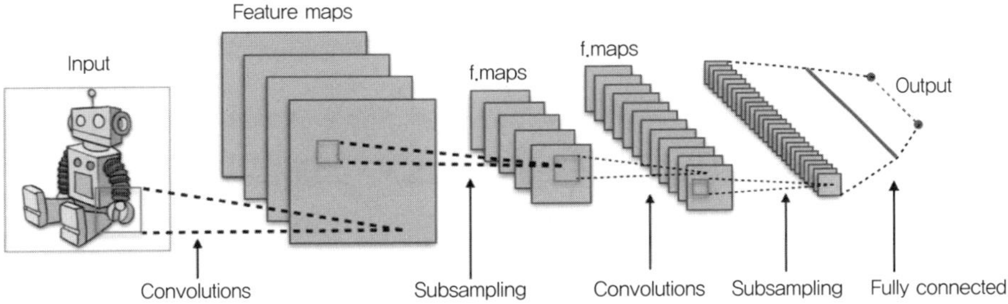

[그림 4-26] 합성곱 신경망의 이미지 처리
출처: Aphex34 (2015. 12. 16).

추출하고 이를 층위로 구성한다. 합성된 층위는 다시 단순화되고, 이를 연산해서 단순한 구조의 이미지 인식 단위를 생성한다([그림 4-26] 참조). 이러한 과정에서 여러 단위들이 줄어들기 위해 단위들을 합성하기 때문에 이 신경망이 합성곱 신경망으로 알려져 있다. 이때 인식 단위의 여러 층위들이 줄어드는 것을 층위들의 출력이라고 하며 이를 처리하는 과정을 풀링pooling이라고 한다. 풀링은 층위들을 연결하고 연결된 여러 층위들을 출력해서 다면체를 평면적 구성으로 바꾼다. 이러한 전체적 과정을 통해 실제 이미지 데이터를 구분하는 작업을 한다.

다른 방식으로는 기억 소자를 활용하는 방식이 있다. 기억은 크게 장기 기억과 단기 기억으로 나뉘는데, 장기 기억은 항상 기억하는 것으로 노출 횟수가 많은 경우에 이루어지고 단기 기억은 노출 횟수가 적을 경우에 이루어진다. 장기 기억은 항상 기억되는 것이고 단기 기억은 잠깐 기억되었다가 지워지는 것이다. 우리 집 주소나 전화번호는 늘 기억되는 것으로 장기 기억장치에 남는다. 반면, 오늘 통화한 거래처의 주소나 전화번호는 단기 기억장치에 저장되어 잠깐 기억되다가 지워진다. 이러한 장기와 단기의 구분은, 항상 기억되어야 하는 것들은 장기

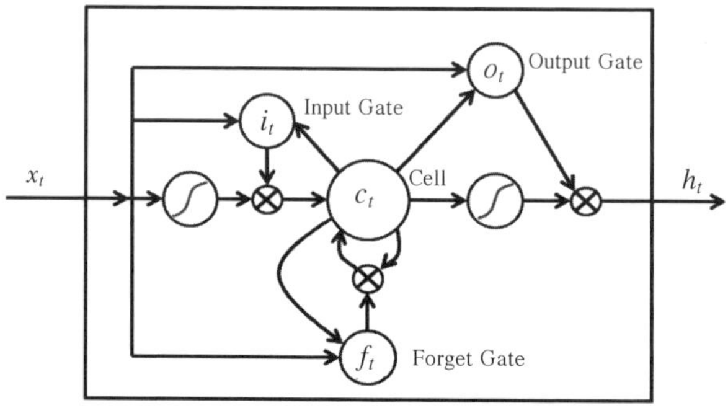

[그림 4-27] LSTM 신경망

출처: BiObserver (2015. 10. 4).

로, 그리고 그 반대의 것은 단기로 가게 되므로 횟수가 많으면 많을수록 장기가 되고 반대는 단기가 된다. 이렇게 노출 횟수에 따라 장기와 단기 기억으로 구분하는 것이 LSTMlong short term memory이다.

[그림 4-27]의 신경망에는 c_t라는 단위가 있어서 이 단위가 입력이 어느 정도인지 점검한 후 많으면 기억장치로 보내서 출력하고, 아니면 f_t로 보내어 망각하게 한다. 이처럼 인간의 퍼셉트론을 활용한 기억장치를 통해 컴퓨팅하는 방식을 인지 컴퓨팅cognitive computing이라고 한다. 기억에서 중요한 요소는 기억만 되는 것이 아니고 망각도 되는 것을 포함한다. LSTM은 순환신경망recurrent neural network: RNN의 일종으로, RNN은 동일한 여러 프레임이 연결된 구조로 이루어져 있다([그림 4-28] 참조). 이 구조에서 개별 셀을 LSTM 소자로 구성한다.

이 외에도 매우 많은 유형의 딥러닝 구조가 있다. 현재 강화학습과 딥러닝을 결합한 Q-러닝 등도 널리 사용되는 딥러닝 학습과 활용 방식이다. 또한 그래프 유형의 신뢰 연결망belief network을 연결한 DBNDeep Belief Network도 이용된다. 이러한 그래프를 적용한 방식에는 홉필드 네

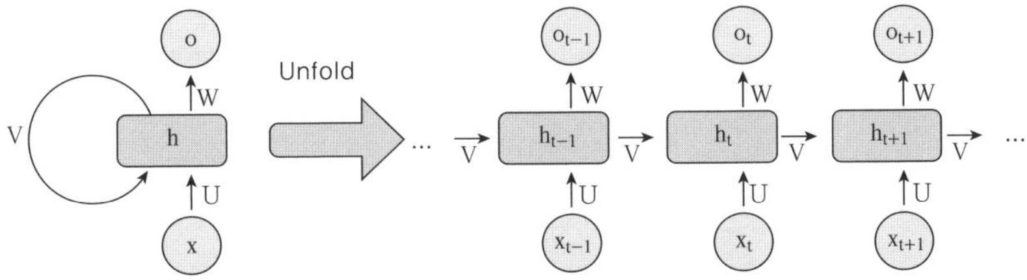

[그림 4-28] RNN 신경망

출처: François Deloche (2017. 6. 19).

트워크Hopfield Network와 볼츠만 기계Boltzman Machine를 적용한 CBNClass Boltzman Network도 있다. 또한 가짜 데이터를 만들어서 진짜를 더 진짜 같이 만드는 GANGenerative Adversarial Networks도 있다.

6. 자연언어 처리

1) 자연언어 처리란[4]

인간의 언어를 자연언어라고 하는데, 이 자연언어를 컴퓨터가 이해하는 방식으로 전산적 처리를 하는 것을 자연언어 처리라고 한다. 컴퓨터를 통한 언어 처리는 인터넷 및 정보 검색, 기계 번역, 음성 인식, 음성 합성, 텍스트 마이닝 등 직접적인 언어 처리 분야에 활용되며, 이는 인공지능을 만드는 데 필수적이다.

---

4 이 절에서는 지면과 설명의 편의상 음성 인식과 음성 합성 기술은 제외하고 나머지 자연언어처리 기술을 소개한다. 음성기술은 언어학적 논의 외에 물리학적 논의와 더불어 신경뇌적 논의가 요구되는 매우 복잡한 기술이다.

인터넷 정보 검색 분야는 자연언어처리 분야에서 가장 먼저 각광받은 분야이다. 정보 검색은 정보를 검색하기 위한 방법으로, 자연언어에서 검색어를 추출하고 이를 색인화하며 검색해서 일치하는 것 중 적합도가 가장 높은 것부터 낮은 것 순으로 정렬하게 된다. 기계 번역은 사람이 아닌 기계가 번역 작업을 하는 것으로 언어에 대한 이해가 직접적으로 필요하다. 음성 인식이나 음성 합성 등은 음성에 대한 처리로서 언어를 어떻게 표현하고 처리하는지에 따라 기계적 성능이 달라진다. 텍스트 마이닝은 텍스트를 분석하고 특정 단어나 어구, 문장 등을 추출해서 이를 시각화하는 것이다.

가장 기본적인 언어 처리는 크게 언어 이해와 지식 처리로 나뉜다. 언어 이해는 언어를 특정한 이해 순서에 따라 나누어 이해하는 것이다. 특히 언어학적인 흐름인 '소리(음성) → 형태 분석 → 통사 분석 → 의미 분석 → 화용 분석'으로 나뉜다. 형태 분석은 단어의 형태소를 나누는 작업이다. '나는'은 한국어에서 '날다 + 는'이나 '나 + 는'으로 나뉠 수 있다. 가능성 있는 여러 분석에서 하나를 선택하는데, 이를 위해서 좌우 문맥 정보를 살필 필요성이 있으며 이 경우에 통계적 단위를 적용한 엔그램n-gram을 사용한다. 형태 분석을 통해서 보면 한국어의 경우 맞춤법, 띄어쓰기 등 여러 분야에 응용이 가능하다. 통사 분석은 어구를 분석하는 작업이다. '나는 집에 있다.'를 '나는(주어) 집에(처소) 있다(동사)'로 분석하고 주어부와 술어부를 각각 '나는'과 '집에 있다'로 나누는 작업이다. 통사 분석은 기계 번역 등 언어 이해 과정에서 필수적이다. 그다음은 언어의 의미 분석인데, 의미는 단어의 의미와 문장의 의미로 나뉜다. 마지막으로 화용적 의미는 문장의 쓰임이나 말의 사용과 같은 여러 측면의 의미를 다룬다.

언어를 지식으로 표현하는 방식 중에서 가장 많이 사용되는 것이 단어의 의미를 분석하는 작업이다. 단어의 의미를 분석하기 위해서는 결국 해당 의미 분류가 필요하다. 따라서 어휘 관계에서 상위어, 하위어, 동의어, 전체어, 부분어, 반의어 등을 구분하는 작업이 필요하다. 이를 위해서 일정한 전자적 사전이 많이 사용되는데, 특히 영어로 만들어진 프린스턴 워드넷Princeton WordNet이 많이 사용되며 이것은 다른 언어들의 어휘 사전 구축의 기본이 된다.

언어를 분석하는 것 못지않게 언어를 생성하는 것도 주요한 작업이다. 기계 번역을 하는 경우에 한국어를 영어로 번역한다고 생각해보자. 한국어를 분석하는 과정은 언어를 이해하는 과정이다. 그러나 영어로 번역되는 과정에서 영어에 맞는 문장이 생성되는 과정은 언어를 생성하는 과정이다. 언어 생성 과정은 음성 합성에서 많이 활용되는데, 이것은 곧 기계가 출력하는 과정으로서 더 인간답게, 인간이 이해하는 과정으로 만들어지는 것이다.

'정보의 홍수'라고도 하는 요즘에는 정보를 요약하는 기술이 많이 활용된다. 즉 문서에 쓰인 많은 내용을 다 읽지 않고 정리해서 이를 알려주는 기술의 효용성이 높다. 이 경우에 사용되는 기술은 문장의 이해와 문장의 생성 기술이다. 사진에 대해서 일정한 캡션을 생성하는 기술도 언어 생성 기술이다. 또한 시나리오 저작 등 저작과 관련된 기술도 많이 활용되고 있는데, 이때 필요한 기술 역시 생성 기술이다.

정보화 기술 중 텍스트에 대한 처리 기술과 언어에 대한 이해 기술은 여러 문서화 기술을 발전시켰다. 특히 그래프 형태의 데이터베이스를 통해 언어 데이터를 읽고 생성하는 기술은 관련된 데이터베이스 기술을 발전시켰으며, Sql 형식이 아닌 NoSql 형식의 발전을 이끌었다.

Neo4j나 MongoDB 등도 이러한 발전의 결과로 만들어진 NoSql 범용 데이터베이스이다. 정보에 대한 기술은 세상에 대한 분류 지식도 발전시켰는데, 정보 처리 기술 등에서 많이 활용되는 것이 바로 온톨로지 ontology라는 특징적 데이터베이스이다. 또한 언어 자원을 기술하는 규약인 RDF도 이런 기술을 발전시키고 있다.

2) 언어의 구조적 분석

언어의 구조적 분석은 언어학적 분석에 따라 언어의 세부 단위로 구분하는 것이다. 언어는 통상적으로 단어에서 출발해서 문장으로 만들어지며, 단락과 문서 등으로 나뉜다. 그리고 이를 토대로 해서 단어, 문장, 의미, 글의 전체적 내용 등을 파악하게 된다. 단어는 문법적 단위를 구분하여 분석하는데, 문장 (8a)의 단어는 세부적으로 (8b)와 같이 분석된다.

(8) a. I liked the school
b. I(1st person pronoun) like(verb) + -ed(past tense) the(determiner) school(noun)

영어는 굴절어이기 때문에 단어를 하나씩 하나씩 분석하는데, 이때 단어는 띄어쓰기의 단위가 된다. 언어별로 이러한 단어 구분이 쉽지 않은 경우도 있다. 한국어와 일본어, 터키어는 교착어로 여러 형태소 단위들이 묶여서 하나의 단위가 되고, 각 세부 단위를 구분해야 어떤 요소가 사용되었는지 알 수 있다.

(9) a. 나는 학교에 간다

b. 나(대명사) + 는(조사) 학교(명사) + 에(조사) 가(동사) + ㄴ(어미) + 다(어미)

(9b)의 분석은 여러 측면에서 쉽지 않다. 우선 '나는'과 '간다'의 경우에 (10a, b)와 같이 여러 형태소 결합이 하나의 단위로 사용될 수 있다.

(10) a. 나(대명사) + 는(조사), 나(동사: 솟아나다, 생기다) + 는(어미), 날(동사: 날다) + 는(어미)

b. 가(동사: 가다) + ㄴ(어미) + 다(어미), 갈(동사: 갈다) + ㄴ(어미) + 다(어미)

또한 일본어나 중국어의 경우에는 띄어쓰기가 없어서 하나의 단어가 어디서부터 어디까지 연속되고 끝나는지 알 수 없다. 그나마 일본어는 한국어와의 유사성으로 조사라는 단어 표지가 있지만 중국어는 이마저도 존재하지 않아서 적절하게 분석하기가 어렵다.

형태소 분석이 가장 어려운 언어는 포합어라고 불리는 언어로, (11)과 같이 모든 단어가 뭉쳐져서 하나의 단어가 되며 이 자체가 문장이다 (https://en.wikipedia.org/wiki/Eskimo-Aleut_languages).

(11) a. angyagh – (gh)lla – ng(e) – yug – tuq = lu

b. boat – big – acquire – want.to – indic.3s – also

c. Also, he wants to acquire a big boat

단어에 대한 분석이 완료되면 단어에 품사 표지를 부착한다. 품사는 문장의 문법적 표지이다. 영어와 같은 굴절어는 단어에 문법적 표지를 더하게 된다. 문법 이론과 문법에 대한 해석에 따라 영어와 연관된 품사 표지는 여러 가지가 있으며 각기 다른 표지 내용을 갖는다. 미국에서 만든 펜 트리뱅크Penn Treebank라는 코퍼스에서 사용하는 품사 표지는 45개이고, 영국 랭카스터 UCREL 프로젝트로 구축한 BNCBiritish National Corpus에서는 61개의 품사 표지를 사용했다. 한국어의 경우 문화관광부 재원, 국립국어원 주도로 만든 세종 코퍼스에 45개의 품사 표지가 있다.

단어를 중심으로 문장의 구조적 분석을 하려면 통계적 분석 방법과 언어학적 분석 방법을 사용할 수 있다. 첫 번째 방식은 문장에서 문법적 단위를 전혀 고려하지 않고 개별 단어 출현 여부만 통계적으로 처리하는 방식이다. 두 번째 방식은 문장의 구조적 단위를 분석하고 같은 단위의 구성 성분을 생성하는 논리 수학적 방법론을 사용한다. 각각을 자세히 살펴보자.

통계적 방법론은 단어의 빈도를 조건부 확률로 연산한다. 가령 '$w_1 w_2 w_3 \cdots\cdots w_n$'과 같이 n개 단어가 있는 문장을 고려해보자. 이 문장의 확률 $P(w_1 w_2 w_3 \cdots\cdots w_n)$는 뒤의 단어가 앞의 단어의 조건에 의해 등장하는 조건부 확률로, (12a)와 같이 연산할 수 있다. 이를 다시 곱의 합으로 바꾸면 (12b)와 같다.

(12) a. $P(w_1 w_2 w_3 \dots w_n) \approx P(w_1) \times P(w_2 | w_1) \times P(w_3 | w_1 w_2) \times \dots \times P(w_n | w_1 w_2 w_3 \dots w_{n-1})$

b. $P(w_1 w_2 w_3 \dots w_n) \approx \prod_{k=1}^{n} P(w_k | w_1 w_2 w_3 \dots w_{k-1})$

문제는 (12b)가 모든 이전 확률을 다 연산해야 한다는 것이다. 그런데 사실상 이를 연산하기가 어렵기 때문에 (13)과 같이 연산한다.

(13) $P(w_n | w_1 w_2 \ldots w_{n-1}) = \frac{C(w_{n-1} w_n)}{C(w_{n-1})}$

여기서 몇 개의 단어 열을 신경 쓸 것인가에 따라 각기 다른 엔그램이 구성된다. 하나를 unigram, 둘을 bigram, 셋을 trigram, 넷을 quadgram, 다섯을 quintgram이라고 한다. 가령 (14a)의 영어 문장을 (14b)와 같이 고려하는 것을 bigram이라고 한다.

(14) a. I like English

b. $P(I\ like\ English) = P(I|$문장의 시작$) \times P(like|I) \times P(English|like) \times P(English|$문장의 끝$)$

여기서 특정 확률치 연산이 너무 작은 경우, 또는 확률이 0인 경우가 발생하면 전체 확률은 곱의 합이므로 0이 된다. 문제의 핵심은 확률이 0인 경우가 발생한다면 실제 확률을 0으로 연산할 수 있을지이다. 언어 데이터는 무한하므로 실제 관찰된 데이터는 표본에 불과하다. 이 경우에 표본에 나오지 않았다고 해서 이를 존재하지 않는다고 하면 모집단 추정을 정확히 했다고 할 수 없다. 이러한 문제에 대해서 현재 데이터가 모집단을 대변하기에 적절하지 못한 표본 데이터이므로 이 데이터를 모집단으로 간주하지 말고 표본의 통계량을 수정하여 모집단에 근사치로 접근하는 것이 적절하다는 해결 방안을 제시할 수 있다. 이러한 문제를 데이터의 빈약성data sparsity 문제라고 하며, 이를 해결하는 방안을 스무딩smoothing이라고 한다. 가장 간단한 스무딩은 0인 관찰 데이터를 1로 하고, 여기에 전체 데이터 개수인 N을 더해서 나누는 방법이다.

이 외에도 많은 스무딩 방식이 제안되었다.

다음으로 논리 수학적으로 분석하는 방식으로는 문맥 자유 문법에 따라 생성하는 방식을 사용한다. 이 방식은 특정한 문맥을 생성하는 규칙을 만드는데, 좌문맥과 우문맥으로 생성하며 특정한 환경 조건이 없는 상태에서 작동하게 함으로써 생성력을 극대화시킨다. 영어에서 명사구는 관형사와 명사로 생성되는데, 이를 규칙화하면 (15a)와 같고, (15b)와 같이 관련 어휘들이 부착되게 된다.

(15) a. NP → Det N
b. Det → every | a | an | the | each | …
N → man | woman | student | boy

이 규칙은 일반단수명사 및 가산명사일 경우에 생성력이 있으며 만약 불가산명사일 경우에는 생성력이 없다. 따라서 (16)의 적문과 비문을 생성하는 데 이 규칙이 활용된다.

(16) a. a good man, every student, each boy
b. *a good water, *every boys

또한 이러한 단위는 문법 단위를 고려해서 통사 표지를 결정해야 한다. 우리는 'book that flight'라는 영어 문장이 명령문이며 [그림 4-29]와 같이 분석되어야 하는 것을 알고 있다. 그런데 'book'은 명사로 사용되면 '책'의 의미를 갖고 동사로 사용되면 '예약하다'의 의미를 갖게 되므로 품사 표지도 두 개를 갖고 관련된 통사 표지도 두 군데에 포함된다(Daniel & Martin, 2009; http://mshang.ca/syntree/).

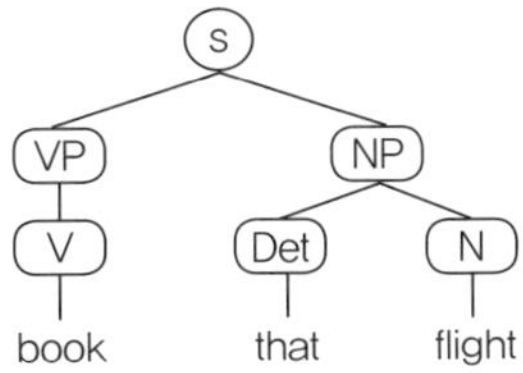

[그림 4-29] 통사트리

(17) a. S → NP VP $_{(0.08)}$ | VP NP $_{(0.92)}$

b. NP → Det N $_{(1.0)}$

c. VP → V $_{(1.0)}$

d. N → book | flight

e. V → book

f. Det → that

(17)과 같은 문법에서 어떤 것을 선택해야 적절한지는 모든 품사 표지를 검색하고 이를 차례로 구성하는 방식을 통해 알 수 있다. 즉 문장 'book that flight'를 분석해서 각각의 품사 표지는 어떤 것이 되어야 하는지를 연산하는 것은 모든 가능성 중 올바른 것을 찾아가는 과정이다. 이 과정은 검색 과정과 동일하다. 즉 단어가 총 3개이고, 문장의 시작과 끝을 합치면 5개의 공간이 서로 겹치는 25(5 × 5 = 25)개의 모든 공간에 통사 표지를 펼쳐놓은 후 이를 검색하는 과정이다. 이 과정에 모든 품사 표지를 각각 대입해서 어떤 품사 표지가 가장 올바르게 구성되는지를 검사하게 된다. 또 잘못된 검색이 수행되면 잘못된 검색이 출발하기 직전으로 돌리는 전략인 백트랙backtrack도 필요하다.

통사적 처리를 파싱parsing이라고 하는데, 파싱의 방법론은 검색의 효율성을 높이며, 파싱 알고리즘이라고도 한다. 파싱 알고리즘은 검색 속도 및 효율성 등과 더불어 여러 효과적인 2차 방법론을 통합하는 것으로 나타나는데 이때의 방법론은 통계적 방법론이다. 통계적 방법론은 (17)에서 통사 파서parser에 붙여진 수치들과 같은데 곱의 합 방식으로 연산한다. 이를테면 'book that flight'라는 문장이 S → VP NP로 파싱되지, S → NP VP로 파싱되지 않는 이유는 확률적 연산에 차이가 나기 때문이다(0.92 × 1.0 × 1.0 = 0.92와 0.08 × 1.0 × 1.0 = 0.08).

수치들은 코퍼스에서 추출된 확률들이다. 여러 방법론 중 널리 알려진 것은 CKYCocke-Young-Kasami와 차트파서Chart parser이다. 그리고 통계적 방법론을 적용한 파서로는 Collins 파서, Charniak 파서, Stanford 파서, Berkeley 파서 등이 있다.

이러한 통사적 분석에 대한 부분은 언어 이론들과 맥락을 같이한다. 언어 이론적으로는 노암 촘스키Noam Chomsky의 생성 문법Generative Grammar, 조앤 브레스넌Joan Bresnan의 어휘 기능 문법Lexical Functional Grammar, 이반 새그Ivan Sag와 카를 폴러드Carl Pollard의 핵중심구 구조 문법Head-driven Phrase Structure Grammar 등에 기초한다.

3) 언어 의미 분석

의미를 분석하는 것이 무엇인지 알기 위해서는 의미가 무엇인지 알아야 한다. 언어학에서 의미는 크게 의미론, 화용론 등에서 사용된다. 의미론은 의미에 대한 문제를 다루는데, 의미가 어떻게 분석되는지, 즉 의미에 대한 분석적 측면을 다룬다. 의미론적 분석은 크게 어휘론적 의미, 술어 논리 등 논리적 언어 분석에 기초한 언어 처리 등이 대상이 된다.

화용론은 의미의 사용에 대한 부분으로, 언어가 실제 사용되는 상황에서의 그 언어의 의미를 추적하는 것이다. 간단한 대화를 예로 들어 보자.

(18) a. 화자1: 지금 몇 시죠?

b. 화자2: 아마 야쿠르트 아줌마가 올 시간인데….

(18a)의 질문에 대한 (18b)의 대답을 통해서 화자1과 화자2 간에 의사소통이 가능한 연유를 찾아보자. 즉 화자2의 답변이 화자1의 질문에 대한 직접적 답변이 아니더라도 화자1과 화자2는 '야쿠르트 아줌마'가 몇 시에 오는지를 알고 있다. 즉 (18b)와 같은 언어 사용이 어떤 의미를 지니는지를 분석하는 것이 화용론이다.

기호학에서는 언어라는 기호와 의미, 그리고 개념적 의미에 대한 부분을 다룬다. 이 분야는 언어적 행위가 곧 기호, 의미, 개념이라는 세 가지 측면을 한꺼번에 다룬다고 보며, 이러한 대상들 간의 관계, 원리 등을 다룬다. 특히 현대 사회에서는 이모티콘, 그림과 같은 기호 이미지들이 많이 활용되기 때문에 이러한 도상icon을 다루는 데 기호학적 분석은 매우 적절하다.

의미론 분석과 화용론 분석은 자연언어처리에서 중요하게 다루어지는데, 각각을 살펴보자. 의미론 분석으로는 어휘 의미 분석과 논리적 언어 분석이 있다. 어휘 의미 분석의 출발점은 어휘들 간의 관계성이다. 즉 하나의 어휘가 있으면 동의어(아기-유아), 반의어(학생-선생), 상하위어(아침-식사), 부분어(자동차-바퀴) 등의 관계성이 존재한다. 이러한 관계성을 바탕으로 단어에 대한 정의가 만들어진다. 그리고 이를 토대로 어휘 전체의 관계망인 워드넷wordnet이 만들어진다. 이것은 하나의 사전으로, 단어의 사전적 정의 및 관계성에 대한 정의를 포함한 자료이다. 현재 만들어진 워드넷 중 가장 널리 알려진 것은 미국 프린스턴대학교가 만든 프린스턴 워드넷이다. 이 워드넷은 이후 여러 언어로 만들어지는 여러 다른 언어 워드넷들의 기본형이 된다. 유럽의 많은 언어를 대상으로 해서 만들어진 것이 바로 유로 워드넷Euro WordNet인데, 이것 역시 프린스턴 워드넷에 기초해서 만들어졌다. 이러한 사전적 정의는 자연언어를 분석할 때 가장 기초가 되는 언어 자원이다. 도서관에는 서적으로 출판된 유형의 사전들이 많이 있지만 이것은 인간이 읽기 쉬운 사전이지 기계 가독형 사전machine readable dictionary이 아니다. 인공지능에서 사용되는 사전은 전산적으로 유용한 기계 가독형 사전이다.

단어의 사전적 정의는 개념적 정의만을 포함하지 않고 언어 자체의 제약 조건을 담고 있다. 예를 들어 통사적 문제와 의미적 문제가 되는 의미역semantic role에 대한 부분이 가장 기초적인 문제가 된다. (19a)와 (19b)는 의미적으로 같은 문장이지만 통사적으로는 다르다. (19a)는 'give *arg1 arg2*'이고, (19b)는 'give *arg2* to *arg1*'으로 구성된다.

(19) a. John gave [Mary $_{arg1}$] [a book $_{arg2}$].
b. John gave [a book $_{arg2}$] to [Mary $_{arg1}$].

문제는 동일한 의미적 구조이기 때문에 어구가 문장에서 수행하는 의미적 역할인 의미역이 동일하다는 것이다. 즉 *arg1*, *arg2*가 각각 가지고 있는 의미역은 (19a, b)와 같이 다른 통사적 조건에서도 동일하게 적용된다. 이러한 측면의 언어 분석을 의미역 해석이라고 하며, 문장 의미 해석의 기초가 된다. 그리고 이러한 작업을 자동화하는 것을 의미역 부착semantic role labeling이라고 한다.

문장 해석에 있어서 논리적 언어 분석은 술어 논리에 기초한다. 문장의 모든 의미는 논리적 원자들로 구성되며, 이 논리적 구성체들이 연결되어서 세상의 모든 의미를 모델 이론적model theoretic으로 분석한다. 철학자 알프레드 타르스키Alfred Tarski(1986)의 유명한 언어와 세상에 대한 분석은 이러한 점에서 매우 명쾌하다. "세상의 눈이 하얀 것은 눈이 하얀 세상인 곳에서만 가능하다."는 것이다. 이것은 자세히 논의될 필요성이 있다. 에스키모인에게 눈은 매일같이 보는 것으로, 흰색만 있는 것은 아니다. 눈이 녹으면서 검은색과 섞이는 회색 눈, 질척질척한 상태의 약간 녹은 눈의 색깔은 완전한 하얀색이 아니다. 그러나 눈이 하얗게 간주되기 때문에, 눈은 개념적으로 하얗다고 해석될 수 있는 세상에서만 해석 가능한 것이다. 다르게 말하면 해석이 가능하다는 것은 그러한 세상이 존재한다는 것이고, 그러한 세상이 존재한다는 것을 염두에 두고 모든 모델을 설계해야 한다는 것이다. 따라서 모델 이론적인 세상에서 모든 논리적 원자들을 분석하고 이 원자들이 어떤 구성체인지 분석해야 한다.

(20) a. John like Mary. Mary hit Sam. But I like Sam.
b. like(J, M), hit(M, S), like(B, S)
where *J* is John, *M* is Mary, *S* is Sam and *B* is 'I' in the model of (20b).

(20b)의 분석법은 기본 원자들을 동사와 같이 행동이나 양태를 가리키는 술어로 번역하고, 그 술어를 구성하는 원자atom들을 주어, 목적어로 사용한다. 그리고 각 개체가 번역되는 모델을 (20a)로 설정하여 여기서 *J*, *M*, *S*, *B*를 정의한다. 그리고 이런 논리적 번역을 통해서 모든 원자를 번역하고, 이 원자들의 관계성을 번역하게 된다. 결과적으로 논

리적 번역은 문장, 단락, 글 전체를 번역해서 논리적 해석에 활용한다. 따라서 만약 (20a) 모델에 대해서 '누가 I인가?', '누가 Mary를 좋아하는가?'와 같은 질문을 던지면 이를 이해하고 답변할 수 있는 것이다. 물론 논리언어가 자연언어를 완벽하게 논리적으로 번역하기 위해서는 양화사quantifier, 법modal, 숙어idiom 등을 번역하는 기제도 필요하다.

전산적 의미 처리에서 가장 기본이 되는 것은 의미 부착이며, 이는 의미가 중의적ambiguous일 경우에 올바른 의미를 부착하는 의미 중의성 해소word sense disambiguation이다. 영어에서 'bass'는 '물고기', '음악의 베이스' 등의 의미 중 하나를 가리킨다. 이러한 경우에 음성으로 읽으면 '바스(베스)', '베이스'로 구분되지만 텍스트만으로 읽으면 구분되지 않으므로 이를 구분하는 작업을 해야만 한다. 이러한 경우에 텍스트만으로 이를 구분하는 작업을 가리켜 의미 중의성 해소라고 한다. 자연언어에서 많은 단어가 이러한 의미 중의성을 가지고 있으므로 전산적 의미 처리는 의미 처리에서 가장 기본적인 부분을 수행한다. 여기에는 언어학적으로 특정한 이론이나 특정한 방법론이 필요하지 않고, 주변 어휘들로 어떤 것들이 분포하는지에 대한 분포 가설distributional hypothesis이 중요하게 활용된다(Firth, 1957; Harris, 1954). 물론 전산적인 처리로는 통계적 어휘 분포 분석이 활용되는데, 간단하지만 효율성이 높은 베이즈 확률을 쉽게 적용한 나이브베이즈 확률도 이 중 하나이다. 나이브베이즈에서는 모든 단어가 각각의 의미에서 출현하는 조건부 확률과 초기 확률을 (21)과 같이 적용한다.

(21) $\widehat{sense} = \text{argmax}_{sense_\alpha \in SENSE} P(sense_\alpha) \prod_{j=1}^{n} P(word_j | sense_\alpha)$

인공지능의 화용론적 해석은 대화를 분석하는 것에 집중되어 있다. 기계가 인간처럼 대화하는 것은 매우 어렵다. 특히 인간 대화의 복잡성은 대화의 구조적 분석에서부터 시작한다. 인간 대화는 끊김이 많고 끼어들기투성이로 이루어진다. 즉 여러 명의 자유 대화는 완전한 문장이 아닌, 비문법적인 문장의 파편투성이로 이루어진다. 게다가 구조적으로 어디에서 끝나고 어디에서 시작되는지가 불분명하다. 그러므로 이러한 매우 복잡한 구조 분석에는 대화의 흐름을 좇아가기 위한 지능적 이해가 필요하다.

대화 분석의 첫 단계는 대화 흐름의 단위를 분석하는 것이며, 이때 단위가 잘 쪼개져 있지 않으면 단위를 잘게 잘 쪼개는 작업을 시도해야 한다. 이를 통해서 대화 흐름의 각 단위가 어떻게 서로 연결되어 있는지를 분석한다. 인간 대화에서는 기계적 대화와 다르게 흐름이 매우 불규칙하고 잘 연결되지 않는 파편들이 많이 발견된다. 대화를 하다가 내용을 잘 이해하지 못하는 대화 흐름이 발견되면 흔히들 '사오정 같다'는 말을 하는데, 이는 매우 기계적으로 대화를 이해한 경우이다. 인간 대화는 이처럼 매우 복잡하고 때로는 이해하기 어려우며, 한편 인공지능이 지능이 있는 것처럼 보이기 위해 반드시 해결해야 할 첫 번째 관문이다.

대화 구조를 좀 더 이해하기 쉽게 구분하려면 대화 흐름에서 발견되는 단위들이 어떠한 수식 구조로 되어 있는지를 구분해야 한다. (22b)는 (22a)의 부연 설명이다.

(22) a. 그는 거기에 있었을 것이다.

b. 왜냐하면 그가 차를 거기에 주차한 것을 나는 보았다.

대화 구조의 흐름에서 각 단위가 어떻게 수식되는지 제시하는 이론을 수사적 구조 이론Rhetorical Structure Theory이라고 한다. 이 이론은 (22b)를 (22a)에 대한 '부연' 또는 '증거'라고 구분한다. 그리고 수사적 구조를 부연 설명, 속성, 대조, 나열, 배경지식 등으로 구분하고 각각을 부착해서 설명하며, 자동으로 이 구조를 구분하는 파서도 제작한다.

대화에는 종종 대명사, 명사 등의 지시체가 많이 등장한다. 이 지시체에서 누가 누구이고, 무엇이 무엇인지를 구분하는 것이 중요하다. 특히 무언가가 나열되는 구조에서 지시체가 발견되는 경우는 더욱 그러하다. 예를 들어서 전래동화 '흥부전'을 이해하는 과정에서 발견되는 '지시체가 있는 대명사나 명사' 등이 각각 같은 대상을 지칭하는지 아닌지를 구분하기 위해서 (23a)를 (23b)와 같이 나열해보자.

(23) a. 흥부는 부인과 어린 자식들이 많이 있었는데, 너무 배가 고파서 어느 날 형 놀부 집에 가서 구걸을 했습니다. 그러나 놀부의 아내가 주걱으로 흥부의 볼을 때리면서 쫓아냈습니다. 그러던 어느 날 흥부는 집 앞에 쓰러진 제비의 다리를 고쳐주었고, 제비가 물어다준 박씨를 받아서 부자가 되었습니다. 이를 부러워한 놀부는 제비 다리를 부러뜨렸다가 벌을 받고 거지가 되었습니다.

b. {흥부, 부인, 자식, 형, 놀부, 놀부, 아내, 흥부, 흥부, 제비, 다리, 제비, 박씨, 부자, 놀부, 제비, 다리, 거지}

이 과정에서 발견된 명사들 중 '제비'가 세 번 나오는데, 이야기에는 두 마리의 각기 다른 제비만 나온다. 앞에 나오는 두 제비는 흥부가 다리를 고쳐준 제비이고, 마지막 제비는 놀부에게 벌을 주는 제비이다.

이와 같이 지시체를 구분하는 작업은 대화 분석에서 매우 주요한 부분을 차지한다.

4) 정보 추출과 정보 검색

정보를 검색하기 위해서는 텍스트에 대한 분석이 우선 적용되어야 한다. 이 분석을 통해서 필요한 정보를 추출하는 작업을 시행하는데, 이를 정보 추출information extraction이라고 한다. 정보 추출이 일정한 데이터베이스 템플릿template에 필요한 부분을 채워 넣는 방식으로 간단히 진행된다고 가정할 경우를 다음의 인터넷 기사를 통해서 고려해보자.

> 오픈소스컨설팅은 하나투어 차세대 시스템의 운영체제(OS)부터 미들웨어, 자동화 도구까지 오픈소스 기반의 솔루션을 통합 공급한다(유진상, 2018. 10. 4).

〈표 4-4〉의 정보 분석 템플릿에 채워야 할 부분은 (24)에서 밑줄 친 굵은 글씨 부분들이다. 이 부분을 정보로 추출하려면 이 내용이 정보인지 아닌지 구분해야 하며, 이를 위해 가장 먼저 해야 할 것은 개체인지

〈표 4-4〉 정보 분석 템플릿

OBJECT	CONTENTS
action	통합 공급
agent	오픈소스컨설팅
goal	하나투어 차세대 시스템
theme	운영체제부터 미들웨어, 자동화 도구까지 오픈소스 기반의 솔루션

아닌지를 구분하는 것이다. 개체이면 이 개체가 문장에서 특정한 역할을 하는 것으로 간주하고 그 역할이 무엇인지 간주한다. 그래서 (24)와 같이 특정 어구나 단어가 개체가 되는지 살펴본다. 우선 (24)에서 개체명named entity이 될 것 같은 부분을 추출하고 따져본다.

(24) a. 오픈소스컨설팅은 하나투어 차세대 시스템의 운영체제(OS)부터 미들웨어, 자동화 도구까지 오픈소스 기반의 솔루션을 통합 공급한다.

b. {오픈소스컨설팅, 하나투어, 차세대 시스템, 운영체제, 미들웨어, 자동화 도구, 오픈소스, 솔루션, 통합 공급}

추출한 부분들이 개체명인지 따져보기 위해서 개체명 사전이나 특정 코퍼스를 고려한다. 여기서 {오픈소스컨설팅, 하나투어, 차세대 시스템, ~~운영체제~~, ~~미들웨어~~, ~~자동화 도구~~, ~~오픈소스~~, ~~솔루션~~, ~~통합 공급~~}과 같이 개체명이 아닌 것을 구분하고, 개체명인 것들을 중심으로 정보 분석 템플릿을 채워간다(〈표 4-4〉 참조). 이와 같은 전략을 통해서 술어, 술어의 행동 주체, 행동의 대상이 되는 것들을 찾아내고, 이 작업을 통해서 문장 내의 구분 작업을 수행한다.

(25) a. [오픈소스컨설팅은 $_{\text{arg1}}$] [하나투어 차세대 시스템의 $_{\text{arg2}}$] [운영체제(OS)부터 미들웨어, 자동화 도구까지 오픈소스 기반의 솔루션을 $_{\text{arg3}}$] [통합 공급한다. $_{\text{predicate}}$]

b. arg1: agent, arg2: goal, arg3: theme

이러한 작업의 과정은 이전 절에서 논의한 의미역에 대한 해석을 거쳐서 문장 전체에 대한 완전한 해석을 하는 것이다. 텍스트의 정보는 이 외에 관계에 대한 정의, 시간의 흐름에 대한 정의 등도 포함한다. 관계에 대한 정의는 개체와 개체 간의 관계를 말한다. 이를테면 서울시는 대한민국 안에 있고, 노원구는 서울시 안에 있다. 이러한 정보를 바탕으로 '대한민국 ≫ 서울시 ≫ 노원구'와 같이 포함 관계를 정의하는 것이다. 텍스트에 포함된 특정한 관계 표현을 토대로 이러한 관계성을 추출한다.

시간의 흐름을 분석하는 것은 텍스트 분석에서 중요한 과정이다. 특정한 사건이 발생하고 이에 대한 시간적 흐름을 추적하는 작업을 자동화하면 특정 사건의 정보를 정리하는 수고로움 없이 연대별로 정리가 가능하다. 이를테면 작업자가 20○○년 ○○월 ○○일, ○○장소에서 발생한 사건들에 관한 신문 기사를 1,000여 건 수집한 경우, 이를 시간의 연대순으로 정리하고 텍스트에서 시간 순서로 정리한대로 정보를 나열한다면 매우 효율적으로 정보를 처리했다고 할 수 있다. 시간의 흐름을 추적하는 것은 시간 표현에서부터 시작되는데, 언어 표현이 여러 방식으로 시간을 표현한다. 이를테면 연월일을 표기하는 방식도 {1988년 8월 1일, 88년 8월 1일, 88년 08월 01일, 8월 1일 88년, …} 등 여러 가지가 있어서 이를 정규화normalization시키는 방법이 중요하다. 또한 특정 사건의 흐름을 추적하기 위해서는 시간 축에서 사건의 흐름을 만드는 방식도 중요하다. 만약 우리가 '사도세자'와 연관된 정보를 검색해서, 이를 사건의 발생 순서에 따라 나열한 정보를 알고 싶다고 가정해보자. 이때 검색할 수 있는 정보로 『조선왕조실록』이나 『승정원 일기』, 또 개인 소장 자료 등 여러 자료가 있다고 할 때 이를 가장 적절하게 볼 수 있는 방법은 시간 축에 따라 관련된 정보를 모두 나열하는 것이다.

정보 검색을 가장 간단하게 설명하는 방법은 벡터 공간 모델을 사용하는 것이다. 텍스트에 출현하는 단어를 모두 벡터 공간에 표현하면 $\vec{d}$ = $(w_1 w_2 w_3 \ldots\ldots w_n)$와 같이 벡터 모델로 표현될 것이다. 이 모델은 특정 단어 자체의 출현 빈도만으로 표기하면 $\vec{d}$ = (01010001……)와 같다. 이러한 모델은 특정 질의 $\vec{q} = (1, 0, 0, 0, 1)$에 대해서 유사도를 측정한다. 벡터 공간에서 단어 출현 여부를 측정하기 위해서는 특정 단어의 출현 빈도를 나타내는 용어빈도term frequency인 tf와, 해당 용어가 특정 문서들의 집합에서 나타나는 비율을 따지는 역문서빈도inverse document frequency인 $idf = \log\left(\frac{N}{n}\right)$의 곱 $w = tf \times idf$으로 특정 용어의 출현 벡터 모델을 연산한다. 또한 코사인 유사도에 근거해서 단어의 벡터 모형과 질의 벡터 모형은 (26)과 같이 연산한다.

(26) $$\cos(\vec{d}, \vec{q}) = \frac{\sum \vec{d} \times \vec{q}}{\sqrt{\sum \vec{d}} \times \sqrt{\sum \vec{q}}}$$

정보 검색에서 벡터 공간 모델은 문서들 중 일치하는 문서를 나열한다. 즉 일반적인 포털 검색에서 특정 검색어를 입력하면 웹페이지를 나열하는 것을 말한다. 가장 처음에 있는 문서는 가장 유사도가 높은 문서이고, 이를 순서에 따라 나열한다. 이를 통해서 보면 어떠한 문서가 가장 적절한 문서인지 선택하는 것은 사용자의 몫이다. 시스템은 나열하고, 사용자는 클릭해서 해당 문서 중 가장 적절하다고 간주된 것을 선택한다. 반면에 시스템이 가장 적절한 것을 알려주는 방식도 있을 것이다. 특히 간단한 질문에 답변을 하는 경우이다. 예를 들어서 '대한민국의 수도는 어디인가?'라는 질문에 '서울'이라고 답변하면 매우 간단해진다. 이와 같은 방식을 질의응답 시스템이라고 한다.

질의응답 시스템은 간단한 답을 얻을 수 있는 경우에만 가능하지 매우 복잡한 질문에는 답변을 하지 못한다. 여기서 간단한 답변이란 명사 또는 숫자 등으로 이루어지는 단답형 답변이다. 예를 들어서 '루브르 박물관은 어느 도시에 있는가?'라는 질문에 '파리'와 같이 개체명이나 명사, 숫자 등으로 답변이 가능한 경우이다. 이를 사실질의응답factoid question answering이라고 한다. 이러한 질문은 답변에 술어가 있는 경우도 포함시킬 수 있긴 하지만 간단한 질문만 가능하다. 이를테면 신문 기사를 읽고 '올해 애플의 1/4분기 실적은 어느 정도인가?'라고 질문했을 때, '애플은 올해 500억 달러의 매출을 예상한다.'와 같이 답변하는 것은 가능하다. 그러나 답변이 불가능하거나 답변하기에 매우 복잡한 경우의 질의에 대한 응답을 하는 것은 불가능하다. 이를테면 '신은 존재한다고 생각하는가?' 또는 '차기 대통령은 누가 선출될 것 같은가?'와 같이 질문이 어려운 경우는 답변이 불가능하다. 이러한 사실질의응답이 가능하다고 간주되는 이유는 질문의 패턴과 응답의 패턴이 정해져 있기 때문이다. 다시 말하면 '루브르 박물관은 어느 도시에 있는가?'라는 질의는 '파리'라는 답변과 일치하지 다른 답변과 일치하지 않기 때문에 각각의 질의-응답이 서로 연결된 패턴들이다. 그러므로 답변하기에 쉬운 구조로서 이러한 유형에만 질의-응답을 한정한 것이다.

정보 추출과 정보 검색에서 가장 복잡한 구조는 문서 요약 시스템이다. 문서를 모두 읽고 요약하는 것인데, 활용하기에 매우 유용한 시스템이다. 이 시스템은 크게 단일 문서만 요약하는 경우와 여러 문서를 한꺼번에 요약하는 경우로 나뉜다. 또는 일반적인 요약이 가능한 경우와 특정 질의에 집중해서 요약하는 경우, 특정 주제에 집중해서 요약하는 경우로도 나뉜다. 문서를 요약하는 방식은 지금까지 논의한 자연언어 처리 시스템을 통합한 것과 같다. 즉 '형태 → 통사 → 화용'으로 이어지는 자연언어 처리 단계를 합쳐서 하나의 시스템으로 구현한 것과 같다. 특히 모든 정보를 통합하고, 그중 화용적 정보만을 대상으로 수사적 구조 이론을 활용해서 문장들과 단락들, 그리고 문서들 사이의 맥락 구성체들을 분석한 후 필요한 것만을 추출하는 방식이 널리 활용된다.

7. 언어지능

1) 대화형 인공지능

인간이 기계와 자유로운 대화를 나누는 것은 인공지능의 마지막 단계이다. 인간이 이해하는 것을 기계가 이해하고, 기계는 인간처럼 이야기하는 것은 인공지능을 생각하는 모든 사람의 희망이다. 이러한 시스템을 대화 또는 담화 에이전트라고 한다. 여기서 에이전트는 자동화된 기계를 말한다. 이러한 시스템을 이해하기 위해서는 인간의 대화가 어떻게 구성되어 있는지를 파악해야 한다.

인간의 대화는 말차례 맡기turn-taking의 반복이며, 이전 절에서 논의한 것과 같이 파편적 언어 표현투성이이다. 다음은 백화점 의류 매장에서 가능한 대화이다.

(27) a. A: 찾으시는 것 있으세요?
b. B: 저기……. 체크 남방 100 사이즈 있어요?
c. A: 아, 예. 물론이죠. 잠시만요. 여기요.

d. B: 이건 좀 음……

e. A: 좀 나이 들어 보이시나요?

f. B: 나이 들어……

g. A: 예. 그럼 이건 어떠세요?

자세히 전사된transcribed 대화를 보면 대화의 구성이 참여자 A와 B 사이에 하나씩 말차례turn을 주고받는 것으로 이루어져 있다. 다시 말하면 참여자들 간의 말차례 맡기를 통해 대화가 구성된다. 그리고 (27d-f)는 거의 동일한 시간차로 이루어진 것으로 (27e)는 (27d)에 끼어들기한 것으로 보인다. 또한 (27d, f)는 문법적이지 않은 파편들로 구성되어 있다. 대화는 이러한 것들을 적절히 고려해야 하며, 이를 잘 이해하는 것이 중요하다.

대화의 특성은 바로 언어 행위speech acts라고 불리는 철학적 논의의 대상이다. 언어는 발화 그 자체를 가리키는 것이 아니라 하나의 행동 또는 행위를 가리킨다. 사극 드라마나 영화를 보면 기와집 대문 앞에서 갓을 쓴 양반들이 '이리 오너라.'라고 말하는 장면이 나온다. 이 말은 글자 그대로 '이리 오라.'는 명령을 나타낸다기보다는 '나는 양반이고 여기 손님인데, 내가 찾아왔으니 하인들은 나오너라.'라는 매우 복잡한 표현을 함축한 표현이다. 또한 허먼 멜빌Herman Melville의 『백경Moby Dick』(1851)이라는 소설을 보면 "Call me Ishmael."이라는 구절이 나온다. 이 구절은 글자 그대로 명령문으로서, '나를 이스마엘Ishmael이라고 불러주세요.'라는 의미로 번역되는데, 사실은 이 의미가 아니라 '나의 이름은 이스마엘입니다.'라는 의미이다. 즉 명령문이 아닌 평서문적 성격을 갖는 의미이다. 이러한 언어 현상은 언어 자체는 행동을 나타내지 언어적 표현 그 자체를 의미하지 않는다는 철학자 존 오스틴John Langshaw Austin의 주장과 일치한다. 오스틴은 언어 행위를 발화적인 행위(즉 언어 표현 그 자체), 발화 내적인 행위(즉 질문, 약속, 답변 등 행동 자체), 또는 발화 외적인 행위(감정, 생각 등의 발화로 인한 행동) 등으로 구분한다.

그렇다면 대화의 구성에서, (18)에서 논의한 바와 같이 현재 시간을 물었는데 특정한 개인(야쿠르트 아줌마)의 도착 시간을 말하는 것은 어떤 의미인가? 이것은 대화에서 이루어지는 특정한 규칙들이 존재한다는 것을 의미한다. 즉 질문한 시간과 특정 개인이 도착하는 시간이 일치한다는 정보의 동일성을 암시한다. 이러한 논의는 언어철학자 허버트 그라이스Herbert P. Grice가 제시한 담화함축conversational implicature과 일치한다. 담화함축은 격률들로 구성되는데, 크게 네 가지의 격률이 있다. 대화 정보의 양이 동일하다는 양의 격률maxim of quantity과 정보가 언제나 진실이어야 한다는 질의 격률maxim of quality, 정보가 주제와 관련된 것이어야 한다는 관련성의 격률maxim of relevance, 정보가 모호성을 피해야 한다는 태도의 격률maxim of manner이다. 만약 대화가 올바르게 이어진다면 이러한 담화함축 원리가 잘 지켜진다는 것이며, 우스꽝스러운 대화나 대화에서 의미가 잘못 이해되는 경우는 이 원리가 어긋나면서 발생한다는 것이다.

기본적인 대화 시스템은 음성 인식을 언어 이해로, 음성 합성을 언어 생성으로 설정하고 대화를 분석하는 시스템과 대화의 흐름을 조절하는 시스템, 그리고 특정 목적의 대화를 위해서 과업을 조절하는 시스템으로 구성된다. 음성 인식과 음성 합성은 매우 복잡한 단계의 음성의 기계적 처리, 물리적 처리, 전자기적 처리와 알고리즘적 이해로 나뉘기 때문에 여기서는 다루지 않겠다. 대화 시스템은 특정 목적의 대화를 다루기 위해서 설계된 구조가 많다. 이를테면 길을 안내하기 위한 안내 시스템, 은행 업무 처리 시스템, 증권 거래 시스템 등으로 특정 과업을 수행하는 시스템이다. 이러한 시스템에 인간 대화자가 1:1 서비스를 해야 하나, 기업들은 비용을 절감하기 위해서 인공지능 서비스를 도입한다. 여러 전화 회선을 통합하고 이를 견뎌낼 수 있는 컴퓨터 서버가 여러 전화를 동시에 받아서 처리한다면 기업 비즈니스 측면에서 많은 비용을 절감할 수 있을 것이다. 이것은 마치 온라인 쇼핑몰이 오프라인 쇼핑몰의 인건비, 임대비 등의 많은 비용을 절감하는 것과 같다. 과업은 크게 특정 목적을 달성하기 위해 이루어진다. 가령 항공권 예약 시스템은 날짜, 출발지, 도착지 등의 내용을 채워야 하는 시스템이다. 이 시스템은 이러한 과업을 수행하기 위해서 특정 질문에 대해 각각의 내용이 채워지는지를 보고, 부족하면 대화를 통해 이를 채워나간다.

대화에서 특징적으로 이루어지는 부분들을 모아 하나의 일정한 단위로 나누고, 이 단위들을 단계로 간주해보자. 대화는 바로 이러한 단위들이 연결되는 것이다. 이 단위들이 어떠한 논리에 의해서 구성되고 또 이것을 어떻게 연결할지를 구성하는 것이 바로 대화 구조 이론이다. 이 이론에는 여러 종류의 알고리즘이 사용되나 가장 대표적으로 사용되는 것이 바로 마르코프 연쇄이다. 즉 하나의 상태에서 다른 상태로 이동함으로써 대화가 이루어지는데, 다음 대화 상태 s를 결정하는 것은 대화의 흐름을 조절하는 보상 조치 r과, 말차례 단위 a의 마르코프 결정 과정Markov decision process은 (28a)이다. 이를 연산하기 위한 장치는 보상과 행동의 움직임을 조절하는 가중치 [1, 0]을 통해서 (28b)와 같이 조절된다.

(28) a. $s_1 \rightarrow a_1 r_1,\ s_2 \rightarrow a_2 r_2,\ s_3 \rightarrow a_3 r_3,\ \ldots\ldots$

b. $Q(s_0, a_0, s_1, a_1, s_2, a_2, \ldots\ldots)$

$= R(s_0, a_0) + \gamma R(s_1, a_1) + \gamma^2 R(s_2, a_2) + \ldots\ldots$

c. $Q(s, a) = R(s, a) + \gamma \sum_{s'} P(s' | s, a) \max_{a'} Q(s', a')$

여기서 대화의 흐름은 조건과 보상에 대한 움직임으로 결정되는데, 이 흐름은 미래의 보상이 현재의 흐름에 영향을 미치는 방식으로 조절된다. (28c)는 (28b)의 흐름을 재귀적 방정식으로 전환한 벨만 방정식Bellman equation이다.

결과적으로 (28)에서 제시한 방식은 특정 대화의 흐름이 일반화된 흐름으로 결정되는 방식이다. 이것은 마치 미로 속의 생쥐가 길을 찾아가는 방식과 같다. 문제는 대화에 특정한 공식이 없는 경우도 많다는 것이다. 인간 간의 대화는 대화 뛰어넘기jump, 직접적 언급이 아닌 정황적 대화circumstantial speech 등으로 매우 복잡하게 구성된다. 따라서 현재 시스템이 매우 복잡해 보여도 자연스러운 인간 간 대화를 기대하기는 어렵다.

2) 기계 번역

기계 번역은 인공지능의 시작이며, 번역은 어문학의 마지막 보루이다. 초창기 인공지능은 기계 번역으로 시작했으며 어문학을 연구하거나 관련 분야에 종사하는 사람들에게 기계 번역은 엄청난 위험 요소이다. 즉 인간이 해야 할 일들을 기계가 완전히 대신하는데, 그동안 기계가 대체하기 매우 어려운 인간의 일 중 하나가 번역이었다. 좀 더 자세히 살펴보면 인공지능과 연관된 문제점을 파악할 수 있다.

인공지능이 미국 국방성 프로젝트를 통해서 엄청난 예산을 토대로 비약적 발전을 도모할 수 있었던 계기는 바로 제2차 세계대전 이후 미국과 소련의 대립이었다. 이 시기는 특히 원자폭탄과 같은 원자력 기반의 무기, 미사일 체계 그리고 우주 개발 등 서로가 경쟁을 하던 시기였다. 이 시기에 적국의 문서나 정보에 대한 번역량은 엄청나게 많았고, 사람을 대체하기 위한 인공지능이 필요했다. 그때 인공지능과 연관된 학계의 도전이 시작되었고, 이는 많은 예산을 얻어낼 기회가 되었다. 하지만 이후 10여 년 이상 인공지능 기반의 기계 번역 시스템을 연구한 결과, 기계 번역이 정확하지 않고 잘못되었다는 결과에 도달했고, 이것은 인공지능의 문제점으로 인식되어서 인공지능 프로젝트를 국방성 프로젝트가 꺼리게 된 계기가 되었다. 따라서 기계 번역은 인공지능 연구가 쇠퇴기로 가는 결정적 역할을 한다.

결과적으로 인공지능이 할 수 없는 일들 중에 번역이 있었다. 따라서 어문학 분야에 종사하는 인간 자원이 많이 필요했고, 외국어를 학습하는 일은 매우 중요하게 되었다. 현재 구글 번역기를 통해서 글을 번역해보면 깜짝 놀랄 정도이다. 다음 우리나라 소설 『꺼삐딴 리』(1962)의 일부를 살펴보자.

> 신체검사는 이미 끝난 것이고 외무부 출국 수속도 국무성 통지만 오면 즉일될 수 있게 담당 책임자에게 교섭이 되어 있지 않은가? 빠르면 일주일 내에 떠나게 될지도 모른다는 브라운 씨의 말이 떠올랐다. 대학을 갓 나와 임상 경험도 신통치 않은 것들이 미국에만 갔다 오면 별이라도 딴 듯이 날치는 꼴이 사나왔다. '어디 나두 댕겨오구 나면 보자!' 문득 딸 나미와 아들

원식의 얼굴이 한꺼번에 망막으로 휘몰아 왔다. 그는 두 주먹을 불끈 쥐며 얼굴에 경련을 일으키듯 긴장을 띠다가 어색한 미소를 흘려보냈다.

그리고 다음은 이 글을 구글 번역기를 통해 번역한 결과이다.

The physical examination has already been completed and the departure procedures of the Ministry of Foreign Affairs have been negotiated with the responsible person so that they can be dispatched only by the notification of the State Department. Mr. Brown said that he might be leaving in a week as soon as possible. When I came to the United States and my new clinical experiences were not good, I was able to fly like a star. 'Let me see where you can get away!' Suddenly, the daughter of Nami and the son's face have been swept into the retina at once. He squeezed his fists and nervously as he spashed his face.

각 구절을 잘 분석해보면 어색한 구절도 발견되지만 실제 의미를 전달하기에 불충분하지는 않다. 물론 소설이 가지는 언어적 뉘앙스nuance를 정확하게 또는 근접하게 전달하고 있지는 않지만, 의미적으로 내용을 읽어 내려가기에 부족하지 않다. 이것은 어문학 종사자에게 커다란 위협이다. 인간 영역의 보루였던 부분이 바로 무너지게 된 것이다. 이러한 연유로 번역이나 통역을 주 업무로 하던 직종이 인공지능에게 일자리를 내주었다는 주장이 대두된 것이다.

기계 번역은 크게 두 가지로 나뉘는데, 하나는 고전적 방식으로서 언

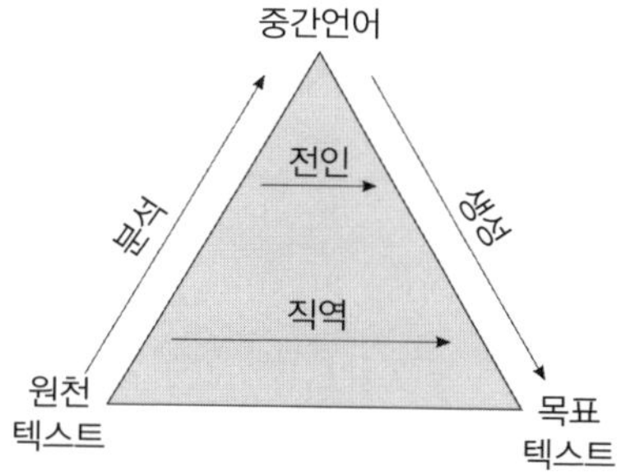

[그림 4-30] 번역에서의 교환 삼각형

출처: Arithmandar (2018. 8. 13).

어 간 규칙이나 의미의 교환을 통해 구조를 바꾸는 의미적 교환 방식이며, 다른 하나는 일정량의 코퍼스를 모아서 단어, 어구, 절 등의 단위별 교환을 통해 처리하는 통계적 번역 방식이다. 규칙에 의한 의미적 교환 방식은 [그림 4-30]과 같이 원본 텍스트와 번역의 대상이 되는 텍스트를 전환하기 위해서 직접적 교환이나 간접적 전환을 이루어가는 과정이다. 지구상에 존재하는 수많은 언어 간의 차이점에도 불구하고 번역이 가능한 이유는 언어 보편적인 중간 언어interlanguage가 존재하기 때문이다. 이를 통해 동일하거나 보편적인 개념의 전달이 가능하며, 이를 활용한 언어 간 번역이 가능해진다. 따라서 언어 간 번역은 언어와 언어 사이의 실질적인 번역이지만, 이를 전달하기 위해서 아주 동일한 것은 직접적으로 번역 작업을 하고 약간 상이하거나 완전히 상이한 것은 동일하다고 간주되는 것으로 교환하는 방식을 사용한다. 이를 기계 번역에 적용하면 규칙에 의한 전환으로 설명된다. 번역과 연관되어서 특정 규칙을 산정하고 이를 적용해서 하나의 언어에서 다른 언어를 생성하면 바로 번역 작업이 되는 것이다. 이 방식은 문제점이 많은 규칙과 더불어 올바른 규칙을 찾아내야 하는 문제점이 있다.

IBM에서는 기계 번역과 연관된 많은 연구 프로젝트를 수행하고 통계적 번역 방식을 발표했다. 이 방식은 언어 간 번역된 코퍼스를 만들고 이를 통해서 단어, 어구, 구 등의 교환 확률 모델을 만든 후, 이를 적용해서 번역을 하는 것이다. 이 모델은 $\text{argmax}_{L_1,\, L_2 \in Lanugage} P(L_2|L_1)P(L_1)$의 공식으로 대표된다. 먼저 $P(L_2|L_1)$는 언어 간 교환 모델이며, $P(L_1)$는 언어 모델이다. 이러한 공식의 성립은, 번역 모델은 두 언어 간 교환 모델인데 실제 교환 작업에서 소음 또는 잡음 때문에 번역하는 언어의 의사 표현이 번역되는 언어에 잘못 전달되어 교환이 되지 않으므로, 원천이 되는 언어 모델을 잘 전달하기 위해 해당 언어의 모델을 합치게 됨으로써 가능해진다. 이것은 클로드 섀넌Claude Shannon의 정보이론에서 정보 원천이 손실되는 부분 때문에 전달 채널channel에서 정보 원천을 어떻게 다룰지 결정해야 하는 것과 일맥상통한다.

현재는 IBM에서 제시한 기계 번역 모델을 통한 번역이 대세를 이루고 있으며, 구글 번역과 같이 비약적 발전을 하고 있다. 엄청난 데이터의 축적이 번역의 양과 질을 동시에 끌어올린다는 기계 번역 정신을 현재 구글이 실현하고 있는지 두고볼 일이지만, 현재 구글은 과거 기계 번역 시스템에 비해서 엄청난 발전을 이루고 있는 것이 사실이다.

8. 인공지능의 과거, 현재 그리고 미래

게임은 인공지능이 비즈니스에 가장 먼저 적용된 분야이다. 기계가 지능적인 측면에서 인간을 뛰어넘는 전략으로 인간의 지능과 대결하는, 돋보이는 전략을 구사한다. IBM은 '딥블루'라는 체스 게임 에이전트를 만들고 인간과 대결했다. 이때 기존의 인간 대 인간 체스 게임에서 만들어진 수많은 패턴을 인식하고 가능한 모든 패턴을 연산했는데, 특히 정확하고 빠른 컴퓨터 연산을 적용했다. 그 결과 딥블루는 인간과의 대결을 시작한 지 1년 만에 승리를 거두게 되었다.

IBM은 미국 국방성 프로젝트를 통해서 오랫동안 인공지능 연구를 했는데, 기계 번역, 음성 인식, 음성 합성 등 여러 분야에서 연구를 진행했다. 과거의 인공지능은 인간이 하던 일들을 대신한다는 점에서 의미가 있었는데, 지능적 처리라는 측면에서 인간을 대체하기도 하지만 지식을 갖는 처리라는 점에서 인간이 습득한 내용도 대체한다는 것이 의미가 있었다. 지능은 연산적 측면과 더불어 지식에 기반을 둔 처리를 한다는 측면도 있기 때문이다. IBM의 오랜 인공지능에 대한 연구를 통해서 만들어진 것이 바로 앞의 2장에서도 언급한 TV 퀴즈쇼 우승 로봇 IBM 왓슨이다. IBM 왓슨은 2011년에 〈제퍼디Jeopardy〉라는 TV 퀴즈 프로그램에 출현해서 인간을 상대로 우승하게 된다.

게임에서의 지능적 처리는 패턴을 이해하고 분석해서 적절한 패턴을 수행하는 것이다. 즉 데이터베이스로 구축된 패턴들을 학습하고 이를 토대로 새로운 패턴에 대응하게 된다. 체스 게임의 경우에는 인간들끼리 한 게임의 패턴들을 데이터베이스로 구축하고 이를 학습한다. 체스 게임은 경우의 수가 바둑보다 적다. 바둑은 더 많은 패턴이 있기 때문에 컴퓨터가 인간을 이기기가 더 어려웠다. 그런데 구글의 딥마인드가 2016년에 인간을 상대로 바둑에서 승리하게 된 것이다. 이 전환점이 바로 대한민국 바둑기사 이세돌과의 대결이었고, 이 대결에서 구글의 딥마인드 알파고가 승리한다. 이 시점에 두 가지 사실이 인공지능 업계에서 주요하게 등장한다. 바로 인간의 연산력을 앞서는 알고리즘과 시스템의 등장이다. 알고리즘은 인간이나 동물 두뇌의 신경체인 신경망을 전산적으로 모사하는 딥러닝이며, 이는 생쥐 길 찾기 방식을 통해서 학습한 생물체의 문제 해결 방식을 강화학습을 통해 적용한 방식이다. 또한 시스템은 인간의 직관이라는 연산에 승리하기 위해 빅데이터를 실시간으로 처리할 수 있는 능력을 가진 병렬·분산 시스템이다. 즉 여러 대의 성능이 우수한 컴퓨터를 연결하고 이를 동시에 제어·연산·처리할 수 있는 시스템이다. 바꾸어서 말하면 단순한 방식의 연산을 무수하게 많이 수행한 기계들의 집단 지성이 인간 지능과의 싸움에서 승리한 것이다. 즉 속도와 정확성이 인간 개체의 직관에 승리했다는 의의를 갖는다.

딥러닝이 혁신을 이룬 부분은 바로 이미지 인식 영역이다. 즉 시각적 처리에서 인간의 처리 영역에 도전하고 있다. 현재는 움직이거나 정지된 대상물을 분석하고 대상물의 동작을 이해하는 것도 가능하다. 이를테면 고양이인지 개인지 분류하고 고양이가 점프를 하는지 잠을 자는지, 밥을 먹는지를 구분한다. 이러한 지식은 시각적 영역에서 혁신을 이루고 있다. 아직 인간처럼 완전하지는 않지만, 생물체인 인간의 판단을 대체하는 측면에서 꽤 쓸모가 있다. 현재 상업화에서 진전을 이룬 부분은 매우 현실적인 부분으로, 가령 식사 전에 음식을 촬영하면 음식이 무엇인지 인지하고 음식에 들어있는 성분을 인식해서 칼로리를 연산해준다. 음식이 피자라면 어떤 피자인지 분석하고 내용물의 칼로리를 연산해서 다이어트를 위한 힌트를 제공한다. 이 정도면 다이어트를 하기에 적절한 지능을 제공하고 있는 것이 아닐까? 또 패션의 측면에서 사람의 체형을 인지하고 어떠한 옷을 입어야 하는지 추천하기도 한다.

인공지능을 적용하기에 적합한 부분은 인간의 노력을 덜 들이는 측면에서 적극적으로 활용된다. 그러나 인간을 완전하게 대체하는 지능으로서는 아직 부적합하다. 인간의 판단 능력이나 도덕성, 가치 판단을 기계가 대체하는 것이 현재로선 불가능하기 때문이다. 이를테면 인간을 대체하기 위해서 기계 군인을 만들고 전투에 참여시키면 당장 문제가 발생할 것이다. 영화 〈터미네이터〉처럼 모든 상황에서 기계인 로봇이 인간과 같이 꽤 쓸모 있는 판단을 하길 기대하는 것은 무리이다. 인간을 대체하는 인공지능을 강한 인공지능Strong AI이라고 하고, 인간이 처리하기 어려운 부분을 대신하는 인공지능을 약한 인공지능Weak AI이라고 한다. 무수히 많은 신문 기사를 읽어서 경제 기사인지 스포츠 기사인지 구분하는 작업은 인간을 완전히 대체하는 것이 아니라 인간이 처리하기에 어려운 일을 대신하는 것이다.

이러한 인공지능 기술에 가장 문제가 되는 시점은 바로 '기술적 특이점technological singularity'이다. 이것은 기술이 지능을 넘어서서 결국 인간을 대체함으로써 사회적으로 큰 변화가 일어나고, 사회가 더 이상 인간의 지능을 원하지 않는 사회로 전환된 시점을 말한다. 그러면 더 이상 인간 지능이 아닌 강한 인공지능의 세상이 되며, 기술의 진보가 인간의 진보가 아닌 기계의 진보만을 의미하게 된다. 이러한 경우에 우리는 인간의 종말을 보여주는 영화 〈터미네이터〉 속 세계를 상상하게 된다.

현재 인공지능은 시를 쓰고, 작곡을 하며, 미술품을 만드는 것이 가능하다. 인간이 보기에 매우 유치하거나 매우 이상한 것이 창작될 수도 있다. 그러나 놀라운 점은 바로 인간의 감정을 이해하고 이를 표현하는 기술이 발전하고 있다는 것이다. 특히 이러한 기술은 비즈니스 용도로 발전하고 있으며, 이러한 상업화가 인간 사회에서 사용성의 증대를 가져오고, 최종적으로 필수적인 것 또는 필요한 것으로 귀결될 수도 있다. 여기서 인공지능은 드디어 지식과 지성, 지능이 아닌 가족, 친구, 동료로 판단되게 된다. 그렇다면 이러한 측면에서 자율성과 지능을 가진 기계로 발전하는 것이 아닌, 인간성을 지닌 기계로 변화가 일어나지 않을까?

필자가 과거 은행, 안내, 건설 등 여러 분야에서 음성 인식 기반의 인공지능적 대화 처리 시스템을 개발 및 설치하며 얻은 한 가지 결론이 있다. 사람의 음성을 이해하고 사람의 음성을 발성하는 시스템인 음성 인식 및 음성 합성을 갖춘 시스템은 처음에는 인간에게 거부감을 준다. 즉 인공지능은 인간과 다르며 부자연스럽고 대화가 답답하기까지 하다. 그러나 사용자가 꼭 사용해야 한다면 이러한 경우에 시스템을 바꾸려고 노력하기보다 사용자가 적응하려고 노력하게 된다. 시스템을 바꾸는 노력은 사용자가 적응하는 것보다 재원과 노력이 더 많이 들기 때문이다. 사용자가 반드시 사용해야 하는 시스템인 경우에는 특히 그렇다. 이를테면 은행 업무 처리 시스템은 사용자가 어떻게든지 적응해야 하는 시스템이다. 이러한 경우에 사용자는 시스템에 순응한다. 필자가 시스템 성능 향상을 위해서 녹취된 결과를 확인한 적이 있는데, 불과 3개월 만에 사용자들은 시스템을 잘 따라하게 되고 심지어 인간처럼 여기고 응대하기까지 했다. 결국 인간이 기계를 필요적·필수적 대상으로 간주하면 인간 스스로가 기계의 일부분을 받아들이고 이를 체화 및 승화해서 다른 하나의 인간성으로까지 간주하게 될 수 있다는 것이다. 즉 아이러니가 시작되는 것이다.

| 참고문헌 |

니컬러스 네그로폰테(1999[1995]). 『디지털이다』. 백욱인 옮김. 커뮤니케이션북스.

브루스 매즐리시(2001[1993]). 『네번째 불연속: 인간과 기계의 공진화』. 김희봉 옮김. 사이언스북스.

에레스 에이든·장 바티스트 미셸(2015[2013]). 『빅데이터 인문학: 진격의 서막, 800만 권의 책에서 배울 수 있는 것들』. 김재중 옮김. 사계절.

에릭 드렉슬러(2011[1986]). 『창조의 엔진: 나노기술의 미래』. 조현욱 옮김. 김영사.

유진상(2018. 10. 4). 오픈소스컨설팅, 하나투어 차세대 시스템 오픈소스 표준화 사업자 선정. IT 조선(http://it.chosun.com/site/data/html_dir/2018/10/04/2018100401188.html).

多田智史(2017). 『처음 배우는 인공지능: 개발자를 위한 인공지능 알고리즘과 인프라 기초』. 송교석 옮김. 한빛미디어. (원저는 2016년에 출간).

Anderson, M., Anderson, S. L., & Armen, C. (2005). Towards Machine Ethics: Implementing Two Action-Based Ethical Theories. In M. Anderson, S. L. Anderson, & C. Armen (Eds.), *Machine Ethics* (pp. 1-7), AAAI Press.

Bacon, F. (2017[1620]). *Novum organum scientiarum*. Independently published.

Bacon, F. (2018[1627]). *The New Atlantis*. Independently published.

Bloor, D. (1991[1976]). *Knowledge and Social Imagery*. University of Chicago Press.

Boyle, R. (2003[1660]). *New Experiments Physico-Mechanical, Touching the Spring of the Air, and Its Effects*. Ann Arbor.

Butler, S. (2017[1872]). *Erewhon, or Over the Range*. Create Space Independent Publishing Platform.

Daniel, J., & Martin, J. (2009). *Speech and Language Processing*. Pearson & Prentice hall.

European Parliament Committee on Legal Affairs. (2016. 5. 31). Draft Report with recommendations to the Commission on Civil Law Rules on robotics (2015/2103(INL)) http://www.europarl.europa.eu/sides/getDoc.do?pubRef=-//EP//NONSGML%2BCOMPARL%2BPE-582.443%2B01%2BDOC%2BPDF%2BV0//EN

Firth, J. R. (1957). A synopsis of linguistic theory 1930-1955, In F. R. Palmer (Eds.). *Studies in Linguistic Analysis*. Oxford, 1-32.

Floridi, L. (2008). Information Ethics: Its Nature and Scope, In J. V. D. Hoven & J. Weckert (Eds.), *Information Technology and Moral Philosophy*, Cambridge.

Floridi, L. (2014). *The Fourth Revolution: How the infosphere is reshaping human reality*. Oxford.

Floridi, L., & Sanders, J. W. (2004). On the Morality of Artificial Agents. *Minds and Machines*, *14*(3), 349-379.

Galilei, G. (1638[2015]). *Two New Sciences*. The Perfect Library.

Gunkel, D. (2012). *The Machine Question: Critical Perspectives on AI, Robots, and Ethics*. MIT Press.

Harris, Z. (1954). Distributional structure. *Word*, *10*(23), 146-162.

Heidegger, M. (1953). *The Question Concerning Technology*. Garland Science.

Hobbes, T. (2017[1651]). *Leviathan*. CreateSpace Independent Publishing Platform.

Kepler, J. (1992[1609]). *The New Astronomy*. Cambridge University Press.

Kuhn, T. S. (1957). *The Copernican Revolution*. Harvard University Press.

Kuhn, T. S. (1962). *The Structure of Scientific Revolutions*. The University of Chicago Press.

Labov, W. (1973). The boundaries of words and their meanings. In C.-J. Bailey & R. W. Shuy (Eds.), *New Ways of Analyzing Variation in English*. Georgetown University Press, 340-371.

Latour, B. (1983). Give Me a Laboratory and I Will Raise the World, In K. Knorr-Cetina & M. Mulkay (eds.), *Science Observed* (pp. 141-170), SAGE.

Leopold, A. (1949). A Sand County Almanac: And Sketches Here and There. Oxford University Press.

Melville, H. (1851). *Moby Dick*. Harper & Brothers.

Mitchell, T. (1998). *Machine Learning*. McGraw Hill.

Moor, J. H. (2008). Why we need better ethics for emerging technologies. In J. V. D. Hoven & J. Weckert (Eds.), *Information Technology and Moral Philosophy* (pp. 26-39). Cambridge University Press.

Moor, J. H. (2011). The Nature, Importance, and Difficulty of Machine Ethics. In M. Anderson & S. L. Anderson (Eds.), *Machine Ethics* (pp. 13-20). Cambridge University Press.

Newton, I. (1687). *Mathematical Principles of Natural Philosophy*. Benjamin Motte.

Popper, K. (1934). *Logik der Forschung*. Mohr Siebeck.

Regan, T. (1983). *The Case for Animal Rights*. University of California Press.

Samuel, A. L. (1959). Some studies in machine learning using the game of checkers. *IBM Journal of Research and Development*, *3*(3), 210-229.

Shapin, S., & Schaffer, S. (1985). *Leviathan and the Air-Pump: Hobbes, Boyle, and the Experimental Life*. Princeton University Press.

Singer, P. (1975). *Animal Liberation: A New Ethics for Our Treatment of Animals*, New York Review/Random House.

Tan, P-N., Steinbach, M., & Kumar, V. (2006). *Introduction to Data Mining Errata*. Addison-Wesley.

Tarski, A. (1986). *Alfred Tarski, Collected Papers: 1935-1944*, Birkhauser.

Turing, A. (1950). Computing Machinery and Intelligence, *Mind*, *59*(236), 433-460.

Wallach, W., & Allen, C. (2009). *Moral Machines: Teaching Robots Right from Wrong*. Oxford University Press.

참고 사이트

지능형 에이전트: https://ko.wikipedia.org/wiki/%EC%A7%80%EB%8A%A5%ED%98%95_%EC%97%90%EC%9D%B4%EC%A0%84%ED%8A%B8

Eskimo-Aleut languages: https://en.wikipedia.org/wiki/Eskimo-Aleut_languages

Google Books Ngram Viewer: https://books.google.com/ngrams

Syntax Tree GEnerator: http://mshang.ca/syntree/

Actam (2008. 6. 29). Neuron. https://commons.wikimedia.org/wiki/File:Neuron.png

Aphex34 (2015. 12. 16). Typical cnn. https://commons.wikimedia.org/wiki/File:Typical_cnn.png

Arithmandar (2018. 8. 13). Direct translation and transfer translation pyramid. https://upload.wikimedia.org/wikipedia/commons/f/f4/Direct_translation_and_transfer_translation_pyramid.svg

BiObserver (2015. 10. 4). Long Short Term Memory. https://commons.wikimedia.org/wiki/File:Long_Short_Term_Memory.png

Blaž Zupan (Orange Data Mining) (2017. 10. 29). Hierarchical clustering and dendrogram visualization in Orange data mining software. https://commons.wikimedia.org/wiki/Category:Hierarchical_clustering#/media/File:Orange-data-mining-hierarchical-clustering.png

Cepheus (2006. 10. 1). DFAexample. https://commons.wikimedia.org/wiki/File:DFAexample.svg

Chire (2017. 5. 30). K-means convergence. https://commons.wikimedia.org/wiki/File:K-means_convergence.gif

Chire(2011. 10. 20). DBSCAN-density-data. https://commons.wikimedia.org/wiki/File:DBSCAN-density-data.svg

Chire(2011. 10. 20). DBSCAN-Illustration. https://commons.wikimedia.org/wiki/File:DBSCAN-Illustration.svg

Cyc (2008. 2. 16). Svm max sep hyperplane with margin. https://commons.wikimedia.org/wiki/File:Svm_max_sep_hyperplane_with_margin.png

Ehwaz_k (2015. 4. 27). CART 트리 타이타닉 생존자 KOR. https://commons.wikimedia.org/wiki/File:CART_tree_titanic_survivors_KOR.png

François Deloche (2017. 6. 19). Recurrent neural network unfold. https://commons.wikimedia.org/wiki/File:Recurrent_neural_network_unfold.svg

| 찾아보기 |

[ㅅ]

[ㅇ]

[ㅈ]

루체테인문학사업단 인문융합 시리즈

인문테크놀로지 입문

펴낸날 1판 1쇄 2019년 2월 15일
지은이 김동성 · 신상규 · 천현득
펴낸이 김헌민
펴낸곳 이화여자대학교출판문화원
주소 서울특별시 서대문구 이화여대길 52(우03760)
등록 1954년 7월 6일 제9-61호
전화 02) 3277-2965(편집), 362-6076(마케팅)
팩스 02) 312-4312
전자우편 press@ewha.ac.kr
홈페이지 www.ewhapress.com
책임편집 이지예
디자인 신성기획
찍은곳 한영문화사

ISBN 979-11-5890-303-9 94500
979-11-5890-300-8 (세트)

값 18,000원

이 도서의 국립중앙도서관 출판예정도서목록(CIP)은 서지정보유통지원시스템 홈페이지(http://seoji.nl.go.kr)와 국가자료공동목록시스템(http://www.nl.go.kr/kolisnet)에서 이용하실 수 있습니다. (CIP제어번호: CIP2019001236)